KB211551

심목사 부부

어머니

약혼 사진

결혼 8주년
기념사진

1979년.
교회안에서(성탄 전야)

둘째 아들
의대 졸업식날

칠순때 교회안에서
가족사진

둘째아들
장로 임직식날

큰 아들 가족

둘째아들 가족

딸의 가족

딸의 가족 아이들(3남매)

바람은 불어도

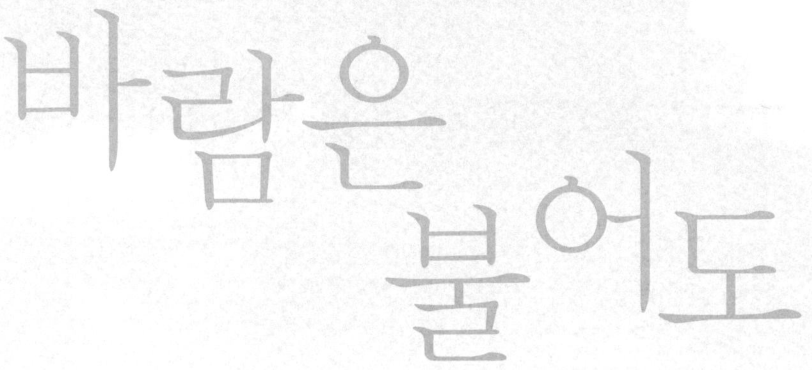

심관식 목사 회고록

불지 않으면 바람이 아니다!

가을이 점점 깊어만 가고 있다. 만산홍엽이 산천을 물들이는 아름다운 계절이다. 어찌 자연의 가을만 깊어 가겠는가? 우리네 인생의 가을도 함께 자꾸 깊어만 가는데 말이다. 그리고 가을은 또한 결실의 계절이 아니던가? 봄에 씨뿌리면 여름에 자라나서 가을에 곡식을 거두는 자연의 법칙, 우리네 인생사도 마찬가지가 아닐까 싶다. 우리가 살면서 몇 번의 가을과 더 만날 수 있을거라 장담하겠는가? 기회가 있을 때를 놓치지 않는다는 것은 얼마나 소중한 일인지 모른다.

이런 시각에서 볼 때 금번 존경하는 심관식 원로목사님의 저서 『바람은 불어도』 출간은 또 하나의 귀중한 결실이다. 당신에게는 말할 것도 없고 평소에 목사님을 사랑하는 우리들에게도 큰 기쁨이 아닐 수 없다. 책 내용에서도 나오지만 바람처럼 종류가 많은 것도 참 드물다. 사실 불기 때문에 바람이지 불지 않으면 바람이 아니다. 바람, 즉 삶 가운데 만나는 온갖 현실이 다 하나의 바람인 것이다. 이 바람을 어떻게 잘 대처하고 활용해 나가느냐 하는 것이 삶의 지혜가 아닐까 싶기도 하다.

미당 서정주 시인이 쓴 「자화상」이란 시에 '나를 키운 건 팔할이 바람이다'라는 싯구가 나온다. 깊이 생각해 보면 우리 인생사에도 수많은 바람이 있다. 순풍만 늘 있는 것이 아니다. 역풍도 얼마든지 많이 만난다. 순풍을 잘못 이용하면 역풍만 못하고 반대로 역풍도 잘 이용하면 순풍을 능가한다. 돛단배가 잘 가는 이유가 바로 그 이치다. 사진 작품도 역광을 잘 이용하면 더 좋은 작품이 나오는 법이다.

아름다운 장미의 도시 오리건주 포틀랜드 인근 비벌턴 시에 거주하면서 그동안 써서 신문지상이나 방송을 통하여 발표하신 심 목사님의 신앙 명수필 '외치는 소리'를 곁들여 자신의 얘기를 진솔하게 풀어 놓으신 회고록을 한 권의 책으로 묶어 출간하게 되심을 무엇보다 먼저 진심으로 축하해 마지않는다. 자서전이거나 회고록은 누구나 쓸 수는 있다. 하지만 그렇다고 아무나 쓰는 것도 아니다.

생각해 보면 회고록이나 자서전을 쓰는 첫 번째의 이유는 지나간 일생을 사실대로 기술 정리해두므로 인하여 안으로는 후손들에게 가풍을 잘 잇게 하는 교훈이 되기도 하고 밖으로는 후진들에게 올바른 길을 가도록 하는 나침판이나 이정표 역할을 할 수도 있을 것이므로 쓸 수만 있다면 마다할 일이 아닌 것이다. 하물며 심 목사님에게서랴?

이 책에 실린 원고를 처음 손에 접하고 소제목만 차근차근 읽어 봐도 심 목사님의 일생이 한눈으로 들어온다. 8·15 광복과 6·25 한국전쟁, 4·19 혁명과 5·16 군사정변 등 격동의 시대를 모두 겪어 오시면서 한국에서 그리고 미국에서 이 세상 80평생의 중요한 시기 대부분을 오직 목회의 길로 걸으셨던 거룩한 삶, 또 영혼구원을 위하여 목양일념으로 헌신하신 목사님의 인생여정에 저절로 고개가 숙여졌다. 교계에서는 죽어가는 영혼을 되살리는 유명한 설교가이면서 한편으로는 전업 문인을 능가하는 수필가로 이미 인정받으신 목사님이 애써 집필하신 이 저서를 접하는 모든 분들이 그의 한 생애를 통하여 공감하고, 또 위로 받으며 메마른 영혼이 치유되는 큰 역사가 나타나기를 빌면서, 아울러 하나님이 목사님에게 허락하신 그날까지 건강하게 주님과 동행하시는 목사님의 복된 여생이 되시기를 기도하며 삼가 추천사에 가름하는 바이다.

2015년 가을 포틀랜드에서

오정방

·오레곤문인협회 회장(시인) / 온누리성결교회 원로장로 / 오레곤한인교회장로회 회장

1부는 나의 〈회고록〉으로 내가 걸어 온 길을 회상해 보려는 것이다. 좌우간 내가 지내 온 자취를 한 번 더듬어보고 또 살펴보는 기회를 가지려고 하면서 여러 가지 생각들을 떠올려 보았다. 내가 살아온 이야기를 적으면서 "이 책을 왜 쓰는가?", "유명한 사람의 글은 모두 읽기를 원하지만 무명인의 작품을 읽을 독자가 얼마나 될까?" 하는 마음을 갖다가 문득 이런 생각이 떠올랐다.

소설, 여행기, TV의 드라마, 영화 등등을 많은 사람들이 읽고 또 관람하지 않는가! 이런 것이 다 '나' 아닌 '다른 사람들'의 스토리가 아닌가? 남의 사건을 읽거나 보면서 어떤 감정이 풍부한 여인들은 눈물 흘리며 감동하지 않은가!

여기까지 생각을 하게 된 나는 내 글이 다른 사람에게 남의 글이지만 모든 것들이 다 남의 사건일진대 여하튼 쓰는 것은 의미가 있는 글이라 여겨져서 쓰기로 결단을 내렸다.

먼저 제목을 『바람은 불어도』라고 정했다. 인생행로에는 많은 바람이 일어난다. 바람은 사실 아무리 시력이 좋은 사람이라 할지라도 어떤 사람의 눈에도 보이지는 않는다. 그래도 바람을 부인하는 사람은 없다.

그러면 어떻게 바람이 있다는 것을 안다는 말인가? 바람의 영향을 받는 물체를 보아서 알기 때문이다.

바람에는 순하게 부는 순풍, 강하게 부는 강풍, 거슬려 부는 역풍, 나무를 뽑아내고 집을 초토화시키는 태풍, 해일, 허리케인, 토네이도 등 이외에도 표현할 수 있는 여러 가지 바람들이 있다.

오래 전에는 범선(돛단배)이 많았다. 그래서 범선시대(帆船時代)를 사전에서 찾아보니 [범선시대]는 '주로 범선에 의하여 수상 교통을 하던 시대. 로마시대부터 18세기 말엽까지의 시대'라고 하였다. 돛단배에 짐을 실은 큰 배들이 넓은 해상에서 바람을 잘 이용하여 운항을 하였다.

오늘날도 바다나 넓은 호수에서 작은 돛단배를 타고 가면서 바람을 좌로 혹은 우로 잘 이용해서 가는 것을 보게 된다.

오늘날에는 바람을 잘 활용하여 전기를 만드는 〈풍력 발전소〉가 있다. 풍력 '바람의 힘'으로 발전기를 돌려 전기를 만들어내는 곳이다.

사람이 살아가는 길에는 많은 바람이 일어나서 불행을 가져오기도 하고, 바람을 잘 선용하여 일을 잘 해나가므로 행운을 가져 오게도 한다.

정신적으로 오는 바람도 있다. 바람의 위력같이 어려운 일이 닥칠 때, 거기에 넘어지는 사람도 있고, 그것을 정신력으로 이겨내는 의지의 힘도 있다.

1950년도 6·25 동란 때 나는 생일이 12월 22일므로 18세라고는 하지만 17세나 다름없는 어린 나이에 학교만 다니다가 제2국민 병으로 끌려 나갔는데, 전혀 세상 물정을 모르고 철없이 자란 처지이니 세찬 바람을 감당하기에는 너무나 힘들었다.

그래서 예수 잘 믿으신 아버지를 따라서 어릴 때 교회에 다니던 것을 생각하면서 하나님께만 기도하면서 '저를 이 거센 풍랑에서 건져 주시옵소서!'라고 자주 기도를 하였다. 사람 있는 데서는 속으로, 없는 데서는 말소리를 내면서 오직 하나님께 간절히 매달렸다.

그래서 그 거칠고 모진 바람 속에서도 하나님께서는 나를 바람에 짓눌려지지 않고 이겨나갈 수 있도록 힘을 주시고 건져주셨다.

인생행로에는 우리가 느끼는 자연의 바람도 있지만 사실은 영적으로 찾아오는 성령의 바람이 있다. 성경은 성령의 역사를 성령의 바람으로 표현하기도 하였다. 그러나 이 성령의 바람은 주로 신앙인들에게 감지되는 바람이다.

구약에서부터 신약에 이르기까지 성령의 바람으로 많은 역사가 일어난 것을 출애굽기나 사도행전에서 더 잘 알게 된다.

나의 목회에 모진 풍랑이 불 때마다 하나님께서는 지혜를 주셔서 어려운 난관을 잘 헤쳐 나갈 수 있게 하셨다.

저자는 자연적인 바람보다도 정신적으로나 영적으로 오는 바람의 양상을 중심으로 하여 인생행로에서 격게 되는 삶의 많은 어려움을 보면서 여러 가지 표현으로 담아서 그 굴곡을 책으로 써보려는 의도에서 '바람은 불어도'라는 제목을 정했다.

그리고 후반부는 내가 은퇴한 후 지역 중앙일보와 한국일보에 10여년간(현재 게재 중) 매주 게재하였던 「외치는 소리」내용을 할애하여 기록한 부분을 제2부로 하였다.

CONTENTS

1부

내가 걸어 온 길

성장과 수난과정

1. 어린 시절

나는 경기도 김포군 대곶에서 태어났다. 약산이라는 100여 호 심씨 마을 옆 동리에서 그 시절 아버지 혼자만 예수를 믿게 되어 핍박이 이만저만이 아니었다.

아버지가 받는 핍박이 심한 가운데 누구에게 전도하다가 멸시받는 일을 당하여도 한 번도 화를 내시거나 위축되거나 실족하지 아니하셨다.

주변을 믿게 해보려고 전도의 일환으로 선교사들을 데려다가 마을 사람들을 모아놓고 그 당시 흔하지 않은 요지경 구경을 시키면서 전도하였으나 구경은 잘하면서 믿지는 않았다.

아버지는 뒷산에 기도처를 마련하고 기도를 새벽마다 하시는데 그것을 본 마을의 좋지 않은 사람은 몰래 가시나무로 막아 방해를 하기도 하였다.

아버지는 나를 데리고 십리나 되는 먼 곳에 있는 송마리 교회를 다니셨다. 한 번은 그 교회의 장로님 아들이 신학교를 다니는 신학생이었는는데, 방학을 하고 고향 교회에 왔을 때 설교를 하였다. 아버지는 그것이 너무 부러워서 집으로 오면서 "너도 이 다음에 목사가 되라."고 하셨다. 그때 나는 아무것도 모르고 "예"하고 대답을 하였다.

나의 아버지는 직분이 〈영수님〉(당시 장로가 될 후보자 직분)이었다. 나는 어릴 때 아버지를 따라 항상 교회를 가기는 했는데, 철없는 어린 때여서 그런지 가고 싶은 날이 세 번 있었다. 한 날은 부활절이었다. 그때는 캐러멜을 주었고, 추수감사절에는 맛있는 음식을 주었고, 성탄절에는 선물을 주어서 가고 싶었다.

우리 부모는 두 딸만 있었고, 아들이 없어서 6촌 되는 집에서 아들을 양자로 삼았다. 그런데 그 후 하나님께서 아버지를 사랑하셔서인지 공교롭게도 어머니가 39세에 형을 낳으셨고, 또 41세에 나를 낳으셨다. 그래서 우리들은 아버지와 어머니로부터 참 많은 사랑과 귀여움을 받으면서 자라났다.

나에게는 두 가지의 별명이 있었다. 하나는 〈경상도 집 아들〉이고 또 하나는 〈예수 믿는 집 아들〉이었다. 아버지가 직장 문제로 경상도 울산에 가서 머무시던 때에 어머니를 만나 결혼을 하셨다.

지금은 경상도나 전라도 사람들이 섞여 사니까 별스럽지 않지만 우리 어머니가 경기도 지역에 살던 시절에는 경상도나 전라도 사람이 한 사람도 없어서 어머니의 사투리가 모든 사람들의 귀에 이상하게 들렸던 것이다.

그래서 비난하는 사람들은 "쐴라쐴라" 한다고 비웃기도 하였다. 기름을 지름이라는 등, 그리고 말의 고저 강약이 많이 차이가 있어서 아마 그랬을 것이라고 생각한다. 〈예수 믿는 집 아들〉이라는 것은 아버지가 예수를 잘 믿기 때문에 그렇게 별명으로 부른 것이다.

나는 9살 때 국민학교에 입학을 하였는데 그래도 그 당시는 일찍 들어간 편이었고, 나보다 두 살 더 위의 아이들이 나하고 한 반에서 공부를 하였다.

아버지는 늦게 아들을 보셔서 였는지 너무 애틋하게 사랑하신 나머지 삽과 호미를 가지고 우리 집에서 십리가(3k) 조금 못 되는 길의 돌을 다 빼내어 치우시고 우리 아들 관식이가 학교에 오고가다 넘어질까를 염려하셨다고 한다. 그리고 소낙비가 한줄기 퍼붓고 난 후에는 틀림없이 숨어있던 돌이 뾰죽이 나와서 관식이 발이 행여나 돌에 부딧칠세라 염려하시어 나의 아버지께서는 내가 국민학교를 졸업할 때까지 그렇게 하셨다고 어머니께서 늘 말씀하셨다.

내가 학교에 다닐 때에는 일본이 우리나라를 다스리던 때였다. 놋그릇을 군대에서 쓴다고 전부 걷어가고 농사지은 것을 공출해야 하는 때였다.

그 당시는 학교에서 해오라는 과제가 참으로 많았다. 여름에는 풀을 깎아 말려서 건초 6관을 해가야 했으며, 언어는 모두 일본말을 써야 했다. 부득이 조선말을 해야 할 때는 "조셍고데"하고 해야지 그냥 조선말을 하면 얼마동안 정학을 받는 벌이 있었다. 한 번은 〈하나〉라는 조선말을 했다고 일본인 선생에게 불려갔다. "너 왜 〈하나〉라는 조선말을 했느냐?"고 야단을 치기에 "하나는 일본 말로 꽃 아네요." 하고 말해서 정학을 모면한 일이 있다.

한 번은 일본이 고무가 많이 생산되는 남양 군도를 점령했다고 학생들에게 고무 공을 하나씩 선물로 준 일이 있었다. 한 아이가 이것은 바람이 빠지면 못쓰는데 바늘로 찔러서 구멍을 미리 내면 언제나 바람이 통해서 오래 쓴다고 해서 바늘로 뚫었더니 바람이 빠져버리고 못쓰게 되어 그 아이하고 싸워서 바꾼 일이 있었다.

학교는 우리 집에서 3킬로미터가 넘는 거리인데, 어린 학생들에게는 먼 거리였다.

그 때 아이들이 노는 것은 제기차기, 나무를 잘라서 노는 자치기, 땅따먹기, 돼지를 잡는 일이 있으면 돼지 오줌통을 받아다가 거기에 공기를 불어 넣어서 공을 만들거나 짚을 둥글게 묶어서 공을 만들어 찼다.

학교에서 공부할 때 잘했다고 3학년 때 평생 한 번 상을 받아 본 일이 있었다. 그날은 다른 아이들이 우리 집에 먼저 와서 공부 잘해서 상 받았다고 전해주어서 아버지가 무척 기뻐하시던 모습이 지금도 선하다. 그 날은 참으로 즐겁고 자랑스러운 날이었다.

내가 국민학교 4학년 때에 어느 날 동리 아이들과 재미있게 노는데 아버지가 나를 부르시더니 "비가 올 것 같은데 나하고 밭에 가서 녹두를 심자"고 하셨다. 너무 재미있게 노는데 정말 가기가 싫었다. 그러나 할 수 없이 따라갔는데 밭에 이르자 아버지가 "나는 여기서부터 녹두를 심어 나갈 터이니 너는 저기서부터 심어오너라" 하시면서 녹두 담은 그릇을 하나 주셨다. 마음에 없는 일을 억지로 하려니까 일이 제대로 되지 않았다.

아버지가 안 보시는 사이에 한 곳을 조금 깊이 파고 반 이상을 쏟아

부어 넣고 얼른 흙으로 덮었다. 그 나머지 가지고 적당히 심고 그날 일을 끝냈다.

내가 철없는 탓에 그런 일을 하고도 잊어버렸다. 며칠 후 아버지가 오시더니 "나를 따라오너라." 하시면서 밭으로 데리고 가시는 것이 아닌가!

무슨 영문인지도 모르고 따라갔는데 밭에 나가 보니 내가 한 곳에 폭삭 쏟은 녹두가 그 한 곳에 뿌린 그대로 나왔으니 얼마나 기막힌 일인가!

그렇게 늦게 얻은 자식이라고 귀여워해주시고 사랑하시던 아버지는 얼굴에 비장하고 범상치 않은 표정을 지으시며 "이것 보이느냐?"고 하셨다.

지금 생각하여도 그 때 일은 내가 저지른 너무 끔찍하게 잘못한 일이었다.

후에 자라서 갈라디아 6:7을 보니 "스스로 속이지 말라 하나님은 업신여김을 받지 아니하시나니 사람이 무엇으로 심던지 그대로 거두리라"는 말씀을 보며 재음미하였다. 비록 어리지만 어릴 때부터 두고두고 나에게 더 없는 큰 교훈을 주는 사건이었다.

2. 해방소식

여름 무더운 날 건초를 만들기 위하여 낫을 들고 풀을 베러 나갔다. 한 참 베고 있는데 이웃 집 한 아이가 뛰어 오더니 "야! 관식아. 풀 베지 마라. 해방이 됐다고 해. 지금 동리 안에서 야단이다. 가자" 이날이 1945년 8월 15일이다. 이제 앞으로 풀을 안 베게 되었다니 얼마나 좋은지 몰랐다.

그 다음날 이웃집의 한 살 위인 일섭이와 같이 학교에 갔다. 물론 공부도 안하고 사람들이 분주하게 오고 가고 태극기를 만들어 들고 돌아다니고 있었다.

일섭이가 "야! 우리가 아침마다 향해서 절하던 신사에 가보자" 그래서 갔더니, 이 아이는 아주 당돌하게 신사로 올라가더니 그 문을 열었다. 그 속을 처음 들여다보니 별 다른 것은 없고 상자가 하나 있는데 그것을 들고 나와 그가 열면서 "야 여기 쇳덩어리가 있다." 하면서 꺼냈는데 보니까 1.5센티미터 정도의 두께와 7센티미터 정도넓이로 둥글고 납작하게 만든 2개의 쇳덩어리가 들어 있었는데, 거기에 "아마데라스 오미가미"라고 한문으로 〈天祖大神〉이라고 새겨진 글자와 또 다른 것에는 "메이지 덴노" 즉 명치천황" 〈明治天皇〉 이라고 새겨진 것 외에는 다른 것이 없었다.

일섭이는 그것을 꺼내서 들고 길바닥에다 굴리니까 아주 잘 굴러갔다.

'전국에 수많은 사람들이 갠 날이나 비 오는 날이나 눈 오는 날이나 아침마다 거기에다 절했구나!' 생각하니 어린 마음에 우습기도 하였다.

내려와서 다게우지 교장 선생의 아들을 만났는데 그렇게 당당했던 아이가 일본이 항복한 일 때문인지 풀이 죽어서 물끄러미 우리를 바라보다가 슬며시 사라졌다.

해방은 일본이 망해서 항복하였다는 정도로 알고 나니 그동안 배당

되었던 과제물들을 안 하게 되어서 모든 아이들이 기뻐하였다.

날이 가면서 징용을 나갔던 이들이 돌아오고 군대 갔던 이들도 돌아왔다. 여러 날 동안 마을에서는 꽹과리와 북을 치고 신바람이 나서 돌아다니는 사람들을 보게 되었다.

어느 날 밖에 사람들이 많이 줄을 지어서 가는데 보니까 일본 사람들이 북쪽에서 인천방향으로 가는데 그 책임자가 배가 고프다고 마을에 들어와 먹을 것을 달라고 하여 집집마다 감자를 걷어서 삶아 주니 그것을 질서정연하게 책임자들이 배당해주면 받아서 먹던 것을 바라보던 생각이 난다. 그들의 모습은 매우 초라해 보였으나 일사불란하게 행동하는 것을 보면서 나라가 망해서 돌아가는 이들이지만 좋은 인상을 모든 마을 사람들에게 주었다.

한국의 해방은 UN군의 여러 나라들이 싸워서 이겼지만, 그것은 하나님의 크신 섭리 속에서 이루어진 쾌거인 것임을 알아야 한다.

3. 형의 마지막 길

나는 두 살 위인 형이 있었는데 이름은 영식이었다. 어릴 때 싸우면 내가 이겼다. 내가 힘이 강해서 이긴 것이 아니라 어머니가 이유를 불문하고 항상 어린 동생인 나를 두둔해주고 형을 나무라기 때문이었다.

아버지가 우리 집 형편으로 "너희 둘이 다 공부할 수 없으니 형이 먼저하고 동생인 너는 한문이나 배우다가 나중에 형편 보아서 하자" 그래서 형이 서울에 가서 공부하게 되었다.

방학 때가 되어 집에 오면 형이 나가고 없는 사이에 몰래 형의 중학생 모자를 써보고 가방을 들고 거울을 보았다. '나도 괜찮은 학생이구나! 나도 공부할 수 있으면 좋겠다.'고 혼자 중얼거렸다.

그런데 원래 형은 마음이 착하고 부드러운 성품의 사람이었다. 후에 이웃집의 같이 공부한 형 친구인 그 학생의 말에 의하면 형이 너무 착하고 교회를 잘 다녀서 학교 학생들이 〈영식이는 목사〉라고 하는 별명이 붙었다고 한다.

형은 같은 나이의 이웃집 경우와 함께 서울에서 공부했었는데 형은 사촌 누님 집에서 하숙을 하고 있었다.

중학교 5학년(고등학교 2년)때의 사건이다. 여름방학을 맞아 집으로 왔는데 며칠 후 머리가 아프다고 하더니 점점 고통이 심해져 갔다. 시골이기 때문에 그 시절에 병원에 가는 것은 상상도 못하고 이 사람이 풀뿌리 약 중에서 이 것이 좋다고 하면 그것을 써보고, 저 사람이 저것 좋다고 하면 또 그것을 먹여보는 식으로 하루하루 지나갔다. 개똥이 좋다고 하여 그것을 끓여 먹일 정도로 무식하고 몽매하였다고 볼 수 있다.

급하니까 어머니가 어떤 여자의 권하는 말에 넘어가 아버지는 교회를 가셨는데 사람을 세워 뒷동산 높은 곳에서 망을 보게 하고, 무당을 불러다가 푸닥거리라는 것을 하였다. 너무 급하니까 그렇게라도 살려볼까 하였는지는 모르지만 예배당에 가신 사이에 무당을 불렀다는 것이 예수 믿는 집에서 할 짓이 아닌데 그렇게 했으니 하나님께 큰 죄를 지은 것이다.

서울에 있을 때 이런 병이 들었다면 돈을 돌려서라도 병원에 갔을 것인데 우리가 살던 곳은 너무 깊은 시골이라서 별다른 치료의 방법이 없었다.

다음에 아버지의 신앙에 대한 말이 나올 때 자세히 말하겠지만 그 당시 이웃집의 한정동씨라는 분이 아내 관계로 예수를 믿을 때였다.

하도 답답하니까 아버지가 그 당시 예수를 믿은 지 반년쯤 되는 한정동씨에게 부탁하여 인천 가까운 곳의 〈진험〉이라는 섬에서 노인 여전도사님을 모셔오게 하였으나 마귀를 내쫓는 은사는 강했으나 일반병을 고치는 은사는 없는 것 같았다. 형은 16일을 앓다가 그만 하나님 품으로 가고 말았다.

우리 집에는 청천벽력 같은 벼락이 떨어진 것이다. 형이 죽어서 장례를 하는데 왜 그랬는지는 모르나 형이 보던 책을 전부 형의 무덤에 같이 넣는 것이었다. 그냥 두면 나라도 보면 좋을 일인데 나는 어려서 그렇게 하는 것을 말리지 못하였다.

사람들은 "예수 믿는 이의 아들이 왜 그렇게 죽느냐?"고 비난을 하였다. 나는 자랄 때 내가 생각하여도 성질이 안 좋다는 것을 잘 알고 있다. 그런데 '형은 너무 착해서 하나님이 언제 불러가도 괜찮아서 먼저 불러 가시고, 나는 수련이 너무 못 되어서 즉 더 수양 과정이 필요해서 늦게 데려가시려고 더 살게 하시나보다' 하는 생각을 성장한 후에 한 때가 있었다.

믿음이 좋으셨던 아버지이신데 산속이나 아무도 없는 데 가셔서 눈물 흘리시는 것을 몇 번 멀리서 보았다. 어머니는 밤에 주무시다가 "아이고, 영식아"하고는 벌떡 일어나 형의 묘지 있는 산으로 달려가시면 나는 쫓아가서 어머니를 붙들고 내려오곤 했다. 그런데 이것이 하루 이틀이 아니고 마치 상성(본디의 성질을 잃어버림)하신 분 같이 밤이면 형 이름을 부르면서 뛰쳐나가시니까 어두운 밤이 되면 많이 두렵고 무섭고 불안하였다.

그런 경우에는 좋은 약이라는 것이 있는데 그것은 시간이 지나가는 것 뿐이었다. 봄이 가고 가을이 지나고 또 봄이 오고 세월이 가니 그렇게 실성하신 분 같이 하시던 어머니가 차츰 차츰 큰 아들을 잊어 가시고 조금씩 나아지셨다. 그러다가 세월이 더 지나가니 모든 기억들이 사라지더니 서서히 잊어버리시는 어머니의 모습을 서글픈 모습으로 바라보았다.

4. 아버지의 신앙

우리 집 넘어 약산이라고 하는 마을은 아주 큰 마을인데 심씨만 사는 곳이다. 옛날에 종노릇하던 사람들이 몇 집 있는데 나를 보고도 그들은 깍듯이 존칭어를 쓸 정도로 그 당시 천대를 받고 사는데 왜 다른 지역으로 가서 대접받고 살려고 하지 않는지 모를 일이었다.

아무도 예수를 안 믿는데 아버지 혼자만 예수를 믿으니 핍박과 조롱이 대단하였다. 내가 어릴 때는 어머니도 교회에 안 다니셨다. 아버지는 마을 사람들을 전도해보려고 여러 가지 방법으로 예수를 믿게 하려고 하였으나 도무지 믿는 사람들이 없었다.

우리 마을에 아주 얼굴도 예쁘고 마음씨도 아주 좋은 한정동씨의 부인이 46세였는데 귀신이 들려서 집을 나가 돌아다니고 사람들에게 소리를 지르기도 했었다.

아주 얌전한 부인이었는데 그렇게 비정상이 돼버렸다. 처음에는 푸닥거리를 하고 또 소경을 데려다가 경을 읽었으나 소용이 없었다. 나중에는 크게 굿을 하였는데 그래도 그 여인은 정상으로 돌아오지 않았다.

마을 사람 중에서 한정동씨에게 "예수나 믿어보지 그래" 하고 권면하니까 한 날은 아침 일찍이 한 씨가 우리 집을 찾아왔다. 그는 아버지에게 "사정을 들으셨겠지만 예수를 믿으면 나을까요?" 아버지는 한 사람이라도 예수 믿겠다는 말에 기뻐서 "아 나을 걸세. 그런데 그동안 섬겼던 귀신 단지를 전부 불사르고 해야 되는 데 그렇게 하겠나?"하니까 그 한 씨도 너무 답답하니까 "그렇게 하겠습니다."라고 대답하였다.

아버지는 그날로 교회로 가서 전도사님은 주중에 신학 공부하느라고 서울 갔고 장로님과 교인 몇 명을 데리고 와서 예배를 드리고 미신타파를 하기 위하여 귀신 섬기던 것을 모두 끌어내어 불을 지르고 없애버리고 매일 매일 예배를 드렸다.

그러나 귀신이 그렇게 하루 이틀 만에 쉽게 나가는 것은 아니었다. 여러 날을 예배드리고 별 반응이 없을 때 〈진혐〉 이라는 섬이 인천 근처에 있는데 거기에 할머니 전도사님이 귀신을 잘 쫓는 은사를 받았다고 하여 한 씨가 그 분을 모셔왔다.

저녁마다 예배를 드리는데 이웃의 많은 구경꾼들이 귀신을 내쫓는다는데 구경하자고 모여들었다. 이 여전도사님이 "귀신이 나갈 때 누구에게 들어갈지 모르니 조심하세요." 하니까 모두 사라지고 구경꾼은 없었다.

"성령이여 강림하사"의 찬송가가 그 당시 87장이었는데 세 번 부르면 그 전도사님의 손에 진동이 오면서 책으로 그 여자의 머리를 가볍게 치면 그 여자가 벌렁 뒤로 자빠지며 "내가 전에 무당이었는데 너희들이 괴롭혀서 나가기는 나가는데 빨리는 못나가겠다"고 그 여자의 입을 통해서 말한다.

그러면 그 노인 전도사님이 "빨리 나가. 기다릴 것 없어" 하면서 책으로 또 치면 엄살을 부리는데 쉽게 나갈 것 같으면서 한 달을 끌다가 결국은 나감으로 깨끗이 나았다.

내가 아이 때였지만 그 모든 과정의 광경을 자세하게 본 기억이 난다. 그 후에 비슷한 문제로 교인이 몇 가정이 믿게 되었다.

아버지는 큰 집에서 제사 지내는 날은 큰 집으로 꼭 가시는데 제사는 안지내시고 아랫목에 앉아 계시니까 큰 아버지는 그 모습이 보기 싫은 모양이었다. 제사 음식도 안 잡수신다. 큰 아버지가 지역의 유지이고 아주 권위가 있는 분이셨는는데 "제사 안 지내려면 무엇 하러 왔나?"하면서 불쾌한 소리를 해도 아우인 아버지는 아무 대답없이 그냥 앉아 계셨다.

아버지는 마 5:44 "나는 너희에게 이르노니 너희 원수를 사랑하며 너희를 박해하는 자를 위하여 기도하라" 이 말씀을 생각하며 핍박을 받을 때에 안 좋은 안색을 하지 않으신다고 하셨다.

그 후 내가 목사가 되어 오랜 세월 동안 목회를 하였지만 아버지처럼 순수한 신앙으로 영적 생활을 하며 그 어려운 핍박 속에서도 조금도 흔들리지 않고 믿음의 생활하신 분들이 많지 않은 것을 보면서 내 아버지 이지만 늘 존경스러운 마음이 들었다.

아버지가 64세 때 하나님의 부름을 받으셨는데 어려움이 생겼다. 동리 사람들이 예수 믿는 식으로 하면 아버지의 상여를 메고 나가지 않겠다는 것이었다. 예수 믿는 이들이 상여를 메라는 것이다. 교회에서 온 이들은 남자 세 사람과 전부 여자들이었다. 나는 어린나이에 상여를 두고 옥신각신 하는 상황을 보게 되었다. 그 때 큰 아버지가 동생이 예수 믿는 것을 못 마땅하게 생각하였는데 그날은 마을 사람들에게 "평소에 예수 믿는 도를 닦은 사람인데 믿는 식 반, 안 믿는 식 반으로 하고, 상청은 세우는데 그 안에 보던 성경책을 넣도록 하겠네. 그리고 상여는 마을 사람들이 메도록 하세" 그 후에야 동리 사람들이 아무 소리 못하고 상여를 메고 나갔다.

그러나 장지에서는 믿는 이들 중심으로 하관 예배를 정중히 드리고 장례식을 끝냈다.

5. 6·25 사변

1950년 6월 25일은 우리 한국 사람으로서는 잊을 수 없고 잊어서도 안 되는 날이다. 그 날이 주일이었는데, 북한은 선전포고도 없이 남한을 갑자기 침략해 왔다. 듣지도 못하였던 연속 발사되는 따발총을 메고 대거 서울을 침입해 온 것이다. 그 다음날 라디오에서 "아 서울 하늘에 붉은 기가 나부낀다…" 는 서울을 점령한 공산정권의 방송이 나오기 시작하였다.

나는 그 때 나이가 18세이었는데 어머니 혼자 계셔서 피난 갈 생각을 못하였다. 남하한 인민군들은 제일 먼저 우리 교회를 내놓으라고 하여 그들의 내무서(파출소)를 만들고 예배를 못 드리게 하였다. 아버지가 살아계셨더라면 불려 다니고 어려움이 많았을 것인데 다행인지는 몰라도 아버지는 1년 전에 하나님의 부르심을 받으셨다.

그때에 공산당에 가입한 이들이 오더니 "네 아버지가 예수 믿었다는데 그 죄를 씻기 위하여 의용군으로 나가겠느냐?"고 하였다. 그런데 공산당의 고위직에 있었던 친척 아저씨의 도움으로 다행히 의용군은 면해주는 대신에 "너는 본부에 들어가 교육을 받고 지역으로 다니면서 강연을 하고 북반부 선전을 하라"는 지시를 받은 것이다.

그들은 아랫집에 나보다 1살 적은 한 경순이라는 처녀와 같이 가서 교육을 받게 하였다. 그녀는 오빠가 자기들에게 협조를 하지 않고 어디에선가 숨어 살기 때문에 그녀라도 북반부를 위하여 일해야 한다는 것이었다.

다른 지역에서 온 이들과 함께 4일간 집에서 다니면서 연속으로 교육을 받았다. 그리고 그들이 써준 내용을 완전히 외어서 지역사람들을 저녁에 모아놓고 순회강연을 하라고 하였다.

첫날 내가 먼저 나가서 사람들을 모아놓고 강연을 하게 되었다. 그런데 이상한 일이 벌어졌다. 도무지 내 입에서 말이 나오지 않는 것이었다. 상당히 준비를 하였건만 전혀 말이 나오지 않고 입이 딱 달라붙은 상태가 되었다.

곁에 있던 인민군이 "동무 그만 두라오. 안 되겠어. 경순 동무 해보라오." 그녀는 나서더니 나누어 준 원고를 외어서 한 번도 당황하거나 더듬지 않고 아주 자연스럽게 청산유수로 해내는 것이었다. 끝내자마자 많은 박수가 나왔다.

나는 고개도 들지 못하고 헤어져서 밤에 잠을 잘 이루지 못하고 앞으로 어떤 어려움이 올까를 생각하였다. 오랜 후에 깨닫게 된 일이지만 하나님께서 나를 후일 목사로 쓰시기 위해 그 때 위기를 모면해 주시려고 입을 열어주시지 않으신 것 같다.

그날 저녁 같이 교육받은 경순이라는 아가씨는 여러 마을로 불려 다니며 강연을 하였다. 그녀는 외운 대로 잘 해냈기 때문이다.

문제는 나인데 그 다음날 나를 부르더니 "너는 강연도 못하고 부역을 하겠느냐? 의용군을 나가겠느냐?" 하여 부역을 하겠다고 하였다. 결국 땀을 흘리며 노동하는 부역을 하게 되었다. 그 때 부역은 산 중턱을 두 사람이 일시에 지나갈 수 있는 넓이와 가슴 높이로 깊이 파나가는 일이었다. 물론 나 혼자 하는 것은 아니고 비교적 성분이 좋지 않다는 이들이 감당해야 하는 소위 부역이었다. 가슴 높이로 골 길을 파나가는 것은 쉬운 일이 아니고 매우 힘이 드는 노동이었다. 나의 앞날이 어떻게 전개될는지 전혀 예측을 할 수가 없었다.

한 달 쯤 부역을 하는 데 그곳은 인천 서해 바다가 바라보이는 산 중턱이라 나중에 알게 된 일이지만 맥아더 장군이 인천을 상륙하는 그 상황이었다. 감독하는 인민군 책임자에게 일행 중에 한 사람이 "포 소리는 무엇입니까?" 하고 물으니 "아 그것은 우리 인민군이 지금 미국

놈들을 까부시는 소리요" 했다. 그런데 그 날 이후에 인민군과 공산당원 단체는 갑자기 어디론가 사라졌다. 이것이 9. 18수복인데 연합군이 인천을 상륙하면서 진군하여 서울 시청에 태극기를 달았던 것이다.

그러나 우리 시골에는 남아있던 빨갱이(당시에는 그렇게 불렀다)들이 총을 들고 이리 저리 왔다 갔다 하며 한동안 날뛰고 다녔다.

내가 굴에 숨어 있다가 근황을 알기 위하여 가만히 나가 살펴보았더니 마침 국민학교 동창인 남녕이라는 자가 빨갱이 책임자가 되었다는 말은 들은 일이 있었는데, 바로 그 자가 장총을 메고 이쪽으로 오는데 다행히 나는 그를 보았지만 그는 미처 나를 보지 못하였다. 10년의 수명을 감수한 심정으로 하나님께 감사드리며 얼른 굴속으로 숨어 버렸다.

사실 그 때 그와 눈이 마주쳤다면 나는 어찌 되었을지 아찔한 생각이 들었다. 하나님이 불쌍히 여기사 나를 보호해주신 것이다. 만일 그 때 마주쳤다면 그는 총을 들고 위협하여 나를 저들의 내무소로 끌고 갔을 것이고, 나는 그들이 쫓겨 가는 위급한 시기가 되면 아마도 나를 죽이고 갔을 것이다.

하나님께서 어려운 때에 너무도 사랑으로 감싸시고 보호해 주셨다.

그 때 나는 며칠 더 숨어 지냈다. 드디어 인민군은 완전히 물러가고, 국방군이 진군했으며 지역의 치안을 담당하는 자위대원들이 나타나 활동을 하였다.

공산주의를 반대하던 이들이 그제서야 세력을 얻어 치안을 담당하게 되었다. 공산당에 가입했던 이들도 자수하면 살려준다고 하여 많은 사람들이 자수하러 갔는데, 어느 날 밤 그때 부역을 시켜 파놓은 그 깊은 골 길로 데려가 두 손을 묶은 채 그리로 차례차례 들어가 줄로 서게 한 다음 모조리 총살을 시켰다.

그때 나와 같은 동갑의 이훈섭이라는 아이가 있었는데, 그는 연설을 너무 잘 해서 박수와 칭찬을 여러 곳에서 받은 일이 많았는데 그 아이도 결국 묶여가서 죽었다고 한다.

그런데 후에 들으니 그 아이가 아주 똑똑해서 "내가 당신들을 만났으면 당신들 위해서 연설을 했을 것이 아니에요?" 하면서 살려 달라고 하는데도 그냥 죽였다고 한다.

나와 같이 교육을 받았던 경순이라는 여자는 잠시 곤욕은 치룬 모양인데, 명이 길어서 빠져나와 숨기도 하고 그 때의 위기를 잘 모면해서 살았다고 한다.

그 당시에는 이렇게 저렇게 해서 우리 한국인들만 억울하게 많이 죽어나갔다.

6. 피난시절

6.25 침략이 발발했을 때에 남한의 군대는 총 한 방 제대로 쏘아보지 못한 채, 서울을 내어주고 남으로 거듭 후퇴하여 낙동강까지 밀려갔다가 맥아더 장군의 진두지휘 하에 인천을 상륙하게 되었다.

드디어 유엔군과 국군은 9.28 수복 후 평양까지 파죽지세로 진격하여 올라갔다. 그러나 불행하게도 중공군의 인해전술에 밀려 유엔군과 국군은 후퇴를 거듭하여 다시 남으로 밀려 내려오기 시작하였다.

그때 대한민국 위정자들은 젊은이들을 북측에 내어주지 않기 위하여 제 2국민병이라는 이름으로 모든 젊은 사람들을 남으로 피난시켰다. 나는 1950년 12월 18일 군대의 영장을 받았다. 그런데 이것은 현역 군인은 아니고 인민군들이 또 내려올지 모르니까 젊은이들을 남쪽으로 피난을 시키기 위한 하나의 작전으로 〈제2 국민병〉이라는 이름으로 끌고 내려가는 임시 부대였다.

눈발이 내리는 겨울에 어머니와 작별을 하게 되었다. 그 때 같아서는 또 어머니를 언제 다시 만날 수 있을지 몰라서 매우 슬픈 작별이었다.

늙은 어머니를 홀로이 두고 가는 무거운 발걸음
너무도 어려운 현실 앞에 서글픈 조국의 장래여
다시 만날지 기약없는 아쉬운 이 길을 가야 하는
어머니와 어린 아들을 하나님은 지켜주시리라

처음에는 모여든 장병들이 얼마 안 되더니 남쪽으로 내려가면서 계속 합류를 하니까 수백 명에서 나중에는 수천 명에 이르게 되었다.

수원, 안성, 청주, 상주, 경북 문경 새재 너머에 팔공산이라는 곳이 있는데, 여기서 치열한 전투가 있어서 많은 국군과 인민군의 시체들을 치우지 못하여 우리가 그곳을 지나갈 때에 수많은 시체들이 비참하게 그리고 즐비하게 그대로 널려 있었다.

7. 서글픈 수용소 생활

경산을 을 거쳐 부산까지 내려가 부산의 영도다리 앞 강변에 수용소처럼 천막을 치고 1개월을 대기하였다.

매일 하는 일이란 아침 점호가 끝나면 식사 후 "군가 시작"하면서 선임하사가 외치면 "전우의 시체를 넘고 넘어"라는 군가를 많이 불렀다. 가장 큰 문제는 배고픈 것었이다. 그때 주변에 사는 여인들이 먹을 것을 만들어 팔러 천막 주변을 얼씬 거린다. 처음에는 돈이 있으니까 먹고 싶은 것을 나가서 마음대로 사먹었는데 돈이 떨어지니 너무 배가 고파서 견디기 힘드니까 이것이 큰 문제가 아닐 수 없었다.

(아주 후에 안 일이지만 서울이 수복 된 후 나라가 안정되었을 때 제2국민병을 관할하던 방위군 고위층 장교들이 방위 군인들 먹일 양식을 너무 많이 불법으로 빼돌린 것이 탄로나서 총책임자와 그 밑에 고위급 장교들 3, 4명이 총살당하였다.)

아침부터 아낙네들은 우리 주변으로 와서 김밥, 떡을 해서 막사 주변에서 우리를 상대해서 파는 것이엇다. 너무 배고프니까 가방, 잠바, 지갑, 만년필, 그 외에 값나갈만한 소지품을 들고 나가서 먹을 것과 바꾸어 먹으며 배고픈 나날을 보냈다.

목욕도 못하고 항상 같은 옷을 입고 딩구니까 이가 많이 생겨서 시간 나는대로 이를 잡는 것이 일과였다. 나는 집을 떠날 때 어머니가 솜바지, 저고리를 해주어서 입고 왔는데 여러 날을 지나는 동안에 그 한 벌만 가지고 계속 입으니까 솜이 이리 저리 뭉쳐서 아주 불편했는데, 무엇보다 괴로운 일은 이가 그 솜뭉치 속으로 들어가서 더 가려웠다. 게다가 이가 알을 까서 서캐라고 하는데 하얗게 뭉쳐 있는 곳은 아래 웃니의 이빨로 씹으면 아작아작하고 하모니카 소리가 난다.

가끔 밖으로 나오라고 해서 모두 나가면 DDT라는 흰 가루를 분무기로 무지스럽게 옷을 입은 채 몸 안으로 뿌려주기도 하였다.

그때는 군인이 모자라서 16일을 급하게 훈련받고 일선으로 배치되어 싸우다가 죽는 때였다. 너무 급한 때라 훈련과정을 잘 받지 못해서 일선에 나가서 M1 소총을 쏘다가 총알이 떨어지면 다시 갈아 끼워야 되는데 그걸 몰라서 "소대장님, 내 총이 고장났습니다."하고 달려갔다는 이야기가 있을 만큼 훈련도 제대로 못 받고 나가 소모 장병으로 내보내졌고, 그때 출전한 병사들이 제일 많이 전사하던 때였다.

8. 군인 훈련과 제대

한 달 후 나는 육군 보병으로 소집을 당하여 전시이니까 부산 진 국민학교가 임시 현역 군인의 훈련소가 되였다. 여기서 많은 사람들이 정식 훈련을 받았다. 국민 방위대에 있다가 나는 드디어 1951년 2월 7일 정식으로 육군에 입대하여 당당히 〈0248526〉이라는 군번을 받고 이등병이 되었다.

매일 아침에 일찍이 기상을 하여 피곤한 몸으로 열을 지어 운동장으로 갈 때 미군병사들의 부대 앞을 지나가게 되는데, 그들은 좋은 건물 안에서 침대에 누워 편안히 잠을 자는 모습이 유리창 안으로 잘 보이는데 그들의 자는 모습이 너무도 부러웠다.

그 때는 조금 전에 말한 대로 군인이 많이 모자라는 전시여서 훈련을 20일 밖에 더 받지 못하고 전선으로 배치를 시키던 긴박한 때였다. 20일이라는 단기 훈련을 받는 동안 나는 영양실조로 병이 났다. 그래서 16일이 지난 때에는 옆의 전우들이 총을 들어다 주기도 하면서 간신히 훈련기간을 마쳤다.

그 후 군의관들의 신체검사를 받게 되었는데 군의관이 "출병" 하면 큰 소리로 "출병" 하고 복창을 해야 하는데 전선에 나가서 죽는다는 것을 짐작하기 때문에 힘없이 "출병"하고 복창하는 이들이 있었고, 오히려 의병제대 할 경우에 "불합격" 하면 크게 "불합격"하는 이들이 있었다. 나는 그때 "불합격" 판정을 받았다. 이들은 상황에 따라서 의병제대를 시켰다.

나는 의병제대하고 나오는데 입었던 헌 군복 밖에 아무 것도 주는 것이 없었다. 의병제대를 한 몸으로 〈의병제대증〉을 들고 부산 바닥으로 나오기는 하였는데, 갈 데가 없었다. 거기서 어떤 이가 미군 부대에 취직하여 배의 짐을 나르는 일을 하라고 하는데, 밤에 잘 곳이 없어서 그것조차도 할 수가 없었다.

또 다른 이가 피난민 수용소로 가면 배급을 준다고 하여 갔는데, 그들이 하루치 알랑미 쌀을 배급하면서 내가 잘 방을 정해주었다. 그 천막은 전염병 환자들이 있는 막사였다. 가보니 모두 환자들이여서 꺼림

직한 마음으로 들어가 밤을 자는데 환자들의 신음소리가 들려 당장 전염될 것 같아서 아침에 나와서 알량미 쌀을 곁에 있던 사람에게 주고, 고향쪽을 향하여 오는데 구포라는 곳에 이르자 해가 저물었다.

그래서 어느 집에 들어가 하루 잘 수 있느냐고 물었더니 그 주인이 "피난온 사람 같은데, 우리 집에서 일하며 살겠느냐?"고 하였다. 그래서 우선 호구지책이 문제여서 그러기로 하고 그 집에서 아침을 먹었다. 주인이 오늘은 옆집 사람하고 산에 가서 나무를 해오라고 지게를 지어 주었다. 그 사람을 따라 낙동강을 끼고 올라가서 나무를 해가지고 오는데 오다가 너무 힘들어 쉬어가자고 하였다.

다시 가자고 하여 내가 지게를 지려고 하는데 힘은 약하고 짐은 무거워서 그만 일어나다가 지게의 나무 짐이 내 머리 위로 덮어 누르는 바람에 나는 지게 밑에 들어가 깔려서 일어날 수가 없어 죽을 지경이었다. 그래서 큰 소리로 어서 사람 살리라고 외쳤더니 조금 먼저 내려가던 옆집 사람이 얼른 와서 일으켜 주어서 간신히 일어났다.

그 많은 나무를 지게에서 내려놓고 힘에 맞게 조금 지고 집에 오니 주인이 그것을 보고 너무 적어보이니까 하루 종일 이것을 나무라고 해왔냐며 나무랬다.

그 다음 날은 농기구를 주면서 밭에 나가서 보리밭 사이를 긁어 나가라고 하여 일을 하는데 집에서 학교만 다니다가 온 몸이다 보니 허리가 끊어지는 듯 아파서 쉬엄쉬엄 해도 감당해낼 수가 없었다.

잠시 쉬는 동안에 지나가는 아는 사람을 만났다. 그 사람이 나를 알아보고 사정을 듣고는 여기서 일할 때가 아니라 한 발자국이라도 고향을 향하여 가야지 여기서 일하면 되겠느냐고 하여 고맙다고 하며 헤어졌다.

저녁에 가서 내가 고향에서 학교만 다니다가 와서 일을 할 수가 없어서 오늘로 그만 두겠다고 하고 아침을 먹고, 하직 인사를 하고 나왔다. 물론 기대도 안했지만 단 1환도 주지 않았다.

9. 고향을 향해서

결국 다른 방법이 없어서 구포를 지나면서부터 얻어먹으면서 고향을 향해서 걷고 저물면 마을에 들어가 어느 집이든지 가서 밥 좀 달라고 하여 얻어먹고, 잘 수 있는 허술한 빈 소 외양간 같은 곳을 찾아 자고, 아침에 일어나 또 어느 집에 들어가 사정해서 한 술 얻어먹으면서 고향을 향하여 계속 먹고 자고는 날마다 걸었다. 군의관이 신체검사 할 때 불합격이라고 판정을 하고 병명을 한문자로 〈肋膜炎〉이렇게 써주었는데 얼른 보면 도울 〈助〉자 조막렴 이라고 쓰여 있는 것 같이 보이기도 한다. 본 집으로 올라오다가 검문을 받게 되어 의병 제대증을 보여주었더니 "무슨 병이야" 하더니 "조막염이구만." 하길 래 "늑막염입니다." 하려고 하다가 그가 무안할까봐 "예" 하였더니 가라고 하였다. 그는 도울 조자 비슷한 〈肋〉늑자를 〈助〉조자로 잘못 읽은 것이었다. 아마 영양실조로 탈진한 나를 신체검사에서 의사가 적당히 내린 진단 같았다.

도중에 김포에 산다는 한 사람을 만났다. 그가 자기가 가지고 있던 깡통 하나를 주면서 "이것 조밥인데 가지고 먹으면서 아침 일찍이 떠나

저녁 늦게 까지 매일 걸으면 고향집에 빨리 갈 꺼야." 하고 그는 다른 곳으로 갔다. 그래서 그 시간부터 발걸음을 더 재촉하여 하루하루 빨리 가기 위하여 고향 길을 재촉하였다.

집에 오는 도중에 강화의 한 동료를 만났다. 그와 며칠을 같이 오는데 별별 일이 많이 있었다. 한 번은 밥을 좀 달라고 문을 두드리니 45세 쯤 되어 보이는 여자가 들어오라고 하면서 개밥그릇을 부시더니 거기다가 밥을 주는 것이 아닌가? 같이 간 사람이 급한 성질로 개 밥 그릇을 그 여자 앞으로 내 던지면서 "야, 이년아, 우리가 피난민이지만 네 눈에 개로 보이느냐? 장래에 네 새끼들이나 개밥그릇에서 쳐먹여라"고 윽박지르니까 행패를 부릴 줄 알아서 인지 벌벌 떠는 모습을 보면서 문을 박차고 나왔다. 그 일은 오랫동안 잊혀지지 않았다. 그 여자가 후에 반성하기를 바랄 뿐이다. 그 강화에 산다는 사람은 그 다음날 갈 곳이 있다고 제 길을 찾아갔다.

사람이 이렇게 되면 꾀가 나고 치사스럽게 되는 것 같다. 여러 날을 지내면서 인천가까이 올 때에 두 노인이 조금 무거운 짐을 지고 가기에 "제가 들어다 드릴까요?" 하니까 무거운 참이라 "그래 좀 들어다오" 한다. 좀 무겁지만 짐을 들고 따라가는데 인천 목적지에 거의 다 가니까 "이제 다 왔다. 이제 가봐라" 한다. 못들은 척하고 그냥 갔더니 난처한 듯 "우리가 찾아가는 집이 전에 우리 집에 피난 나왔던 이들인데 오라고 하여 가니까 미안하지만 이제 가라"고 말하는 것이다.

이제 저물었는데 나는 사실 갈 집이 없었다. 이날 밤은 이 노인들에게 빌붙어 하룻밤을 자야 되겠다는 뱃장이 생겼다. 사람이 이런 신세가 되면 체면 같은 것이 없어진다. 가라고 해도 막무가내로 따라가니 할 수 없는 모양이다. 그 집에 당도해보니 아주 잘 사는 집은 아니나 하루 묵어 갈 수는 있을 것 같았다. 그 노인들 대접하는 대로 밥을 얻어먹고 그 집에 처녀가 있는데 방이 모자라니 아마 이웃집에 가서 자고 오라고 하는 것 같다. 그 방에서 하루를 쉬고 아침 일찍 하직 인사를 하고 떠났다.

나는 별 방법을 다 써서 그래도 살아서 고향집에 가야 한다는 생각뿐이었다.

그 다음날 걸어서 14일 만에 내 집의 마을에 들어섰는데 길우라는 한정동씨 아들이 "엄마 거지와 문 닫아" 하더라고 후일 이야기 해주었다.

집에 오니 어머니가 살아계셔서 반갑게 만났다. 그동안 어머니는 축농증 같은 코의 병으로 많이 고생을 하셨다고 하였다. "매일 너를 위하여 기도하였는데 며칠 전 꿈에 네가 보이더라. 그래서 네가 살아서 돌아오나? 하는 생각을 하였다. 그런데 그 다음날 기도 중에 코가 이상하여 나와서 코를 푸는 데 하얀 콧물 같은 것이 한자나 되게 계속 나왔는데 오늘은 그 병이 간데 온데 없이 깨끗이 나았다. 하나님께서 내 병도 낫게 하시고 너도 이렇게 살아서 돌아와 만나게 되니 이것이 너의 아버지가 너무 예수님을 잘 믿으시더니 하나님께 간청해서 이런 경사스러운 일을 하나님이 보여주시는가 보다." 라고 하셨다.

그러시면서 "내가 너희 아버지 예수 잘 믿을 때 할 말 못할 말 막하고 너무 많이 핍박을 하였다. 그런데 너의 아버지가 먼저 가시고 나니 모든 것이 후회가 되어서 매일 회개의 기도를 하였다. 또 그 후에 교회에서 찾아와서 이제 예수 믿어야 된다고 하여 교회를 잘 나가고 있다."
고 하셨다.

집에 와서 여러 날을 소비하면서 기억이 생생하게 나기에 겪은 사건들을 비교적 자세히 기록하여 노트 60페이지 넘게 꼼꼼히 정성껏 써서 〈내가 겪은 6.25 체험기〉라는 내용으로 간결한 책처럼 만들었다.

그 당시에는 마을에 라디오도 없어서 마을 사람들이 원하는 집마다 돌아가면서 읽어주면 아주 흥미있게 듣곤 하였다. 후에 아내는 그것을 읽어보고 조금 보충하여 단행본을 내라고 하는데 내 개인이 겪은 6·25 때 고생한 체험기를 누가 읽어 주겠는가? 하고 일축을 하였다.

6·25후 내가 군생활을 하고 집에 돌아온 즉시 의병제대를 신고 했더라면 좋았을 것을 어리석게도 신고를 즉시 못하였기 때문에 군에 나가라는 통지가 또 와서 후에 얼마나 어려운 일을 당했는지 모른다.

전란통에 모든 서류정리가 잘 안 되어 군대의 영장이 또 나왔다. 그래서 학교를 쉬고 군에 입영하기 위해 인천으로 갔는데 다행히 외아들이라고 돌아가라고 하였다. 외아들의 입장을 보아주던 시기가 있었다.

후에 생각해 보니 내가 군에서 의병제대를 하고 나왔는데 여러 해 후에 6촌 형이 육군 본부에 있다고 하여 내 군번을 대주었다. 그 후 알아보니 내가 행방불명으로 되어 있어서 늦게나마 살아있는 이등병으로 정리하였다고 말해주었다.

그리고 그 서류를 내가 사는 병무청에 보내어 정리하니 그 후부터는 군대의 영장이 다시는 나오지 않았다.

교육 행로

1. 나도 공부할 수 있을까?

집에 돌아와 지내는 가운데 한 날은 어머니가 "네가 공부해야 하지 않겠느냐?" 고 하시어 "공부는 하고 싶지만 돈이 어디 있어요?" 하니까 "어떻게 하던지 배워야 하는데…" 하시며 근심스러운 마음으로 이야기 하시는데 매부가 들어왔다. 우리가 나누던 이야기를 들어오면서 밖에서 잠시 들은 것 같다. "무슨 일이 있으세요?" "얘 공부 때문에 밭이라도 팔아야 할까? 하고 의논중이네" 하시니까 매형이 선뜻 "우리 중 톳되는 소를 팔 터이니 공부를 시키시지요?" 하면서 결정적으로 힘이 되는 말을 하였다. 이틀 후에 소 판 돈을 매부가 가지고 왔다. 이것이 내 평생에 있어서 교육행로의 불씨가 된 셈이다.

내가 성장한 후 생각할 때에 '나의 어머니 같이 배우지도 못하시고 신문한 장 못 보시는 노인분이 그 시절에 앞날을 내다보고 어떻게 그렇게 하셨을까?' 몇 번이고 깊이 음미하고 또 음미하였다. 왜냐하면 그 시절 시골에서 앞날을 내다보는 그런 분이 없었기 때문이다. 이것은 분명히 하나님께서 아버지의 귀한 믿음을 보시고 나를 목사 만드시려고 그렇게 어머니에게 지혜와 결단을 주신 것이다.

어머니가 '농사나 열심히 지어서 논밭이나 넓힐 생각을 하라고 하였으면 나의 장래는 어찌 되었을까?' 오늘 내가 이렇게 된 것을 나는 항상 2가지로 생각을 하였다.

조금 전에 말한 대로 하나는 하나님께서 내 어머니를 감동시키셔서 공부시키려는 큰 결단에 의한 것이었고, 또 하나는 하나님께서 공부시켜서 하나님의 종으로 삼으시려는 장구한 계획이었던 것이다.

2. 어떻게 공부를 하였나?

그 후 어머니는 논과 밭을 조금씩 팔아서 계속 어김없이 학자금을 대주셨다.

마을 사람들은 내가 공부한다니까 말로라도 위로는 안 하고 "저렇게 땅 팔아 공부시키면 관식이네 집안 망합니다!" 하고 어머니에게 여러 사람들이 와서 미련한 짓 하지 말라고 충고하였다고 한다. 그때마다 어머니는 "왜 걱정들 해요. 아 망하면 나하고 내 아들 밖에 더 망하겠어요, 염려하지 말아요." 하였다고 한다.

그래도 어머니는 후회하시거나 흔들리지 않고 염려말라고 하셨다. 그때는 6.25사변 직후라 어느 학교든지 들어가는 것은 어렵지 않은 때였다. 그때 이웃집에 한경우라는 학생이 서울 가서 공부를 하고 있는 때여서 그에게 연락하여 그의 학교에 편입을 하였다. 그 학교는 영등포

구 흑석동에 소재한 낙양 중학교(후에 중앙대학교 부속 중.고등학교가 됨)에 다니게 되었다.

그때 하숙을 하는데 하숙집 아주머니가 쌀은 김포 쌀이 좋다고 집에서 가져오라고 하여 어리석게도 버스가 하루 몇 번 밖에 다니지 않는 교통 불편한 시절에 우리 집에서 양곡이라는 버스 정류장까지 4킬로나 되는 데 어머니가 이어다 주셨다.

그러면 내가 그것을 버스에 싣고 서울로 가는데 노량진에서 흑석동으로 가는 언덕이 그 시절에는 아주 높아서 너무 힘이 들었다. 어떤 때는 노량진 시장 입구에서 지게꾼에게 돈을 주고 하숙집으로 가져오기도 하였다. 그 당시 시장에서 사면 되는데 지금 생각하면 왜 그렇게 힘들게 가져오라는 것을 잘 들었는지 이해가 되지 않는다.

그때 그 집 아니고도 하숙할 집은 여러 곳이 있었다. 지금 하숙하고 있는 집은 남편이 먼저 가고 결혼한 딸이 함께 살았다. 그 아주머니는 나를 아들같이 생각하고 하숙생들이 많을 때 나에게 장부를 맡기고 도와달라고 하였다.

논이나 밭을 한 곳씩 팔아서 공부를 하니까 돈을 근검절약하는 길 밖에는 없었다.

다행인 것은 내가 학교에 돈이 필요해서 시골 어머니에게 가면 어떻게 구해놓으셨는지 항상 준비된 돈을 주셨다. 지금은 어느 정도 땅을 팔고 얼마나 전답이 남았느냐?고 미안해서 차마 묻지도 못했다.

3. 초심을 잃다

그 당시 아주 갖고 싶은 것 중에 마음에 드는 것이 있었는데 그것은 영한사전과 파커 만년필이었다. 아이들이 가진 것을 은근히 만져보고 속으로 '나도 이런 것들이 있으면 얼마나 좋을까?'하는 생각을 하였다. 그때 그것이 마음에 한이 되어 형편이 좋아졌을 때 영한사전도 여러 권을 산 기억이 난다. 미국에 와서 여러 종류의 파커 만년필과 파커 잉크도 많이 샀으나, 좋은 볼포인트 펜이 나오면서 사실 만년필은 제대로 사용하지도 못하였다. 오랜 세월이 지난 지금도 그 잉크가 몇 병 쓰지 않은 채 서랍에 있다.

고등학교 시절 나는 내가 돈을 내고 극장 구경을 한 일은 없다. 그 당시 나는 이약우라는 친구와 같이 한 방에서 하숙을 하였다. 그가 나보다 형편이 낫고 마음도 좋아서 그가 극장도 구경시켜주고 식당에 가면 의례히 그가 돈을 내려니 하고 얻어먹었다.

신세를 진 친구였는데 강화 있을 때 찾아오기도 하였다. 그것이 마지막 기회일 줄은 몰랐다. 그러다가 그만 서로 연락이 이어지지 못하였다. 여러 해의 세월이 지난 후 미국에 와서도 그를 자주 생각하였다. 그 후에 계속 그 친구를 찾으려고 그의 고향이 평택인데 여러 번 연락을 해도 안 되었다. 한 번은 아는 이가 미국에 왔다가 경찰계통으로 찾아 줄 수 있다고 하여 의뢰를 하였더니 그의 동생 태우가 나에게 연락을 하였다.

오래전에 행방불명이 되어 자기 집에서도 지금까지 그 형이 세상에 살아 있는지 세상을 떠났는지 모른다는 것이다. 내가 지금 그를 만나면 얼마나 반가울까! 미국으로 초청하여 관광도 시키고 우정도 나누면서 내가 도울 길이 있다면 도와주고 싶은 잊지 못할 친구이다.

중학교에 다닐 때에는 아버지의 유언을 따라 신학교에 가서 목사가 되겠다고 생각했었는데, 고등학교에 다니면서 여러 학생들과 어울리는 가운데 마음이 조금씩 변하여 일반 대학을 가려는 생각이 들었고 교회도 한 동안 열심히 나가지를 않았다. 2학년을 마치고 고3 졸업반에 올라가면서 하나님께서 나를 강권적으로 본래의 길인 신학교로 인도 하셨다. 그것은 여러 가지로 하나님께서 나를 이끌어 주신 주님의 증거임을 살아가면서 많이 느끼고 깨달았다.

4. 바로 잡아 주시는 하나님

고 3에 올라가면서는 전혀 다른 마음은 갖지 않았다. 물론 다시 교회도 열심히 나가서 신앙생활을 잘 하였다. 그 후 방황하지 않고 신학교에 가게 되었다. 신학교 예과를 2년 마쳤을 때 나에게 생각지 않은 일이 생겼다. 그것은 다름이 아니라 어머니의 말씀이 이제는 전답을 다 팔았다는 것이다.

나는 이제 경제적인 어려움으로 아주 절박한 때가 되었다는 것을 알게 된 것이다.

신학교 생활 중 두 가지 기억나는 것이 있다. 하나는 어느 교회로부터 신학교 다니는 전도사라고 헌신예배를 초청받았다. 그런데 와이셔츠를 입고 넥타이를 매고 가야 하는데 와이셔츠가 없어서 4촌 누님에게 가서 매형이 입던 와이셔츠 중에 빌려줄 것이 있느냐고 물었더니 하나 꺼내 보여주면서 맞을는지 모르겠다고 하였다. 입어보니 소매가 헤어진 것은 그런대로 괜찮은데 목이 좁아서 입고 조금 있으면 목이 벌어지는 것이다. 그러나 급한 대로 입고 가서 설교를 하였는데 시간이 가면서 목이 벌어진 와이셔츠를 보고 속으로 교인들이 얼마나 웃었을까? 하는 생각을 하였다.

그런데 지금 여름과 겨울용 와이셔츠가 많은 것을 보면서 격세지감(隔世之感: 딴 세대와도 같이 몹시 달라진 느낌)이 난다.

또 한 가지는 다들 구두를 신는데 나만 운동화를 신어서 큰 결단을 하고 구두를 하나 샀다. 그래도 학교는 운동화를 신고 다니며, 설교 초청을 받거나 어떤 특별한 기회가 있을 때 주로 신었다. 그런데 어느 날 학교에 갔다 오니 담을 뚫고 들어와 도둑이 구두를 훔쳐간 것이다. 너무 기가 막혀 털썩 주저앉았다. 정신을 가다듬고 많은 생각을 하였다.

학교에서 공부하다가도 도둑이 초라한 집에서 훔쳐온 구두를 생각하고 '너무 불쌍한 사람의 구두이다' 하고 갖다 놓지는 않았을까? 하면서 집으로 돌아오기도 하였다.

그 후 신학교 기숙사로 들어갔다.

5. 교회 전도사 시작

그리고 경제적으로 감당할 수가 없어서 학교는 한 해 휴학을 하기로 하고, 연천군 전곡에 잘 아는 이가 중학교를 시작하였다고 오라고 하여서 거기에서 1년간 국어교사를 하였다. 거기서 더 북쪽으로 연천 못 미쳐 통현리라는 곳이 있는데 거기에 세워진 통현교회에서 전도사로 교회 일을 하다가 1년 후 복학을 하였다.

이 때가 본과 1학년이었는데 경기도 김포군 검단면 오류리동에 오류리 교회라는 시골 교회를 소개 받아서 전도사로 정식 시무하게 되어 그런 대로 근근히 혼자 공부할 수 있었다.

지금도 그러리라고 생각하는데 신학교는 지방에서 주일을 지키고 오는 신학생들이 많아서 월요일은 수업이 없고 화요일부터 시작한다. 토요일은 그 당시 주로 지방으로 내려가서 주일을 지키고 오는 이들이 많이 있었다.

내가 담임한 오류리 교회는 시골 교회인지라 서울에서는 매우 거리가 멀고 교통도 불편하였다.

오류리 교회에서 주로 하루 3회 버스가 다니는데 시간을 맞추어야 하고 또 인천에 가서 기차를 갈아타야 했다. 그리고 서울역에서 내려 남산신학교 아래 있는 기숙사까지 걸어가야 했다. 그 시절에 신학교 기숙사는 밥을 적게 주어 너무 배고파서 다음 식사시간까지 기다리기가 힘들 정도였다. 다행히 바로 회현동 기숙사 밑에 남대문 시장에서 파는 싸구려 음식점이 많이 있어서 너무 배가 고플 때는 가끔 친구들과 같이 가서 먹곤 하였다.

한 번은 저녁을 먹고 기숙사로 오는데 몇 촌 형님을 만났다. "너 저녁 안 먹었으면 같이 식사하자." 그러는데 어찌나 억울한지 몰랐다. "지금 친구들과 같이 먹고 오는 길이에요."하고 헤어졌다. 평소 배고픈 나에게는 너무 좋은 기회를 놓친 것이다.

내가 나가는 교회는 시골 농촌인데 교인수는 어른이 50여명이어서 많이 나오면 60여명이 된다. 그러나 생활들은 비교적 가난한 편이었다. 크게 농사짓는 사람도 없었다.

물론 정성껏 대우를 해주시지만 본래 교회가 넉넉지 못하고 보니 교역자를 대우하는 것도 물론 힘들어 했다.

교회에서 주일 예배를 드리고 숙소로 왔는데 한 교인이 따라와서 "전도사님, 전도사님은 서울을 이웃집 드나들듯 하시지만 저는 서울을 잘 가지 못합니다. 서울 냉천동에 내 아우가 사는데 여기 논을 판돈인데 이것을 전달해줄 수 있습니까?"한다. 차마 거절을 할 수가 없어서 받아놓았다. 그런데 그 시절에는 수표를 못 쓰고 현금 거래 때가 되어 돈 부피가 아주 많았다. 큰 걱정이었다. '이 많은 돈을 어떻게 전달하나?' 그래서 불안하여 밤잠도 잘 못자고 아침에 책보자기에다 그 돈을 둘둘 말아서 허리에 찼다.

차를 타고 내 허리를 내려다보면 임신 몇 개월 되는 여인같이 배가 불러 보이고 차 탄 사람들을 둘러보면 전부 도둑같이 보여 아주 마음에 안정이 오지 않았다.

조심하면서 기차를 타고 서울역에서 냉천동가는 버스를 타고 간신히 그 집을 찾아 돈을 주면서 세어보라고 하고 맞는다고 하기에 그 집을 나오는데 마음이 얼마나 가벼우며, 성경 말씀에 "재물이 있는 곳에 네 마음도 있느니라."는 말씀이 얼마나 적중되는지 몰랐다.

졸업할 때까지 이 교회를 담임하였는데 장로는 서재명 장로라는 분 혼자였다.

6. 궁핍 속의 결혼

이 교회에 있으면서 결혼을 하게 되었다.

아는 전도사의 소개로 정경란이란 아가씨를 어느 다방에서 만나게 되었다. 내 형편이 그런 형편인 만큼 결혼한다는 것이 상대 여성에게는 미안한 일이라는 마음도 들었다. 몇 번 만나고 서로 뜻이 맞아서 결혼을 하기로 하고, 날짜를 정하였다.

결혼할 신부는 나보다 3세 아래인데 내 아내의 부친은 유명한 한의원이셨는데, 그 당시 큰 회사의 회장님(지금은 작고함)으로 20대 때부터 불치의 병을 얻어 여러 병원에 다녀 보았지만 치료가 되지 않아서 아내의 부친을 찾아왔는데 부친의 시술로 그 불치의 병을 고쳤다고 했다. 아내의 부친이 이 세상을 떠나셨을 때 병 고침 받은 사람들이 몰려와서 우리와 우리 자녀들이 병 들면 누가 우리를 치료 할 수 있느냐고 울며불며 상여 행열에 많는 사람들이 뒤 따라 갔다고 하였다. 그 때는 대동아 전쟁이 끝날 무렵이었다.

아내의 가정은 어머니가 계시고 시집간 언니 두 분이 있고, 손아래 남동생이 어머니를 모시고 산다고 하였다.

그리고 신부 혼자만 지금 청파동 큰언니 집에 있다고 말했다. 교회는 공덕동 장로교회를 나간다고 한다. 교단 적으로 나는 통합측인데 신부가 나가는 교회는 합동측이었다. 몇 번 더 만나면서 결혼식 주례는 신부가 출석하는 교회 김창걸 목사님께 부탁을 드려달라고 하였다.

정말 너무 내 형편이 어려워 어디에서 금전을 빌릴 수도 없고 또 빌려도 갚을 길이 없어서 형편에 맞게 하기로 결심하였다. 일부러 신학생 친구는 한 사람도 안 청하고 내가 평소 존경하던 선배 목사 한 분하고 가까운 친척들만 초청하고, 신부측 하객들 뿐으로 아주 조촐하게 결혼 예식을 거행하였다.

사진사는 신부언니 집에 세들어 사는 사진사에게 부탁을 해서 사진은 잘 찍었는데 아내 친구의 남편이 사진사인데 친구도 도울 겸 아내가 친구에게 필름을 맡기자고 해서 나도 그 일에 동의를 했는데 여러 날이 지나도 결혼사진을 친구가 보내주지 안아 왜? 결혼사진을 보내지 않느냐? 고 연락을 하니 어처구니없게도 이사하는 바람에 그만 결혼 필름을 몽땅 잊어버려 정말 너무너무 미안해서 전화할 수 없었다고 한다. 마음이 많이 상했지만 하는 수 없었다. 그래서 결혼사진을 그 누구에게도 줄 수가 없었다.

그리고 물론 내 형편이 이러니까 신부에게 양해를 구하고 신혼여행도 아무데도 못 갔다. 신부가 나를 사랑하고 내 형편을 아는 것 같아서 이해하리라고 생각하였다.

사실 내가 결혼하기에는 너무 돈이 없었다. 그래서 남산아래 기숙사에 있으면서 왕십리에서 장사하는 6촌 되는 형님을 찾아갔다. 아주 형편이 어려운 것같지는 않아서 결혼 사실을 말하고 "결혼식 날 입을 양복 한 벌만 해줄 수 있으시겠어요?" 하고 안 나오는 말을 염치없이 말하였기 때문에 고개를 숙이고 대답을 기다렸는데 다행히 해주겠다고 즉답을 해주어서 너무 고마웠다.

그런데 나중에 알게 되었는데 신부 편에서 양복 한 벌과 한복 일체를 해왔다. '이런 줄 알았으면 6촌 형님을 찾아가서 어려운 부탁을 안 해도 되는 것을 그랬구나.' 하는 생각을 하였다.

결혼 초에는 작은 시골 교회에서 목회 생활을 하였기 때문에 살아가기가 힘들었다. 그 때는 그렇게도 어려웠기 때문에 교인들이 가져온 성미 쌀(교인들이 밥을 지을 때 식구수대로 쌀을 씻기 전에 한 숟가락 씩 떠서 모아두었다가 교회 올 때 가져와서 목회자의 식량으로 돕는 다는 쌀)로 살아가는 데 도움을 받을 때였다.

(오랜 세월이 지난 후 내가 미국에 있다가 한국에 갔을 때 결혼식 때 양복해준 그 형님이 고향으로 와서 사신다고 하여 소식을 물었더니 병상에 계시다고 하였다. 이제는 내 형편이 괜찮은 편이기 때문에 그 전에 기쁘게 결혼식에 입을 양복을 해주신 것 생각하고 아주 넉넉히 달러를 한국 돈으로 바꾸어 준비하고 선물을 사들고 방문하였더니 병상에 누우셨는데 아주 반가워 하셨다. 나보다 연세가 아주 많은 분이다. 그때 기쁘게 결혼 양복을 해주셔서 너무 고마웠다고 하면서 봉투를 내밀었더니 그 아주머니가 받으시며 "이렇게 기억을 하고 주니 고마워요?" 하면서 받았다.

7. 결혼과 힘겨운 나날

다시 결혼 이야기로 돌아간다. 결혼식 날 예식이 끝나는 대로 경기도 김포군 대곶면에 소재한 내 본가에 어머니가 계셔서 그리로 직행하고 거기서 첫날밤을 지냈다.

그 다음날 나는 신학생이니까 서울로 올라가고 아내는 혼자 시어머니를 모시고 살다가 주일이면, 나는 서울에서 내가 시무하는 오류리 장로교회로 가고, 아내는 차가 없어서 시골의 30리가 넘는 먼 길을 혼자서 터벅터벅 걸어서 시무하는 교회로 와서 토요일 같이 지내다가 월요일 나는 서울로 가고, 아내는 다시 걸어서 내 본가로 갔다.

그때 맏아들인 형일이가 태어났으니 우리가족의 기쁨은 이루 말할 수 없었다.

동리 사람들도 "득남을 했다지요?"하며 함께 기뻐해 주었다. 하나님 아버지께 감사하며 영광을 올렸다.

신학교에 가 있느라 나는 곁에 있지도 못하였으니 아내가 어려운 시어머니 곁에서 얼마나 힘들었을까 하는 것은 짐작이 된다. 그 주일에는 내가 교회에서 주일 예배 후 아내도 만나고 또 어머니도 뵈올 겸 본가로 갔다. 내 아들 2세 형일이를 본다는 느낌에 흥분이 되었다.

그때가 아내로서는 남편도 없는 집에서 시어머니 모시랴 아이 돌보랴 또 몇 일 후 주말에는 남편이 있는 교회로 가랴 너무 힘든 때였으리라고 여겨진다.

그러다가 내가 방학이 되면 아내는 나 있는 곳에 와있다가 나와 같이 가끔 어머니 계신 본가를 방문하였다. 이것이 당시 우리 신혼 생활의 모습이었다. 하나님께서는 우리를 이렇게 사랑하시고 목회의 길을 이끌어 주셨다.

교역자 생활

1. 인천 연수 장로교회

이미 결혼을 한 이야기를 전편에서 비교적 자세히 말하였다. 다시 말하면 나는 김철균 전도사와 석영도 전도사의 중신으로 1961년 2월 7일 지금의 아내인 정경란 양과 결혼을 하였다. 오류리라는 시골 교회 목사로 있다가 목사 안수를 받으면서 인천 시내에서 떨어진 연수동이라는 곳으로 부임을 하였다. 시골이기는 마찬가지였다.

그곳에는 아주 큰 결핵 요양원이 있어서 가끔 환자들에게 가서 전도를 하였다. 그 병원에서 교회로 나오는 간호원들도 있는데 2년 정도로 교체되어 갔다.

인천 시내를 가는 버스가 하루에 아침과 저녁으로 지나가는데 중간에서 타니까 항상 만원버스였다.

교인들은 60여명인데 장로와 라이벌인 집사 사이에 알력이 심해서 목회하기가 힘이 들었다. 이곳은 사택에 수돗물이 없어서 마을에 있는 공동우물에서 물지게로 물을 길어오는 것이 매우 힘들었다.

1) 위기에서 살아남

연수교회는 바닷가에서 3킬로미터 떨어진 내륙에 있었는데 여기서 가까운 곳에 남동이라는 지역이 있었다. 우리 교회 크기만한 남동교회가 있었는데 거기서 목회하는 이인순 목사와 자연히 가까워지게 되었다.

그는 북에서 월남한 후 결혼을 안 해서 고기 잡으러 다니는 일이 유일한 즐거움이었다. 쟁이그물이라는 것이 있는데 그 그물을 던지면 쫙 벌어지는데 그 안에 든 고기를 잡아내는 것이었다. 던지는 것도 기술이 있어야 하는데 그는 아주 투망을 잘하였다. 그의 권유로 가끔 따라가게 되었다.

한 날은 바다 가까이 나가서 고기를 잡는 데 너무 잘 안 잡혀서 재미가 없으니까 아주 멀리 나가게 되었는데 급속한 밀물의 위험을 생각지 못하였다.

그 날은 사실 늦게 너무 많이 잡았다. 드디어 밀물이 들어오기 시작하여 나가려는데 잠깐잠깐 물이 많아지는 것이 아닌가! 그러더니 평평한 평야 같은 곳이 갑자기 물바다가 되는 것이다. 거기에 깊은 개골창이 군데군데 있는데 그곳을 비켜서 빨리 나가지 않으면 물에 빠져 죽게 되었다. 이 목사와 나는 육지를 향하여 뛰기 시작하였다. 물이 불어나는 속도가 점점 더 빨랐다. 위험하다는 것을 깨닫고 나는 잡은 고기를 다 내던지고 이 목사는 그물을 내던지고 둘이 달려가는 데 점점 물은 많아지고 아무래도 물속에 빠져 죽을 것만 같았다.

그런데 다행히 이 목사는 그 바다가 숙련이 되어서인지 깊은 개골창을 잘 비켜가면서 빨리 따라오라고 한다. '정말 죽느냐? 사느냐?' 하는 아주 아슬아슬한 상황이었다. 이때 물에 빠져죽었으면 그 넓은 황해바다에서 시체도 찾을 수 없는 끔찍한 상황이었다. 한편으로는 그 와중에서 "하나님, 하나님!" 부르며 기도하면서 얼마나 죽을 힘을 다해 뛰었는지 모른다. 그러나 그렇게 뛴다고 살아날 수 있을 것인가! 하나님께서 우리를 더 목회에 필요하셔서인지 살려주셔서 다행히 육지에 이르렀다.

이 목사는 완전히 물로 범람한 망망한 물바다를 바라보면서 "우리가 참 용케 살기는 살았어요." 하면서 감격하듯 내 손을 잡았다.

내가 신학교 다니던 시절에는 학교의 학제가 지금과는 많이 달랐다. 지금은 일반대학을 졸업하고 신학대학원에 오는데, 그때는 예과 2년(일반대학 2년과 같음) 그리고 본과 3년(일반 대학원과 같음) 그래서 5년 학업을 마친 후 목사 안수를 받고 목회를 할 수 있었다.

나는 교회를 담임하면서 숭실대학 3학년에 편입하여 대학 4학년제를 마쳤으므로 도합 7년을 공부하였다. 신학교 예과 2학년 때 신학교는 합동과 통합으로 분열되는 참상을 목도하면서 많이 방황을 하였다. 양쪽에 다 어제같이 공부하던 친구들이 나뉘게 되었다. 어느 쪽으로 가느냐?하는 고민에 빠져서 많이 괴로워 하다가 통합측으로 가기로 결정을 하였다.

2) 양보가 아쉬운 두 집

이 연수교회에서 평생 잊을 수 없는 어려웠던 일이 있었는데 먼저 말한 대로 정장로와 이집사라는 두 분이 문제의 인물들이다. 나이는 이집사가 많고 그 교회를 세운 토박이이고, 정장로는 이북에서 중간에 들어온 분이다.

여러 가지 서열로 보아서는 이 집사가 먼저 장로가 되거나 같이 되어야 하는데 당시 피난와서 인천에서 목회하는 당회장이 같은 피난 온 분이어서 동정심이 갔는지 투표를 하는 와중에 가능한 한 정집사가 되도록 간접적으로 은근히 힘을 썼다는 것이다.

부임 후 몇 사람에게 들은 바로는 대부분이 이 집사가 장로로 피택을 받을 줄 알았는데 정 집사가 먼저 되었다고 한다. 좌우간 그 후부터 두 가정은 아주 원수지간이 되었다.

이집사가 우리집에 왔다가 정장로의 신발이 있는 것을 보면 안 들어오고, 그대로 돌아가는 것이다. 또 반대로 정장로도 마찬가지였다. 그래서 몇 명 되지도 않는 교회를 이끌어나가는데 너무 힘들어 목회를 부드럽게 이끌어 나가기가 어려웠다. 게다가 생활비가 적어서 살아가기가 힘들어 남모르게 많이 울면서 기도하였다.

이집사가 밭을 팔았는데 공교롭게도 정장로가 그 밭을 과수원하려고 샀다. 과수원을 만들고 일을 하는데 이웃집 사람이 와서 사분의 일은 내 땅인데 내놓으라고 하였다.

등기소에 가서 등기도 내고 확실히 알아보려고 하여 가서 알아보았더니 그 사람의 말이 맞아서 사분의 일을 그에게 주게 되었다. 정장로가 이 집사에게 사실 이야기를 하면서 땅값에서 빼앗긴 1/4의 값을 도로 환원해야 하겠다고 했으나 이집사는 그동안 등기도 안내고 그냥 농사지어 살았는데 못 주겠다고 하여 여기서부터 두 집의 다툼이 시작되었다.

그렇게 되자 각각 나에게 와서 해결해 달라고 하는데 참으로 난처하였다. 나는 문제의 심각성을 생각하며 매일 이 문제로 엎드려 기도하였다. 그러던 중 성령님께서 나에게 지혜를 주셔서 두 사람을 불렀다.

"내가 결정하는 대로 두 분이 따라주시지요. 이집사님도 모르고 농사짓다가 판 것이니 속인 것이 아니고, 정장로님은 땅을 사분의 일이나 이미 내주었으니 땅 값 사분의 일을 달라고 할 것은 틀린 말은 아니지요.

그런데 우리 교회에 중심이 되는 두 분이 싸우게 되면 우리 교회는 문을 닫게 됩니다. 그러니 교회를 살려야 하겠다는 심정으로 내말을 잘 이해하고 협조해주시기 바랍니다. 그 땅의 1/4 일부를 그 땅임자에게 주었으니 두 분 다 돈을 내 놓으라고 하면 억울하겠지만 그 4분의 1땅값 중에서 이집사님은 그 1/2을 변상해 주시고, 정장로님은 그 1/2만 받고 매듭을 지읍시다. 두 분이 다투면 이 바닥에서 나는 목회를 못합니다." 그랬더니 내가 간절히 하나님께 기도를 하여, 주신 지혜여서 그런지 두 분이 다 "그렇게 하겠습니다." 하였다.

그날 밤은 매듭이 잘 지어진 줄 알고 각각 헤어졌다. 다음 날 어떻게 주선했는지 이집사가 돈을 빨리 가지고 와서 "목사님이 전해주시면 감사하겠습니다."하고 나에게 주고 돌아갔다. 그래서 내가 갖다가 정장로에게 주고 돌아왔다. 정 장로는 그것을 받아두었다가 부인이 일하는 결핵 요양원의 직장에서 돌아왔을 때 그것을 준 모양이었다.

그런데 정장로 부인은 믿음도 적고 평안도 분으로 아주 거친 편의 성격이었다. 직장에서 돌아온 부인이 "받아 세어보고는 왜 이것만 받아요. 1/4 준 값 다 받아야지요." 하였다.

그 당시는 현찰을 주로 쓰던 때였다. 부인이 그 돈을 가지고 이집사내로 가서 안 마당에다가 확 뿌리면서 "잘 먹고 잘 살아라" 하고는 가버렸다. 이집사가 처음에 얼마나 기가 막혔을 것인가? 그 돈을 다시 주워서 나에게 가지고 와서 그 이야기를 하면서 "어떻게 하면 좋지요?" 한다. 내가 달라고 하여 그 다음날 온 종일 기도하다가 저녁 식사가 끝났을 즈음에 정장로 집을 찾아가서 정장로와 그 부인을 앉혀 놓고 이번 일에 얼마나 내가 어려웠던가를 말하고 또 그들을 위로해주고 교회의 형편을 눈물로 호소하면서 달래기도 하고 반위협적으로 "이것을 안 받으면 나는 손 떼고 교회를 사면하고 나갈 것이며, 그러면 아마 두 분 가정 때문에 교회가 문닫을지도 모릅니다."하고 간절히 말하면서 기도하고 간신히 주고 돌아왔다. 그때 그 일은 내 평생에 잊을 수 없는 어려운 일이었다. 결국은 그 후에 더 말이 없으니 부부가 그것으로 매듭을 지은 것 같다.

하나님께서 나를 불쌍히 여기사 그렇게 끝내주신 것으로 믿어진다.

연수동에서 형원이와 형미가 출생을 하였다.

이제 생각하면 내 아내가 아이들을 출산하는데 참 고생을 많이 한 것이 지금도 기억난다. 형일이는 내가 신학교에 가 있었고 어머니가 계실 때 해산을 했기 때문에 내가 보지를 못하였지만, 형원이와 형미는 내가 집에 있는 때여서 산기가 있어도 반 시골이고 물론 형편상으로 병원에 갈 수도 없어서 집에서 형원이 때는 큰 누님의 딸인 조카 기숙이가 도와주었고, 형미 때는 이웃 윤집사님이 도와주는 가운데 해산을 하였다.

당시 어떤 사람은 해산하다가 세상을 뜨기도 하고 병원에는 못가도 조산원이라도 와서 도와야 하는데 세 아이를 모두 집에서 출산하였으니 아내의 고통은 말할 것도 없겠지만, 그래도 그만한 것은 사실 하나님의 크신 은혜 아닌가!

그 후 어머니도 우리와 함께 이곳에서 사시게 되었다.

그리고 찬기라고 누님의 둘째 아들이 여러 가지 사정으로 우리 집에 와 6개월 살다가 간 일이 있다.

이제는 오랜 세월이 지나간 과거이다. 어느 때엔가 TV에서 한국의 연수동 지역사진이 나왔는데 오래간만에 보니까 이제는 그 지역이 너무도 번화하고 아주 크고 번창한 도시가 되어서 인천직할시 연수구로 발전한 것을 보았다.

2. 강화 성광 장로교회

강화 성광교회에서 교역자를 찾는다는 말을 듣고 이력서를 보냈는데 장로 한 분이 연수동에 와서 예배에 참석하고는 그 후에 한 번 더 와서는 강화에서 설교를 할 수 있겠느냐고 하였다. 가서 설교하였는데 벌써 여러 교역자들이 설교를 하고 갔다고 어떤 이가 귀뜸을 해주었다.

10여일 후에 먼저 왔던 장로가 혼자 찾아와 시무해달라는 청빙서류를 가지고 왔다. 그때 우리 식구는 어머니, 아내, 장남 형일, 차남 형원, 외동딸 형미 삼 남매였는데 이들이 아주 어렸을 때다.

지금 그때 그 사진을 보면 아이들의 어린 시절의 귀여운 모습들이 흑백사진과 슬라이드에 많이 남아있다. 형일이는 강화에서 초등학교 1학년에 입학을 하였다. 형일이가 1학년 때부터 4학년까지 반장과 회장을 역임하면서 아침 7시에 학교에 대한 방송을 했다. 말하자면 아나운서까지 했다

나에게는 강화 성광교회가 내 목회에서 아주 인상 깊은 교회였다는 생각이 든다.

강화 성광교회에서 좀 떨어진 곳에 미군 부대가 있었는데, 그 부대에서 군목이 차를 가지고 와서 우리 교회 성가대원들을 데리고 가서 그 부대 안에서 예배할 때 찬양으로 돕게 해주었다. 그것이 인연이 되어 군목인 Chaplain White가 우리 교회에 와서 설교를 하는데 미리 준 원고를 통하여 내가 통역을 하기도 하였다.

그때 그 부대에 있는 미군 중위를 자주 만나게 되어 미국에 서신으

로 왕래할 수 있는 사람 하나를 소개해 달라고 하였더니 그러라고 하다가 잘 안되니까 어느 강철 회사의 비서로 근무하는 자기 어머니를 소개하여 주었다.

자주 편지를 왕래면서 성탄절에 그 부부의 한복 일체를 각각 만들어 보냈다. 서울에 가서 아주 큰 사이즈의 남녀 고무신까지 갖추었다.

까닭은 한국인은 미국인들에게 얻어먹는다는 인상을 안 주기 위하여 나는 성탄절 같은 때에 아주 푸짐하게 한국의 고유한 선물을 많이 보냈다. 그랬더니 선물에 너무 놀라며 좋아하면서 성탄이 지났지만 우리 식구대로 선물을 보냈다. 특히 아이들은 조립해서 쌓아올리는 아주 좋은 장난감을 보내서 아이들이 그것을 맞추며 매일 즐기던 모습이 떠오른다.

어머니와 아내에게는 봄철 어깨에 걸치는 큰 쇼울을 보내고 나에게는 영어책을 사서 보내고 가정에 두라고 플라스틱으로 만든 아름다운 꽃을 보내며 이것이 먼지가 묻어 더러워지면 물에다가 흔들면 깨끗이 씻어진다고 하였다. 지금은 흔해 빠진 것으로 아주 진짜 꽃같이 아름답게 플라스틱으로 만든 조화가 곳곳에 쌓여 있지만, 그 시절에는 그런 것이 한국에 없었다.

1) 자라나는 우리 집 희망의 꽃들

형일이는 어릴 때 남자 아이로 아주 예쁘게 잘생겨서 여러 사람들이 머리를 쓰다듬어 주었고 많은 이들에게 사랑을 받으며 자라났다.

형원이는 학교에 입학할 무렵에 태권도를 배웠는데 아주 열심히 해서 서울에 올라가 국기원에서 검은 띠를 따기도 하였고, 태권도를 한다는 소문이 그 반 아이들에게 들려서 감히 형원이를 건드리는 아이들이 없었다.

형미는 막내딸로 귀여움을 받으며 자랐는데 다른 아이들에 비하여 매우 영리하고 총명하며 똑똑하여 사람들에게 귀여움을 많이 받았다. 오빠들 틈새에서 잘 자랐고 학교 다니는데도 별 어려움 없이 공부를 잘한 것으로 기억한다.

어머니는 비교적 건강한 모습으로 손 자녀들을 잘 돌보시며 사신 것이 추억으로 남는다. 한 해는 부흥회 때 강사가 어머니가 계신데 TV를 하나 사드리면 좋겠다고 사석에서 이야기 하니 그 즉시로 TV를 하나 설치해 주었다.

이때 아내는 아주 건강하여 아이들을 키우며 가정 일을 잘 보살피며 나갔다. 목사의 아내로 어려운 일도 많았을 터인데 묵묵히 사모로서의 직무를 잘 해내며 모든 교인들과 화목하면서 나의 목회사역에 큰 몫을 감당해 나갔다.

조운상 권사님이 우리 교회에 출석을 하였는데 강화에서 제일 큰 직물공장인 심도직물 사장의 부인이었고, 그 심도직물은 직원과 공원들까지 합하여 인원이 1천명이 넘었다. 그의 남편이 그 회사 사장이었는데 교회는 나오지 않았다. 그의 부인인 조권사님이 우리 교회도 지었고, 교회의 재정을 90퍼센트를 담당하는 정도이니까 물질 면으로는 강화 전체 교회(강화는 감리교 구역이어서 감리교가 58개 교회, 장로교는 우리 교회와 우리가 개척한 교회 2개 교회 뿐)에서 성광교회가 가장 풍성한 교회였다.

그 당시는 현찰을 다루던 때가 되어 헌금주머니에 큰 뭉치의 돈이 있으면 그것은 조권사님이 낸 것이었다. 조권사님은 당시 감리교의 어려운 교회를 돕기도 하고, 신학생 여러 명을 보조하며 키워서 후에 내가 그들을 만나 도움받았다는 이야기를 직접 듣기도 하였다.

그 당시 나는 목회에 어려움이 없었다. 교육관이 필요해서 사석에서 교육관이 필요하다고 하니 내일 서울로 올라오라는 것이었다. 올라갔더니 교육관의 설계사를 부쳐주면서 돈은 걱정 말고 목사님 마음대로 넓게 교육관을 지으라는 정도이니 그 나머지 일은 가히 짐작할 수 있을 것이다.

강화 성광교회는 전임자가 감리교 목사였는데 교단을 탈퇴하고, 자기 소신대로 해나가려고 하다가 문공부에서 이단 단속할 때 이단으로 걸려들어 사임을 하고 떠난 교회인데 일반 교회와는 다른 점이 아주 많았다.

2) 신령하다는 교인들

알고 보니 이 교회는 방언하는 교우가 80%가 넘는다는 것이며, 자신들이 아주 신령한 교회에 신령한 성도들이라고 자부하는 형편이었다. 나는 그 당시 처음에는 이런 영적인 면에 별로 경험이 없었다.

새벽예배가 끝나고 나서 각자 기도하라고 하면 새벽 기도회에 나온 50여명 교인 중에 45명 정도는 방언 기도로 소리내여 외치니 처음에 나는 당황하였다.

그리고 선임자가 길들여 놓아서 안수기도 해달라는 이, 꿈 해몽해달라는 이 등등 여러 종류의 교인들이 있었고 또 전임자가 그런 것을 새벽 기도회 후에 해주려고 별실도 만들어 놓았다. 50대에 난 여 집사가 두 딸을 데리고 혼자 사는데 한 번은 심방을 와달라고 하기에 아내와 같이 갔더니 저녁을 대접한 후 "저는 집이 가난하여 초등학교를 못 나와서 한글을 모릅니다. 그런데 하나님께 매달려 기도하는 중에 성경을 펴라 하시기에 폈더니 글자를 짚으라고 하여 짚었더니 그것은 가, 그 다음 글자는 나, 그 다음 글자는 다자다 하고 가르쳐 주셔서 성경을 읽게 되었습니다." 한다. 그래서 한글을 알게 되었다는 것이다. 즉 나중에 알고 보니 자기는 그렇게 신령하다는 것이다.

교인들이 자기들은 신령한 데 목사님은 신령치 못하여서 은혜의 불을 끄는 소방대원이라고 이야기 한다고 누군가 말해 주었다.

한 번은 새벽 3시에 사택이 교회 옆에 있는데 문을 두드리기에 나가 보았더니 "목사님, 지금 교회에서 야단이 났는데 빨리 오셔야 합니다." 하는 것이었다. 사택이 교회에 바로 곁에 있어서 빨리 나가보니 5, 6명의 공장에 다니는 처녀들인데 제 각각 방언을 하고 야단들이었다. 그런데 그 중에 한 여공이 방언을 하고 또 자기가 이어서 통역을 하는 데 바로 그 심도직물의 권사 이름을 대면서 끔찍하게 저주하는 것이 아닌가! 그래서 내가 절제를 시킬 수도 있지만, 사찰을 시켜서 최장로를 불러 오라고 하였다. 그가 와서 절제를 시켰다.

다음날 그들을 불러서 매일 한 시간씩 5일 동안 성경 공부를 시켜서 바로 잡는데 신경을 많이 쓰기도 하였다.

3) 앞서가야 하는 교역자

그 당시 상황을 보니 내가 저들보다 신령한 면으로 앞서야 저들을 인도할 수 있을 것이라는 생각이 들어 처음으로 서울 불광동에 있는 〈우국 기도원〉에 가서 특별 기도를 하기로 하였다. 기도원은 여름에는 여러 교회에서 와서 집회를 하기 때문에 사람들로 북적거리지만 내가 간 때가 9월 중순이어서 기도원에 온 사람은 나 혼자 뿐이었다. 그 기도원 옆이 바로 박정희를 살상할 목적으로 30여명의 특수훈련을 받은 인민 특공대가 지나갔다고 한다. 청와대 앞에서 다 죽고 김신조와 몇 명이 생포되었던 그 사건이다. 밤에는 약간 무서운 생각이 들어서 소리를 크게 내여 찬송하며 기도하였다.

그 후부터 신령하다는 집회에 참석하여 은혜를 사모하기도 하였다. 그러는 가운데 여러 가지 체험을 통하여 교우들을 이끌어 나가는데 목회의 힘이 되었다.

나는 이 성광교회에서 영적으로 많은 시련을 당했다고 할 수 있으나 그런 과정을 거친 것이 평생 목회에 큰 도움이 되기도 하였다. 하나님께서 일부러 나를 훈련시키기 위하여 이 교회로 보내신 것으로 생각한다.

4) 동서의 어려운 때 도와주던 일

강화에서 살 때는 아이들도 어리고 또 지방교회로서는 대우도 잘 해주는 편이어서 우리 부부는 힘들기는 하지만 어떻게 해서든지 자녀들의 장래 교육을 생각하여 은행에 예금을 하자고 하였다. 이렇게 근검절약으로 해서 강화에 있는 동안 모아진 것이 그 당시에 70만원이 되었다.

그런데 공교롭게도 서울에서 갑자기 큰 형부가 강화에 왔다. 형부가 말하기를 청파동 집과 안양의 석수동에 방 50개짜리 큰 건물이 있었는데 사기를 당해 은행에 돈을 갚지 못하면 그 두 건물이 차압을 당하게 되니 급전이 필요한데 도와 달라고 아주 얼굴이 사색이 되어 왔다. 내 큰 동서는 참 부자였다. 현찰은 없어도 부동산이 많아, 지금 돈으로 치면 수백억 원을 가지고 있었다. 공교롭게도 우리가 자녀들 교육을 위해 근검절약하여 모아 놓은 돈이 있을 때 부탁을 하기에 은행에 급한 돈을 갚으라고 70만원을 빌려주었다. 이때가 1961년도 중반이었다. 큰 동서는 그 돈을 가지고 청파동 집과 안양 석수동에 있는 큰 건물을 도로 다 찾았다. 그때 큰 동서와 처형은 나를 보고 빼앗길 뻔 했던 두 건물을 찾았으니 심목사님 너무너무 고맙다고 하면서 이 은혜는 잊지 못할 것이라고 했다.

그 당시는 누구나 서울에서 목회하기를 소원하였다. 그런데 쉽게 말하면 줄이 없어 서울에 목회의 길을 찾기가 어려웠다. 그러던 중 어떤 아는 분의 소개를 받게 되었다. 그런지 며칠 후에 왕십리 중앙교회 교인들 몇이 강화 성광교회에 나의 목회현장을 보러 와서 같이 대화를 하고 돌아갔다. 그 후에 들은 이야기지만 따라왔던 한 권사님이 하는 말이 책이 저렇게 많은 것을 보니 유식한 목사 같다고도 하였다고 후에 동행한 일행 중에서 전해 주었다.

그들이 다녀간 지 10여일이 지나서 왕십리 중앙교회에 한 번 와서 설교를 하라는 소식이 왔다. 설교하고 강화로 돌아온 지 20여일이 지나서 청빙서류가 왔다.

그리하여 그동안 정이 든 강화 성광교회를 떠나려고 하니 마음이 주저되었다. 교인들은 서울로 간다는 젊은 목사를 강하게 붙잡지는 못하였으나 그 시절만 하여도 교인들이 순진하여서 우는 이들이 많았다. 강화 성광교회에서 많은 사랑을 받고 더 있어야 하는데 아이들도 자라고 하여 자녀 교육 문제가 있어서 아무래도 서울로 가야 한다고 작별하고 서울로 갔다.

3. 서울 왕십리 중앙장로교회

세월은 흘러 1970년도에 우리 식구들은 강화 성광교회에서 서울 왕십리 중앙교회로 부임을 했다. 강화에서는 우리가 목회하는 가운데 가장 윤택한 생활을 한 것 같다. 강화에서 한 달에 생활비를 그 당시 7만원을 받았는데 서울 왕십리 중앙교회에서는 한 달에 3만원을 주어서, 더구나 서울이어서 물가도 비싸고 하여 쪼개고, 또 쪼개 써도 두 주일이 지나면 생활비가 다 바닥이 난다. 그때 너무 어려워서 아내가 찾아가서 형부에게 빌려간 돈을 좀 달라고 했다. 그러나 형부는 오리발을 내민다는 것이다.

"처제! 우리가 땅은 많아도 현찰이 어디 있오?" 아내는 그럴 때 마다 화가 치밀었다고 한다. 세월은 흘러 형일이가 고등학교에 다녔고, 형원이와 형미는 중학교에 다녔다. 다른 집 아이들은 과외 공부를 해도 우리식구들은 먹고 살기조차 힘들었다.

엘리야를 가뭄에서 까마귀로 하여금 생명을 보존하게 하신 것처럼 하나님께서 이런 때에 한 집사 가정을 통하여 철 따라 나의 양복이며, 아내의 옷이며 아이들 등록금이며, 물심양면으로 우리가족을 도와서 굶지 않고 살아가게 하셨다.

1) 큰 동서의 심보

때때로 아내는 큰 동서 집에 가서 빌려준 돈을 달라고 사정을 해도 돈을 줄 생각은 않고, 큰 동서인 형부가 처제에게 이렇게 말하더라는 것이다. “잘 듣소. 땅을 사느라고 현찰이 없소. 그러니 내가 사둔 땅에서 60평을 때어줄 터이니 이것이라도 받아 두는 게 어떻소?” 하여 “이 땅이 정말 집을 지울 수 있는 땅인가요?” 하고 물으니 틀림없단다. 아내가 돈을 받기는 틀렸고, 이 땅 문서라도 받자하고 땅 문서를 들고 왔다. 집을 지을 수 있는 땅인지 알아보니 그 땅은 그린벨트로 묶인 땅이고 땅은 정삼각형으로 되어 있어 집을 지을 수도 없는 땅이었다. 집을 지을 수 있는 땅이라도 그즈음은 건축법이 변경되어 최하 100평 이상이라야지 100평 이하는 나라에서 건축법으로 허가를 안 내준다는 것이었다.

빌려갈 때 이 신세를 어떻게 갚느냐고 했던 말은 나중에 알고 보니 진심이 아니고 인사치례로 하였던 말임을 알게 되었다.

그날 이후로 10여년의 세월이 지나고 우리는 그 땅이 미결된 채 미국으로 이민을 왔다.

간간이 형부라는 이가 연락을 주는 데, 그 땅의 소득세 99원을 자기가 내고 있다고 큰소리하였다. 형부가 돈을 가져간 후 40년이란 세월이 흘렀다. 2009년도에 서울에 갔을 때 큰 동서의 장남이 서울에서 이모부 오셨다고 인사하러 왔다. 그는 용인 외환은행의 지점장이었다. 너의 아버지가 아주 어려운 때 애절하게 돈을 빌려달라고 하였던 이야기부터 지나온 과정을 대략 말하였다. 아마 그때 그 돈을 잘 간수했더라면 우리가 자녀들 공부시키는데 어려움이 전혀 없었을 것이라고 하였다. 그동안의 일을 간략히 설명하고, 너의 아버지가 우리에게 준 땅 문서를 너에게 줄 터이니 우리에게 10,000불만 주고 매듭을 짓자고 했더니 그 아들은 몰랐는지 미안하다고 하면서 그러자고 승낙을 했다. 그래서 그것으로 오래 동안 생각하며 괴로웠던 일이 매듭지어 졌다.

2) 여러 가지 어려움

서울로 와서 가장 어려웠던 것은 조금 전에 말한 대로 경제적인 어려움이었다. 강화 성광교회에서 생활비를 받던 것의 반도 안 되는 액수인데, 서울이라는 것만 생각하고 왔더니 생활비는 너무 적고, 물가는 비싸 도저히 한 달을 버티어 나갈 길이 막연하였다. 강화를 비롯하여 손님은 많이 오는데 내 목회생활에서 그 당시처럼 어려운 때는 없었던 것 같다. 강화는 그래도 시골 인심이어서 받는 생활비 외에도 은혜 받았다는 교인들이 아이들 옷을 비롯하여 갖다 주는 것이 많이 있었다. 그러나 서울은 모든 것이 사무적이고 후덕한 면으로는 아주 깨끗하였다.

그런데 평생 잊을 수 없는 일이 있었다. 강화에서 전대석 장로님, 최귀녀, 김홍순, 김귀례 권사님, 김병구 집사님(지금은 장로) 다섯 분이 매년 강화에서 서울왕십리 중앙교회까지 올라와서 강화에서 준비해온 것으로 내 생일을 차려주고 축하해 준 일이다. 내가 미국에 올 때까지 10여 년을 그렇게 정성껏 살펴준 것을 하나님께 감사하며, 그 분들에게는 진심으로 감사의 정을 잊지 못한다.

그 당시는 교회가 전화도 없었고, 사택도 없어서 교회에서 마련해 주는 곳에 사는 데 월세가 오르는 바람에 오래 있게 되지 않고 자꾸 옮기게 되어 아주 불편하였다. 한 번 옮기는 것이 우리들에게는 말로 표현할 수 없을 만큼 너무 힘이 들었다.

다행히 동대문 시장에서 광장누비 이불을 판매하는 재력이 넉넉했던 김근실 권사님이 계셨는데 그 당시에 자가용차를 갖고 있는 이가 교회에 두, 세분 정도였는데 이권사님이 대심방 때는 자기가 타는 차를 내주었다. 운전기사가 늘 다녀서 교인 집을 다 알아서 차례로 심방갈 집을 편리하게 찾아주었다. 차를 심방기간 내주는 권사님이 신앙심이 좋아서 그랬을 것인데 그때 너무도 많은 도움이 되었다.

자기 막내아들을 주려고 사놓은 집을 빌려 주어서 편안하게 살 수 있었는데 그 권사님이 갑자기 주님의 부르심을 받게 되었다. 장례식이 지난 지 며칠 후 그 아들이 와서 집을 내달라고 하여 할 수 없이 교회 이층에 임시 칸막이로 요즘 말하는 옥탑방인데 종탑처럼 지은 높은 곳에 방을 들여 임시로 살게 되었는데 너무 불편하였다.

그러다가 다행히 교회 뒷집이 팔려고 나와서 교회가 사택으로 구입하여 부임한지 7년만에 안정된 사택에서 살게 되었다.

내가 부임할 때에 교인은 120명 정도였는데 조금씩 교인도 늘고 교회 재정도 나아져서 나의 생활비도 증가해 다소 안정되어 갔다.

3) K 집사의 신앙

왕십리 중앙교회에 한의원을 경영하던 길준현집사라는 이가 있었다. 한 번은 내 집에 그 집사가(후에 장로가 됨) 찾아왔다. 신앙적 이야기를 하다가 갈 때에 내가 안이숙씨가 쓴 〈죽으면 죽으리라〉는 책을 읽어 보라고 주었더니 며칠 후 그가 이른 아침에 찾아와 그 책을 읽고 많은 은혜를 받았다고 하였다.

전에 양평에 땅을 사놓은 것이 있는데 그 문서를 교회에 헌납하겠다며 땅문서를 직접 건네는 것이었다. 그래서 그 다음 주일 광고시간에 알리고, 교회 재정부에서 팔아서 교회 교육관을 지었다. 그런데 그 믿음이 점점 자라면서 그 후에도 재정적으로 특별헌금을 자주 하였다. 그리고 신학생들에게도 여러 명 학자금을 주면서 도왔다. 또 10명의 전도팀을 만들어 노방 심방도 나가며, 같이 나간 학생들에게 장학금과 그들이 입을 옷과 생활비 일체를 부담했다. 그뿐만 아니라 출소한 전과자들의 생활비며, 직장을 알선해 주기도 했다. 가끔 주말에는 시골로 가서 무료로 환자들을 치료도 해주었다.

그가 한 번은 자기가 요한 계시록을 암송하였는데 수요일 저녁에 암송할 기회를 달라고 하여 주었더니 아주 암송을 잘 하였다.

그런데 이 분의 약점이 있는데 귀가 좀 너무 여리다고 하는 것이다.

한 번은 내 아내가 꿈을 꾸었는데 머리는 빡빡 깎고 중들이 입는 회색 장삼을 입고 길집사의 거실(Livingroom) 한 쪽 구석에 평소에 없던 커튼 뒤에 앉아있더라는 꿈을 꾼 이야기를 하였다. 그 꿈이 예사롭지 않다고 생각하고, 여전도사와 김창숙 권사와 우리 부부가 길집사 집에 확인하러 가면서 길집사가 일하는 병원으로 들어가지 않고 뒷문으로 들어갔다. 그 집의 구조는 1층은 병원이고, 2층은 길집사 살림집이고, 3층은 약제를 말리는 건조실이었다. 우리 일행은 2층으로 길 집사 몰래 쳐들어 간 것이었다.

2층 거실에는 꿈에 본 사람을 숨겨놓은 커튼은 없었다. 아내가 그 집 안방 문을 열고 보니 아내가 꿈에 본 그 남자가 중이 입는 장삼 옷을 입고 머리도 꿈에 본 그대로 양반 다리를 하고 앉아 있었다. "당신 누구인데 여기 앉아있어요?" 하니까 신구약 성경을 들고 그가 하는 말이 "내가 칠보산에서 100일을 기도하고 왔습니다." 그리고는 "주인이 오라고 하여서 왔는데 주인한테 가서 물어보시오."하는 것이다.

그래서 그 방에서 나와 1층에 내려가니 길준현집사 부부가 우리 일행을 보더니 당황해하면서 어쩐 일이냐고 하였다.

길게 말할 것 없고 "칠보산에서 왔다는 그 사람 오늘 중으로 내보내지 않으면 집사님 앞으로 안 보겠어요." 하고 우리는 나왔다.

그 날 오후 3시경에 전화가 왔다. 그 사람 내보냈다고 한다.

그 이후 나는 길 집사에게 관심을 더 가지고 우리가 영적으로 혼미하고 혼탁하게 흐려진 모든 일에 시험이 올 수 있다고 하나님의 말씀으로 바른 신앙생활을 할 것을 권면했다.(왜냐하면 내가 기도하는 중에 하나님께서 그런 마음을 주셨기 때문이다.) 그는 권면과 부탁의 말을 듣고 그렇게 하겠다고 약속을 했다.

그런 일이 있은 이후 이상하게도 환자들이 그 한의원에서 한약을 지어가서 먹으면 부작용이 일어난다는 것이다.

좋은 소문보다도 안 좋은 소문은 빨리 퍼진다고 하지 않는가! 한약을 지어가는 이마다 부작용이 난다는 소문이 나니까 손님이 얼마 안 있어 뚝 끊어지는 것이다.

한 번은 나를 오라하더니 한약을 지어주면서 "목사님이 한 번 복용해 보시지요." 하고 주는 것이다. 그래서 그 한약을 갔다가 복용하고 내가 강의 나가는 피어선 성경학교에 가서 강의를 하려고 칠판에 글씨를 쓰는데 글자가 2중, 3중으로 보여서 강의를 할 수가 없었다. 학생들에게 양해를 구하고 집으로 돌아와 길 집사에게 "이상하게 글씨가 2. 3중으로 보였어요." 했더니 "목사님, 나는 어떻게 하면 좋겠습니까?" 한다.

"우리가 이런 때일수록 더 간절히 기도합시다."하고 격려하고 집으로 돌아왔다.

그 다음날부터 "목사님, 오늘도 파리 날립니다." 연일 아침마다 그런 전화를 계속하므로 내 마음을 우울하게 하였다. 연말이 가까워 왔다. "앞으로도 이대로 나가면 새해에는 아버지가 하시는 금산에 있는 한의원으로 내려가서 함께 일해야 할 것 같아요."하는 것이다.

그런데 이 부부가 믿음이 있으니까 12월 31일 저녁에 기도원에 올라가서 3일간 새해를 맞으면서 금식을 하며 하나님께 간절히 그리고 철저히 회개기도하고 내려왔다고 전화를 하였다.

그런데 하나님의 하시는 일은 사람이 가히 측량할 수가 없다. 그 후부터 놀라운 역사가 일어났다. 하루는 허리가 꾸부러져 땅에 손이 닿을 정도로 구부린 환자가 찾아왔다. 여러 한의원을 찾아다녔지만 허사였다고 한다. 마지막으로 길집사 병원을 찾아 와서는 사람 좀 살려달라고 길집사에게 매달렸다고 한다. 그런데 침을 맞고 한약을 지어먹고 그 며칠 후 그 환자는 허리가 쭉 펴져 당당하게 걸어오는 그 모습은 보는 사람들로 하여금 큰 기쁨을 안겨 주었다. 소문은 소문으로 퍼져 순식간에 환자들이 모여들기 시작했다. 많을 때에는 하루에 약 180명의 환자들이 찾아와 병원이 다시 전같이 회복되었다고 전화를 해주었다.

5) 가장 힘든 난제

내가 왕십리 중앙교회에 부임하면서 가장 어려운 일이 닥쳐왔다. 그것은 S장로와 H집사의 심화된 갈등이었다. 내가 오기 전에 교인들이 계를 하였다고 한다. 어느 교인이던 교회 안에서는 계를 해서는 절대 안 된다.

H집사 부인은 계장이고 S장로 부인은 계원이었는데 그가 계를 탈 순서에 계가 깨어졌다는 것이다. 그것이 도화선이 되어 두 가정 남편들이 각각 부부끼리 합세하여 크게 다투게 되었다는 것이다. 그 다툰 이야기는 너무 부끄러운 이야기들이 되어 차마 이 지면에는 밝히지 않으려 한다.

내가 부임했을 때에는 두 가정의 불화가 극도로 악화된 때였다. 이것은 나의 목회에 가장 큰 난관이 아닐 수 없었다.

기도하면서 이것을 완화하고 해결해 보려고 하나 도저히 이루어지지 않는다.

H집사는 미국에 가서 공부도 하여서 한양대 강사로 나가 가르쳤던 분이다. 그도 장로가 될 수 있었는데 투표 때마다 그가 출장가거나 빠져서 장로가 못 되었다고 한다. 누구든 이성을 잃으면 실수를 하게 마련이다. 어느 주일 오후에 당회를 하는데 출입문에 노크 소리가 나서 내가 별 생각 없이 문을 여니 H집사가 나를 밀치고 문안으로 급히 몸 상반신을 드려 밀면서 S장로를 향하여 손가락질로 안 좋은 소리를 일방적으로 퍼붓고 문을 닫고 사라지는 것이다. 너무도 순간적이었다. 그 후에 다행히 S장로가 H집사를 면직시키자고 제안은 안 해서 다행이라 생각되었다.

사실 그 일은 면직감이었다. 그 후에 다른 장로를 통하여 이런 소리는 들려왔다. 심목사가 미리 H집사와 짜고 당회 시 문을 열어주어서 그랬다고 하였다는데 속이 상해서 그런 말을 하였을 것이라고 생각한다. 물론 그런 말을 했다는 본인도 속으로는 그렇지 않은 줄 알았을 것이다.

세월이 지나도 이 두 가정의 문제는 해결이 되지 않는다. 어떻게 보면 두 가정이 다 목사는 저쪽편이라고 생각하는 모양이었다. 목사인 나는 어느 편으로도 치우칠 수가 없는 사람이 아닌가! 이 일로 인하여 후에 심 목사 위임투표를 할 때에 S장로 가족과 친척 11식구들은 나에게 부표 11표를 그대로 찍었다.

계속 기도하다가 내가 이 두 가정 일로 너무 목회가 힘들어지므로 당회 원들에게 구두로 알리고 교회에서 저녁을 정성껏 준비하게 하고 당회원과 H집사를 어느 저녁에 초대하였다. 분위기가 잘 진행되고 두 사람도 어느 정도 마음이 부드러워져 갔다. 식사 후 우리가 다 손에 손을 잡고 기도하자고 하였다. 돌려가면서 기도하기로 하였는데 갑자기 H집사가 엉뚱한 소리를 하는 바람에 S장로도 왈칵하고 반발을 제기 하는 바람에 그만 그 모든 분위기는 깨지고 말았다.

나는 너무 허무해서 그날 밤 잠을 제대로 자지 못하였다. 포기하는 수밖에 다른 방법이 더이상 없었다.

그런 대로 세월은 흘러갔는데 H집사가 자기 동생이 미국 로스 엔젤리스에 사는데 형님을 초청하였던 것이 이루어져서 미국으로 이민을 간다는 것이었다. S장로는 딸이 미국 병사와 사귄다고 반대를 많이 하였는데 그 딸이 기어코 결혼을 하게 되었다고 한다. 그 딸은 결혼 후 즉시 남편과 함께 미국으로 갔다는 것이다.

S장로는 H집사가 미국으로 이민 간지 몇 년 후 딸의 초청을 받아 역시 미국 로스 엔젤리스로 이민을 간다는 것이다. 두 가정이 같은 로스 엔젤리스에서 산다고 한다. 내가 미국에 처음 와서 두 가정을 각각 방문하였는데 너무 넓고 큰 도시여서 서로 만나지는 못한다고 하였다.

6) 교회의 이런 일 저런 일

나는 공부를 더 하려고 경희대학교 교육대학원에 입학을 하였다. 목회를 하면서 대학원을 나가려니까 많이 힘이 들었다. 그러나 끈기있게 학업을 계속하여 졸업과 함께 교육학 석사 학위를 받았다.

왕십리 중앙교회는 왕십리 교회에서 통합과 합동의 갈등문제가 제

기되었을 때에 표재환 장로(후에는 목사가 됨)를 중심하여 통합측으로 분리하여 나온 교회였다. 왕십리 교회(합동측)는 광무극장 옆의 사거리 좋은 지역인데 비해 왕십리 중앙교회(통합측)는 당시 형편으로 교통이 좋지 않은 곳으로 자리를 잡을 수밖에 없었던 것 같다.

교회는 두 교회가 다 1908년을 창립연도로 볼 때 내가 부임하던 1971년이 벌써 70년이란 연륜을 말하는 교회였다. 교회의 장로님들과 권사님 그리고 집사님들은 나의 목회를 잘 협조하였기 때문에 내가 부족한 것이 많아도 잘 도와주었다고 회상된다. 마음이 불편했던 것은 한 때이겠지만 우리 교회 묘지를 가려면 왕십리 교회 묘지를 거쳐서 가는데 여러 가지로 장례식이 나거나 묘지를 갈 때에 은근히 우리에게 불편을 주던 일이 기억이 난다.

그 당시는 백색전화(자기 개인 소유로 그 가격이 엄청나게 비쌌음)와 청색전화가 있었는데 일반적으로 다 청색전화를 가지고 있었다. 그런데 사택에는 전화(청색)가 없어서 너무너무 불편하였다. 전화를 물론 받지도 못하였지만 길거리로 나가서 미리 거는 사람들이 있어서 기다렸다가 끝나야 간신히 전화할 수가 있어서 힘들었다. 웬만한 교인들 집에는 전화가 다 있는데 교회에 누구에게 말해도 협조하려는 이가 없고 기다려야 된다는 말만하였다.

체신국에 다니는 관리부 책임자인 O장로라는 시무장로가 있는데 가능할 것 같아 부탁을 하니 역시 같은 말만한다.

어느 날 우연히 어느 친구 목사를 만나서 점심을 하는데 전화이야기를 했더니 아직 전화가 없느냐고 하면서 좋은 길이 있다는 것이었다. 자세히 물으니 같은 교단인 정릉 교회 장로인데 전화국에서 일한다는 것이다. 그래서 집에 돌아와 그가 주는 번호로 전화를 하니까 바로 그 본인이 받는다. 왕십리 중앙교회 시무하는 목사인데 사택에 전화가 없어서 도움을 원한다고 하니 내일 전화국으로 와서 자기를 찾으라는 것이다.

다음날 전화국을 찾아가서 그 장로를 만나려고 기다리니 잠시 후 그분이 나왔다.

그 사무실 안에서 의자에 앉으라고 하더니 주소를 달라고 하여 주었더니 내일 연락을 다시 하겠다는 것이다. 알고 보니 전화국의 중역이었다. 다음날 아침에 전화국에서 와서 직접 전화를 가설해주고 가면서 "시험적으로 이국장님에게 전화를 확인해 보세요."하는 것이다. 주는 번호에다 전화를 했더니 국장이라는 분이 바로 그 장로님이었다. 이제 전화가 있으니 너무 편리하고 좋았다.

며칠 후 전화를 놓았다고 O장로에게 말하니 잘 되었다는 말은 안하고 자기에게 통하지 않고 했다고 말한다. 전화 시설비도 관리비로 안주고 내 사비로 했는데 한 마디 핀잔을 줄까 하다가 내가 목사라는 것 때문에 역시 그냥 참고 지나갔다. 그 후에 몇 년 있어 미국 와서 들으니 부부가 다 세상을 떠났다는 것이다.

시무하는 동안 여러 가지 일들이 있었지만 오랫동안 머리에 남는 것 한 가지는 〈베델 성서 공부〉를 지도하던 일이었다. 그 모임의 자치회에서 결석을 줄이기 위하여 누구든지 결석을 할 때마다 벌금을 내게 되었는데 N집사란 치과의사가 제일 많이 결석을 해서 벌금을 많이 낸 것 같다. 그 벌금을 조금 보태서 충청도에 있는 속리산으로 버스를 대절하여 놀러간 일이 있었다. 가서도 좋았지만 가고 오는 동안 차안에서 더 재미있는 시간을 보낸 것이 아주 오래 기억에 남는다.

우리가 처음 왕십리 중앙교회를 갔을 때에는 우리 아이들이 매우 어렸다. 형일이와 형원이는 중학교를 바라보게 되었고, 몇 년 있다가 형미는 왕십리 교회이서 운영하는 왕십리 유치원에 다니게 되었다.

그러나 우리가 그 곳을 떠날 때 형일이는 대학교에, 형원이는 고등학교에, 형미는 중학교에 다닐 때 미국으로 이민을 오게 되었다.

10년의 세월을 돌이켜 보고, 회고해 보면 왕십리 중앙교회 성도들은 여러 가지 면에서 장로님들, 권사님들, 안수집사님들 그리고 서리 집사님과 일반 성도님들이 비교적 점잖고 은혜 받으려는 간절한 마음을 가지고 살려는 모습을 회상해보게 되어 매우 기쁘다.

사실 나는 여러 가지로 참 부족함이 많았는데 하나님께서 긍휼이 여기사 모든 약점들을 덮어주셔서 잘 목회할 수 있었다.

최근에 서울을 갔는데 양의섭 목사님이 시무하고, 그 지역이 크게 개발되므로 정부로부터 보상을 받고 그 근처로 정해주는 택지에 아름답게 새 교회를 지었다.

양 목사님의 청탁으로 오래간만에 왕십리 중앙교회에서 설교를 하였는데 감개가 무량하였다.

이민
목회생활

1. 이민 오게 된 동기

내가 미국에 온 것은 3개월간의 단기 교육을 받기 위하여 미국으로 1981년 1월10일에 출발을 하였다. 도착한 곳은 캘리포니아 샌디에이고라는 도시였다. 한국에서 처음 떠날 때는 섭씨 영하 10도의 아주 추운 날씨여서 손가락이 아릴 정도로 추웠는데 이곳은 따뜻하고 맑은 날씨가 많으며, 꽃은 피어 만발하여 너무 좋은 날씨에 마치 낙원에 온듯한 착각마저 들었다.

한국에서 떠날 때는 돈을 빌리기 어려웠는데 다행히 배 옥수 집사님(후에 권사님)빌려주어서 큰 신세를 지며 무사히 출발하였다. (후에 감사의 인사를 하면서 잘 갚았다고 아내가 말했다.)

그 때는 소정의 기간을 마치고 갈 것으로 생각을 하였다. 그런데 내가 미국에서 3개월의 수련을 끝내고 한국으로 갈려고 준비를 하고 있을 때 아내에게서 전화가 왔다. 어제 저녁에 우리와 가장 가깝게 지내는 K집사님이 찾아 와서 하는 말이 교회에 일어나고 있는 일을 사모님은 아세요? 무슨 일이 일어났냐고 물었더니 K집사님 하는 말이 이것은 비밀인데 당회와 제직회서 결정하기를 심목사님 후임으로 표 목사님으로 결정이 되었으니 그렇게 알고 심목사님께 전화해서 한국에 오실 생각은 접으시고 교회나 찾아서 조용히 미국에서 목회하시는 것이 좋겠다고……아내는 순간적으로 이럴 수가 있는가? 무시를 해도 분수가 있지 하면서 K집사님을 보낸 후 울분을 터트렸다고 한다. 그런데 아내는 한참동안 생각하고 또 생각하여 왕십리 중앙교회 목회는 그만 접자. K집사님이 말했듯이 표목사님이 사모님의 질고로 인해 다른 곳에서는 목회하기 힘드시니까 우리가 깨끗이 양보하고 조용히 물러나서 표목사님이 세우신 교회에서 목회하시게 하자고 생각했다고 한다. 그런 후 K집사님이 찾아와서 다시 하는 말이 목사님 후임으로 표 목사님은 극구 반대하셨다고 전했다. 그런데 세월이 많이 지나간 후에 K집사님이 다시 와서 하는 말이 심목사님 앞날을 위해서 자기 혼자 생각해낸 일이라고 후에 말했다고 한다.

이렇게 황당한 일이 있는가? 이민 수속은 이미 끝이 났는데 때는 이미 끝났지만 이것은 비밀이란 말에 그 누구에게도 물어보지도 못했다고 아내가 말한다. 아무런 흠이 없이 그동안 목회를 잘해온 줄로 아는데 이제 내가 나의 오점을 남기는 것 같아서 처음에는 말도 안 되는 소리라고 일축을 하였는데, 아내는 연락을 할 때마다 미국에 자리를 잡아야 한다고 같은 소리를 하는 것이었다.

며칠 기도하면서 생각에 생각을 거듭하였다. 내가 여기(미국)에 자리를 잡는 다면 나의 장래와 왕십리 중앙교회의 장래는 어떻게 되는 것일까?

아내가 너무도 집요하게 부탁을 하기에 조금씩 '미국에 자리를 잡아야 하나?'하는 마음이 들게 되었다. 그러던 차에 어떤 이가 네바다 주 리노 교회에 한 번 가서 설교를 하라고 부탁하여 가게 되었다. 나는 "하나님의 뜻이 어디에 있습니까? 아내는 자꾸 이곳에 자리가 되면 결정을 하라고 하는데 하나님, 제가 어떻게 해야 합니까?

저는 하나님께서 아시다시피 전혀 미국에 있어야 하겠다는 생각은 떠날 때 추호도 해본 일이 없는데 어떻게 하면 좋겠습니까?" 밤새 기도하다가 리노를 가게 되었다.

리노는 라스베이거스와 비슷한 도박도시였다. 리노 교회는 세워진지 2년 되었는데 유학왔던 김성욱 목사가 있다가 서울 큰 영등포 교회로 가게 되므로 공석이 되어 교역자를 구하던 때였다. 알고 보니 몇 주째 주일마다 목사들이 다녀갔다. 그런데 내가 설교를 하고 점심을 먹는데 자기들끼리 공동의회를 하였다고 한다. 그리고 대표자가 나에게 와서 "심목사님을 모시기로 만장일치로 결정하였습니다."하더니 일제히 모두 일어나 박수를 치는 것이었다. 나는 한동안 어리벙벙하여 어떻게 나의 태도를 취해서 대답해야 할 지 망설이게 되었다. "나는 아직 서울에 시무하는 교회에 사면서도 안 냈습니다. 며칠 생각할 시간을 주세요."

그때 4시간 거리인 샌프란시스코에 조카가 사는 데 거기 가서 며칠 생각을 하고 결정하겠다고 하였다. 그런데 그 다음 주일 아침에 나를 데리러 여러 시간이 걸리는 리노에서 내가 있는 곳까지 리노 교인 둘이 찾아왔다.

짐도 거기 있어서 가기는 리노로 일단 가야하는 데 내 마음은 매우 무거웠다.

그 당시 왕십리 중앙교회에는 담임할 사람이 있다고 K집사가 말한다고 하고, 이곳에서는 간절한 마음으로 청원을 하니 진퇴양난이었다.

'내가 이렇게 이곳에 남는다면 왕십리 중앙교회는 나를 어떻게 생각할까?'

하루를 거기서 묵고 그들이 너무도 원하는 것 같아서 '이것이 하나님이 원하시는 뜻인가?' 마음은 자꾸 착잡하여만 갔다. 며칠 더 기도하다가 리노 교회에 있기로 힘들고 어려운 결정을 하였다.

미국에 머무르고 싶다고 마음대로 머무를 수 있는 것은 아닌 것 같다. 나하고 같이 미국에 왔던 친구가 기한이 되어 한국에 나갔다가 미국에서 목회를 하고 싶어서 다시 미국으로 들어왔다. 플로리다에 있는 친구 집에 있으면서 아는 이들을 통하여 미국에 있는 한인교회를 소개받아서 여러 곳에 가서 설교를 하였는데 잘 되지 않았다.

가까운 친구여서 내가 켄터키 주에 믿을만한 분을 통하여 소개를 하였다. 미국 장로교는 소개받은 목사가 설교를 하기 위하여 교회를 갈 때에 그 교회가 여비 일체를 다 부담한다. 그렇게 대우를 받고 갔는데 결국은 합격이 안 되었다.

낮에는 주유소(Gas Station)에서 일하면서 미국에서 목회를 하려고 하였으나 끝내 되지 않아서 귀국하면서 나에게 하는 말이 "하나님이 허락지 않으시면 안 되는 것 같아요." 하면서 한국으로 돌아갔다가 결국은 미국 아닌 외국 선교사로 가족이 나가게 되었다.

그런데 영주권을 신청하는 것이 간단한 것이 아니어서 한 때 상당히 어려움을 당하였다. 한국에서 이명을 해와야 영주권을 신청하게 된다는 것이다. 한국에 내가 속한 교단 총회에서 총무을 통하여 이명을 안 해주고 다시 귀국하라는 명령서가 왔다. 그 명령서를 미국 장로교단에 제출하였더니 목사인 것이 분명치 않아서 영주권 신청을 주저하였는데 이 교단의 사인(정식 직인)을 보니 확실하다며 영주권을 신청해주겠다는 것이다. 이리하여 나의 미국 생활은 시작되었다. 그리고 가족들이 모두 미국에 오기까지는 1년 6개월이라는 세월이 걸렸다.

한 번은 밤 1시가 넘어서 전화가 왔다. 한국에서 온 전화인가?하고 받으니 얼마 전에 이혼하였다는 소문을 들은 젊은 여자인데 왜 전화를 하였을까?하는 의구심과 불안한 생각이 머리를 스쳤다. "왜 이 늦은 밤에 전화를 걸었나요?"하니까 "제가 십일조 모아 놓은 것이 있는데 제가 직장일 때문에 주일날 자주 못나가서 교회에 드릴 수가 없어서 그래요" 얼른 하나님께 지혜를 구했다. 급할 때는 응답도 빨리 주시는 것 같았다. 잠시 머뭇머뭇하다가 "그러면 우리 집에서 조금 떨어진 곳에 7-11이 있는데 알지요. 내가 지금 그리로 나갈 터이니 그리로 가져 오면 좋겠어요." 하였더니 조금 퉁명한 소리로 "그러지요." 하는 것이다. 그래서 거기서 얼른 받아 들고 집으로 빠른 걸음으로 돌아왔다. 그 여자가 우리 집으로 가져다주고 혹시 우리 집에서 나가는 것을 지나가는 우리 교인이 보았다면 내용의 사실은 어떻든지 간에 이상하게 퍼져나갈 것이다. 리노는 도박 도시가 되어서 밤에도 불야성을 이루어 대

낮 같이 밝고 도박하는 사람들 때문에 밤 1시도 초저녁 같은 도시이다.

그 후에도 내가 49세의 독신으로 있었기 때문에 여러 가지 이상한 일들이 있었으나 하나님께서 지혜를 주셔서 어려운 때마다 잘 넘길 수 있었다.

사랑하는 아내와 세 자녀가 지루하도록 오랜 나날을 보낸 후에 드디어 미국에 왔다. 큰 아들 형일이는 대학을 다니다가 왔고, 둘째 아들 형원이는 고등학교 2학년을 다니다가 왔다. 그리고 딸 형미는 중학교 3학년 때에 왔다.

이제 가족이 함께 모이게 되어서 사람 사는 맛이 나는 것 같다. 형원이와 형미는 중, 고등학교가 되어서 쉽게 미국 아이들과 적응이 되어서 영어도 빨리 할 수 있었는데, 형일이는 대학에 가서도 계속 한국 친구들과 어울리니까 영어가 늘지 않았다. 그래서 직장을 구하는데 파트타임은 없고, 하루 8시간 일을 하니 그 몸이 얼마나 피곤했을까 생각하면 지금도 마음이 짠하다.

왕십리 중앙교회에 미안한 마음은 꽤 오랫동안 나의 마음을 괴롭혔다. 내가 미국에 온 후 우리 식구들이 얼른 미국에 들어오지 못하였는데 미국에서 받는 급료가 넉넉지 않아서 한국에 보내지를 못하였다. 이때에 K집사는 책임을 느껴서인지 부부가 의논해서 한 달에 생활비 20만은 월 생활비, 7만원은 달동네 월세값 합해 27만원을 우리 가족이 미국으로 들어올 때까지 정성껏 도와주었으니 얼마나 큰 은혜인가! 그뿐만이 아니다 내 겨울 양복과 여름양복 그리고 내 안에 입는 속옷도 여러 벌 해주었다고 한다.

또 왕십리 중앙교회 사랑하는 교인들 중에는 주일마다 아내가 살고 있는 산동네를 찾아와서 많은 위로와 도움을 주었다고 한다. 특별히 피부과 Dr. 송집사는 제일 좋은 쌀(아끼발이) 한 가마니를 지게꾼과 함께 와서 덕담을 하고 갔다고 한다.

신당동 기독교 제일교회에 출석하는 권사님은 아내가 살고 있는 옆집에 살았다고 한다. 매 주일마다 찾아오는 사랑하는 교우들을 보고 하는 말이 목사님이 얼마나 목회를 잘하셨으면 교인들이 끊이지 않고 매주 이렇게 방문하느냐고 하였다고 한다.

아! 지금 생각하면 인간의 개입이 아니고, 독단적인 하나님의 뜻인 것을 깨달으며 하나님께 영광을 돌린다. 할렐루야! 주님께서 모든 일마다 개입하시고 하나님을 사랑하는 자 그 분의 뜻을 따라 부르심을 받은 자들은 모든 것이 협력해 선을 이루시는 우리 주님을 찬양합니다.

2. 〈리노〉라는 도시

리노(Reno)는 네바다주의 북쪽에 위치한 도시로 도박하는 것이 중심이 된 도시이다. 리노라는 도시가 라스베이거스 보다 작은 이유는 라스베이거스는 주로 고객이 로스엔젤리스에서 연중무휴로 오는데 반하여, 리노는 샌프란시스코에서 손님이 주로 찾아든다. 그런데 리노에 오는 그 중간에 높은 시에라 산맥이 있어서 10월 하순이 되면 통행인들에게 눈비가 옴으로 체인을 달게 하여 겨울에는 교통이 매우 불편하므로 손님이 많이 감소된다. 이런 이유로 10월 하순부터 일시 해고(lay off) 당하는 사람들이 많아서 그 영향이 교회에도 미친다.

리노는 도박장이 많아서 손님이 와도 도박장밖에 보여줄 것이 없다. 많은 사람들이 와서 돈을 잃고 가는 것을 카지노에 가면 보게 된다. 선친께서는 내게 세 가지를 부탁하셨다. 첫째: 배우는 데에는 나이, 형편 사정을 보지 말고 배우라고 하셨다. 둘째: 술이나 담배는 입에 대지 말라고 하셨다. 셋째: 화투나 도박을 하지 말라고 하셨다. 그래서 나는 지금도 화투장 그림의 이름도 모르고 그것을 평생 만져본 일이 없다. 혼자 1년 반의 세월을 지내면서도 한 번도 카지노에 가서 도박을 해보지 않았다.

한 번은 유집사님이란 분이 금요일에 해산물(Sea food)이 많이 나온다고 붐타운(Boomtown)이라는 카지노에 가서 식사를 대접해주었다. 그런데 거기서 2달러씩을 손님들에게 준다고 집사님이 나에게도 주었다. 아마 그 돈으로 슬롯머신이라도 시작하여 재미있게 하다가 모자라면 자기 돈을 꺼내서 하라는 미끼인 것이다.

그가 "저쪽에 가서 슬롯머신을 당겨보시지요" 한다. 나는 평생 그런 것 안 하기로 했는데 그것을 안 하려니까 집사님 눈에 너무 쩨쩨한 것 같고, 또 하다가 혹 교인이라도 슬쩍 보면 "목사가 눈이 벌게 가지고 도박하더군."할 것이어서 집사님 집 아이들을 주면서 너희들이 가져라 하고 주니까 땡큐하고 받아갔다.

그 당시는 리노(Reno) 전체 한인들 수를 300명 정도로 추산을 하였다. 한인회도 없었고 교회가 한인들 모임의 중심체였다. 내 전임자가 목회할 때 한 번은 한인이 전화를 걸어 만나자고 하여 만났다고 한다. 만난 사람이 로스엔젤리스 어느 교회 출석하는 집사인데 리노에 왔다가 돈을 몽땅 잃어서 당장 갈 비행기 값이 없는데 빌려주면 가는 즉시 송금해 주겠다고 하여 사정이 딱해서 비행기 표를 사주었다. 그러나 몇 달이 지나도 돈은 보내지 않았다고 한다.

1년이 지난 후 그 사람이 리노에 와서 전화를 하면서 전에 비행기 값을 빌려간 사람인데 아주 죄송하게 되었다고 하면서 이번에 드리려고 왔다고 꼭 만나자고 하여 만났다. 만나자마자 그는 다음과 같이 말하였다. “지난 번 큰 신세를 져서 즉시 보내드린다고 하면서 차일피일 하다가 그만 못 보내서 아주 미안하게 되었습니다. 이번에 그 돈을 꼭 드리려고 일부러 이곳에 왔는데 그만 그 돈마저 또 잃어버렸습니다. 그런데 이번 한 번만 더 도와주시면 정말 이번에는 가는 즉시 곧 갚겠습니다.”하더라는 것이다. 그래서 이 목회자는 “지난번에 꼭 받으리라고 생각하고 주지는 않았습니다. 속는 줄 알면서 주었는데 아무리 목사지만 더구나 도박해서 잃은 것을 두 번씩이나 속아줄 수는 없지요” 하였다고 한다.

별에 별 일들이 많은 곳이 이 리노이다. “Let’s go Reno!” 하면 “리노에 가자” 하는 것이 아니라 “이혼하러 가자” 하는 슬랭(은어)이라고 한다.

리노는 이혼이 아주 잘 쉽게 성사되는 동시에 결혼식도 단조롭다. 6, 7명 들어서면 꽉 차는 좁은 공간의 예식장이 여러 군데 눈에 띈다. 주례자가 신랑, 신부 뒤쪽에 2, 3명의 증인을 두고 결혼식을 거행한다. 이렇게 간단하게 결혼식을 하는 대신에 주례자는 판사나 교회 목사나 신부가 할 수 있는데 반드시 주정부에서 발행하는 주례자격증을 가져야 한다.

나도 교인 서명날인 하여 주례자격증을 받아서 결혼식을 집행하였다.

리노는 어디를 가나 카지노이며, 심지어는 화장실 안에까지 슬롯머신을 설치해놓았다. 리노 인근에 2천 미터(7천 피트) 높이의 레이크 타호라는 곳이 있는데 호수를 배경한 카지노 도시로 아름다운 곳이다. 그 호수의 반은 네바다주이고 반은 캘리포니아주로 경계가 되어 있는데 목회자 부부모임이 그곳에 있어서 갔는데 숙소는 캘리포니아 경계선에 있어서 잠은 거기서 자고, 아침은 몇 걸음 걸어가 네바다주의 카지노 식당에서 비교적 저렴하고 좋은 음식을 먹었다.

그때가 겨울이었는데 갈 때는 일기가 좋았으나 3일 후 회의를 끝내고 올 때에는 눈이 많이 내려서 오는 길 양쪽에 눈송이 꽃이 너무 아름답게 피어있어서 아주 인상적인 것을 아내와 함께 감상하였다.

리노에는 찾아오는 이들에게 보여줄 것이 없어서 카지노 구경을 시켜줄 수밖에 없다. 한 번은 뉴질랜드에서 친구 목사가 와서 아주 큰 카지노에 갔는데 사우디아라비아에서 온 사람이 현찰은 곁에 쌓아놓고 도박을 하는데 우리가 그 주변을 돌다가 오니 그 돈을 벌써 다 잃고 동료에게 꾸어다 다시 시작하는 것을 보고 나왔다.

리노 교회에 잘 출석하는 H여 집사가 있었는데 초년에 자기가 일해서 미국인 남편을 공부시켜 남편이 변호사가 된 이의 부인이다.

그런데 그 집사가 도박병이 들었다. 돈이 있으니까 자주 카지노에 가서 도박을 한다. 한 번은 밤에 잠을 자는데 갑자기 자기 귀에 슬롯머신에서 돈 떨어지는 소리가 쩔렁쩔렁하고 나더라는 것이다. 아마 이런 때 가면 돈을 딸 것이라 생각하고 차를 몰고 가서 했는데 많은 돈을 잃었다고 하였다.

내가 처음 그 집에 심방을 갔을 때는 집에 좋은 가구도 많았는데 도박을 하느라 한 가지씩 내다 처분하여 후일에 갔을 때는 집안이 초라하기 그지없었다.

그래도 그 남편이 전날에 자기 공부를 시켜주었다는 것을 생각해서인지 이혼을 안 하고 잘 데리고 사는 것을 보며 신통한 생각이 들었다. 도박병이 들면 마약 같아서 쉽게 끊을 수 없는 것 같다.

그 당시 젊은이들은 14일간 딜러 스쿨을 나와서 카지노에서 딜러를 하고, 나이든 여자 분들은 호텔에서 침대 개는 일, 남자들은 주로 청소를 한다.

리노는 밤이면 휘황찬란한 불빛으로 불야성을 이루는 도박의 전형적인 도시이다.

3. 리노 한인 장로교회 생활

리노 한인교회는 교인이 30여명인데 처음 주일에 설교하려고 강단에 서니까 한국에서 두 구역모인 정도 같아서 이상한 것 같더니 그것도 시일이 지나가니까 쉽게 적응이 되어서 교인수가 적은 것에 대한 부담감이 곧 사라지는 것이었다.

그 당시는 한인교회가 한 곳 밖에 없어서 장단점이 있었다. 장점은 교회가 한 곳이니 예수를 믿으려 하는 사람이나 다른데서 이사를 온 교인이 한 곳 밖에 없는 우리 교회를 자연히 찾아 나오게 되어 있다.

로스엔젤리스에서 이사 온 사람이 있었는데 이삿짐을 나르는데 안 도와주었다고 불평을 하기에, 목사는 이삿짐을 도와주는 사람이 아니라고 설명하니 나성에서는 자기 교인을 만들려고 목사가 이삿짐을 날라준다고 한다. 과도기에 그런 일들이 있었던 것 같다.

단점이라고 해야 할지 모르겠는데 교인 간에 불화할 때 보기 싫은 사람을 교회에서 만나면 얼굴을 돌리거나 붉히는 경우를 본다. 물론 화해를 하는 것이 당연한 일이지만 대부분의 경우에 화해를 못하기 때문에 교회에서 만나면 겨우 인사하는 사람도 있지만 고개를 돌리고 가는 이들도 있는데 '저러고도 예수 믿는 사람이라고 할 수 있을까?'하는 생각을 할 때가 있다. 물론 다른 교회가 있으면 벌써 갔을 사람들이다.

내가 시무하는 한인 교회는 미국 교회를 빌려서 예배를 드리는데 1시에 모여서 예배드리고 식사를 하면서 친교를 나눈다.

내가 처음에 미국의 형편을 몰라서 시행착오의 실수를 하기도 하였다. 한 번은 K 자매가 잘 나오다가 몇 주 교회에 안 나왔기에 심방을 갔다. 그런데 문을 반쯤 열더니 냉담한 표정으로 "왜 오셨어요?"한다. "교회에 몇 주 못 나왔기에 심방을 왔습니다."하였더니 "전화도 안 걸고 오시면 어떻게 합니까? 그냥 가세요." 하는 것이었다.

'세상에 이런 일도 있나! 한국에서는 교인이 많아서 자기 집에 심방 차례가 안 와서 언제 목회자가 자기 집에 심방 좀 안 오나? 하고 기다리는데 이렇게 냉대를 할까? 참 야속하구나!' 하는 생각을 하고 집으로 돌아왔다. 미국 생활에 조금씩 적응해 가면서 '내가 전화도 안하고 심방을 갔으니 얼마나 당황하고 어처구니없는 일을 했나?' 하면서 이해가 되기 시작하였다.

리노교회에 유영집사님과 부인 유옥춘집사님이 교회에서 충성하는데 미국 생활에 너무도 아는 것이 없는 상황에서 나를 이 두 내외분이 사랑하면서 자기 식구같이 모든 것을 도와주셨다.

리노에는 그 당시 한인이 300명 가량 살았는데 카지노에서 딜러(Dealer)나 호텔에서 파출부 또는 청소일하는 분 외에 미국 직장에서 사무직을 가지고 일하는 분은 단지 두 가정뿐이었다.

그 중에 한 분인 유영 집사님은 나와 동갑인데 수십 년 전에 미국에 공부하러 왔던 분이다.

아버지는 영등포에서 몇차례 국회의원에 당선되신 분이다. 내가 흑석동에서 고등학교 다닐 때 선거차가 지나가면서 "유홍 선생을 국회로 보냅시다." 하는 소리를 들은 기억이 나는데 바로 유홍 의원님이 이 유집사님의 부친이시다.

유집사님의 직장이 집에서 멀지 않으니까 집으로 점심을 하러 갈 때 꼭 내 집에 들러서 혼자 있는 나를 자기 차에 태워서 유옥춘집사님이 점심을 정성껏 준비하여 맛있게 해놓으면 그 점심을 먹고 끝나면 다시 나를 우리집에다 태워다 준 분이었다.

그런데 놀라운 것은 하루 이틀이 아니고, 한 주일 두 주일이 아니고, 한 달 두 달이 아니고 6개월을 비가 오나 눈이 오나 하루도 거르지 않고 꾸준히 하였다.

그런데 그렇게 하는 것이 시기가 난 한 나이든 여집사가 자기가 하는 말을 둘러서 "교인들이 왜 유옥춘 집사님만 목사님을 그렇게 대접을 하느냐고 말들을 합니다. 이제 그만 하세요." 그 말을 들은 유집사님이 "우리는 특별한 생각 안 하고 목사님 혼자 계셔서 계속 매일 3끼 식사도 하려고 했는데, 그것은 목사님 자신이 번거로울 것이라고 남편에게 이야기하여 그럴 것이라 생각하고 점심만 하는데요."했다고 한다. 그 후 유옥춘 집사님이 나에게 교인 중에서 말하는 이가 있어서 그만 하니까 서운하게 생각지 마세요." 하기에 "잘 알겠습니다. 그동안도 너무너무 감사했습니다. 그 후 유영 집사님은 장로로 임직을 받았다.

이분들은 가끔 전에도 그랬지만 그 후에도 금요일이면 카지노 식당에 시푸드(Seafood)가 나온다고 데려가서 특히 킹크랩(King crab)을 사주어서 저녁 식사를 맛있게 먹었다.

나는 평생 목회를 하면서 이 유영 장로님의 감사한 마음을 생각할 때마다 지금도 생생하게 떠오른다. 지금은 유장로님 가정이 로스엔젤레스에 가서 산다.

목회하는 중 가장 어려운 일이 있었다. 시무하는 교회에 45세의 함씨와 38세의 이씨가 재혼을 하게 되어 이들이 결혼 주례를 부탁하여 주례를 하였다. 이들은 같은 교회의 L장로 부부가 중매를 서주었다. 그 연유로 두 집은 아주 친숙하게 지내게 되었다. 한 날은 L장로가 전화를 했다. "오늘 월요일인데 우리 부부하고 함씨 부부하고 레이크(Lake)

타호에 놀러가려고 음식도 많이 준비했는데 같이 놀러 가시지요?" 그래서 "나는 오늘 선약이 있는데요. 다녀오세요." 하니까 더 말 안 하고 "다녀오겠습니다."하고 전화를 끊었다.

그런데 그날 오후에 TV 정규 뉴스에서 한국인 4명이 큰 사고를 당하고 1명은 중태로 헬리콥터로 병원으로 옮기는 중이라고 하였다. 바로 아침에 같이 가자던 L장로 일행이 사고를 크게 당한 것이다. 후에 함씨에게 자세히 들으니 레이크 타호를 가는 높은 산을 넘어 언덕길을 다시 내려가는데 문제가 발생하였다는 것이다.

갑자기 브레이크가 고장이 나서 작동이 안 되는데 차는 언덕 아래로 그대로 거침없이 내려가너라는 것이다. 자기 와이프가 운전을 하는데 점점 가속이 붙어 빨리 내려가는데 걷잡을 수 없는 상태가 되었다는 것이다.

(실은 그런 위기를 극복하기 위하여 당국에서 오른 쪽으로 가는 곁길을 만들어 놓았다. 그리 들어가면 아무리 속력을 주었다 해도 자연히 가다가 서도록 되어있다.

그러나 그런 위기에서 그런 길이 안 보인 것이다.)

그런데 그 차가 한 참 내려가다가 왼쪽으로 돌아가도록 길이 되어 있는데 커브 도는 거기에 대형 원목으로 울타리를 만들었고 그것을 아주 튼튼하게 철 테를 둘러막았는데 가속이 붙은 속도로 그것을 차가 들이 받고 뒤집혀 그 위로 넘어가는 것까지 알고, 그 다음에는 정신을 잃었다는 것이다. 나중에 정신이 들어 살펴보니 3인은 괜찮은데 L장로가 꼭 죽은 것 같았는데 구조대원들이 왔을 때 숨을 쉬어서 연락이 되어

헬리콥터로 싣고 병원으로 옮겼는데 중상이라는 것이다.

그런데 그 차는 1년 전 $3,000를 주고 산 중고차인데 불행히도 보험을 안 들었다는 것이다. 그 후 두 집은 원수가 되었다. L장로 가정은 치료비를 내놓으라고 하는데 돈이 없는 것이다. 함씨는 혼자 어렵게 살다가 지금의 부인을 만난 것이고, 부인의 재산이라고는 집 한 채 밖에 없다. 결국 L장로는 오랫동안 병원에서 치료를 받다가 나왔으나 불구자가 되었다. 두 집이 자주 싸우더니 결국 함씨 와이프가 집을 팔고 서류를 보여주며 딱 절반을 내놓으면서 이것으로 해결을 짓자고 하고 계속 시달리기가 힘들었는지 어디론가 부부가 이사를 가고 말았다.(그 후 여러 해 후에 내가 산호세에 집회를 갔는데 거리의 광고를 보고 왔다고 함집사 부부가 찾아와서 "지금 잘 살고 있습니다." 라고 말하며 반갑게 만났다.)

리노에서 차로 한 시간 넘는 거리에 헐롱〈Herlong〉이라는 곳은 부대가 있는 아주 작은 도시이다. 그곳에서 부 부대장이 나를 찾아와서 자기 부대에 한국인과 결혼한 한인들이 16명 있는데, 매주 토요일에 와서 그들에게 예배를 드려 줄 수 없느냐?는 것이었다. 그당시 그런 곳이 없어서 못가는 데 일부러 와서 도와달라니까 가겠다고 즉답을 하였다. 그 후에 그들은 매월 가솔린(휘발유)값이라고 하면서 $70을 주었다.

그런데 몇 주는 잘 모이더니 몇 사람이 안 나와서 심방을 가고 싶다고 하였더니 "가시면 안 됩니다. 실은 A부인과 B부인이 머리채를 잡고

심하게 싸워서 서로 머리카락이 빠져서 못나왔습니다."하는 것이었다.

거리가 너무 멀어서 내가 운전이 힘들어 아무래도 그만두어야 하겠다는 생각을 하게 되었는데 '어떻게 그만두나?' 하는 생각이 들었다.

그런데 하루는 리노교회에서 재정을 맡은 집사가 오더니 "목사님, 왜 부대에서 받은 돈은 내게 안 내놓습니까?" 한다. "그것은 그들이 가솔린 값이라고 주는데 그것을 내놓아야 되요?" 그가 물론 몰라서 그렇게 말한 것이다.

오랜 세월이 지난 후에 다른 교회에서 장로가 된 후 내가 그 인근 지역에 집회를 갔는데 그의 부인이 나에게 찾아와 그때 자기 남편이 잘 몰라서 한 일이 되어 부끄럽다고 하여 자기만 왔다고 그때 일을 이해하여 달라고 말하였다. 아마 그때 그 일이 오랫동안 잊혀지지 않았던 것 같다.

그런데 다행히 한국인 군목이 그곳 헐롱〈Herlong〉으로 배속이 되어 왔다. 그런데 그가 한국에서 나오기는 17세 때 나왔는데 미국 부인과 살아서 한국어를 전혀 안 해서 한국말로 설교를 잘 못한다는 것이다. 여러 주일에 같이 예배를 드리고 다음 토요일은 내가 못 오니 김 군목이 힘들어도 하라고 하였는데 그동안 한국인들과 말을 나누었는지 조금씩 한국어 설교에 우습게 들리는 말이 많이 있지만 그런대로 되겠다고 하여 나는 김 군목에게 맡기고 손을 떼었다

4. 삼 남매의 미국생활

형일이는 한국에서 대학 2학년을 다니다가 와서 미국에 적응이 잘 되지 않는 때에 왔다. 먼저 온 분들의 말을 들으면 중. 고등학교 때가 아니어서 아주 어려운 때라고 말들을 한다.

(중복되는 말 같은데) 리노 주립대학에 등록을 하였는데 한국 친구들과 교제하니까 영어가 전혀 늘지 않는 것이다. 그래서 영어의 도움이 되라고 Part time으로 직장을 구했는데 Part time 일자리는 없고 Full time 자리 밖에 없어 어쩔 수 없이 Full time으로 일하였다. 우리 생활의 수입이 적으니까 그의 수입이 가정에 큰 도움이 되었는데 그의 본무는 공부하는 것이다. 그런데 카지노에서 Keno라는 분야에서 일을 하면서 공부하려니까 참으로 힘들었을 것이다. 그러나 아주 착실하게 공부를 꾸준히 잘 하였다.

Full time으로 일하면서 전자 공학을 공부하느라 몇 년 늦게 졸업을 하였을 것으로 생각되나 착실하게 꾸준히 하여 영예롭게 졸업을 하고 얼마 후 NCD라는 좋은 회사에 곧 취직이 되었다.

아무래도 차가 하나 더 있어야 하겠기에 차를 샀다. 주일 아침에 새 차로 같이 가자고 하니까 먼저 타던 차로 저희 셋이 가겠다고 한다.

한 번은 다 같이 차를 타고 가는데 형일이가 좋은 마음으로 "이다음에 제가 돈을 벌면 아버지 어머니 집을 사드릴께요." 하였는데 후일은 어찌 되었던지 그 때 그의 고운 마음씨를 느끼면서 기분이 참 좋았다. 하하. 그 마음이 기특해서 인지 잘 잊어지지 않는다. 그러나 형일이는 아마 그 때 한 말이 전혀 기억나지 않을 것이다.

둘째는 형원인데 고등학교 2학년을 다니다가 미국에 왔는데 그 다음날 인근에 있는 Reed high school에 다니게 되었다. 고등학교까지는 미국 아이들이 별로 종족 구별을 안 하는 것 같았다. 즉시로 그들과 같이 사귀고 다니는 것을 보았다.

열심히 공부하여 도서관에서 밤 12시 이후에 올 때가 많았다. 1년이 지난 후 지역 주변에 여러 학교의 우수한 고등학생들의 수학 시험이 있었는데 거기에서 형원이와 미국 여학생 한 명이 수석을 하여 그 다음날 영자 신문에 두 학생의 얼굴 사진이 실리는 것을 보고 마음이 흐뭇하였다.

형원이 특별한 엄마의 이야기를 추가 하려고 한다.

왕십리 중앙교회 있을 때 일이다. 형원이가 고등학교(?) 다닐 때 하루는 학교에서 주일 날 오전 9시에 수영을 배워야 하니 주일날 학교에서 오라고 하는데 어떻게 하면 좋으냐고 물었단다. 엄마는 단호하게 안 된다고 했다. 왜냐하면 그 시간은 하나님께 예배드리는 시간이고, 둘째는 아버지가 목사님인데 목사님 아들이 주일을 범하면 교인들도 너도 나도 따라 할 것이기 때문이다.

어느 듯 세월은 흘러 형원이 고등학교 2학년 때 미국으로 이민 수속을 밟고 있을 때 형원이 담임선생님께서 형원이 편으로 소식이 여러 번 왔는데 아내는 다리가 아파 보행하기가 너무 힘들어 담임선생님께 인사도 못 드리고 왔다고 했다.

그 후 우리가족은 미국으로 이민을 왔고 형원이 성적표가 학교로 직접 왔는데 체육 점수를 F를 주었다. 수영만이 전체 체육의 점수는 아닐 터인데하는 생각을 하였다.

한 번은 아내와 내가 심방을 하고 집에 오니 형원이가 식당 테이블에서 훌쩍훌쩍 울고 앉아 있었다. 아내가 왜 우니 하고 물으니 엄마가 주일날 예배 드려야지 수영 배우러 못 간다고 하시여 내가 오늘 전교 수석을 했는데 한국서 보내준 체육점수 F 때문에 수석을 못하고, 백악관에도 못가고, 고등학교 졸업식 날 졸업생을 대표해서 연설도 내가 하게 되였는데 그 F 학점 때문에 다 틀렸다는 것이다.

아내가 하는 말이 주일을 잘 지키기 위해 수석을 못 하면 어떠냐? 졸업생을 대표해서 연설을 못 하면 어떠냐? 백악관을 못 가면 어떠냐?

주일을 잘 지켜 하나님을 기쁘시게 해드리는 것이 제일이지, 주기철 목사님 아들은 일본의 학정 때 주일을 지키기 위해서 산으로 피신하면서 풀뿌리를 캐어먹으면서도 주일을 지켰다고 하더라. 여기까지 이야기를 듣던 아들은 울음을 그쳤다. 형미는 중학교를 다니면서 엄마가 다리가 너무 아파 집안일은 잘 못해서 집안일을 도우며 식구들의 아침밥까지 챙기고 학교에 다녔다고 한다. 생각하면 어린 것이 얼마나 피곤했겠는가? 이민을 와서 시간이 지나면서 언어 문제는 제일 빠르게 적응하여 잘 했던 것으로 생각된다.

형미는 막내로 태어나 오빠들의 사랑을 받으며 이민 생활을 시작하는데 그 나름대로 어려운 일도 많이 있었을 것이다. 그러나 별로 불평없이 학교에 적응하면서 친구들과 잘 어울려 지내는 것을 볼 수 있었다.

형미는 평소의 학교생활 외에 교회 생활에서 다른 아이들보다 더 많은 시간을 할애하였던 것으로 느껴진다. 유독 딸이어서 그런지 엄마 가까이서 엄마가 건강할 때도 많이 도와주었고, 특별히 엄마가 아팠을 때 전심을 기울여 도와준 것은 엄마가 잊을 수 없는 고마움으로 생각하고 있다. 형미는 노래를 잘 부른다고 고등학교에서 뽑혀서 여러 주로 다니면서 노래를 불렀는데, 비행기 값은 개인 부담이지만 반은 학교에서 부담해주겠다는 특혜가 주어졌는데도 나중에 집에서 반부담을 할 수 없어 그만두게 되었다.

파티 같은 모임에는 오빠들과 같이 갔다가 오고, 목회자의 생활이 넉넉지 않아서 미국 생활을 하면서 힘겹게 맡겨진 일들을 3남매가 잘 감당해 나간 것을 보면 참으로 대견해 보인다.

특별하게도 3남매가 일찍부터 음악의 소질을 나타내어 교회에서 특별 송 같은 것으로 두각을 보이기 시작하였다.

다음은 아내의 글이다.

우리 아이들이 상을 받는 날은 묘하게도 수요일 밤이어서 우리는 예배드리러 갔다. 아이들 운동 때도, 졸업식 때도, 심방을 가느라 함께 하지를 못하였다. 자녀들이 우리를 필요로 할 때마다 공교롭게도 기회가 함께 할 수 없게 되였다. 그러나 하나님께서는 형원이가 주일 날 당신께 예배를 드림으로써 F학점을 받은 것을 잊지 않으시고 기억하셔서 형원이 앞길에 형통함을 주셨다.

우리가 선교하고, 구제하고, 봉사하는 것도 기뻐하시지만 그 보다 더 기뻐하시는 것은 주님께 찬양을 드리고 예배드리는 것을 더 기뻐하신다.

자부들 이야기와 딸의 이야기를 하려고 한다.

첫째 며느리는 멀리 떨어져 사는데 컴퓨터 같은 것을 너무 잘 하고, 스마트폰도 너무 능숙하게 많이 알고 있어서, 우리가 스마트폰으로 여러 가지를 하다보면 막힐 때가 있는데 그때마다 전화하면 아주 친절하고 쉽게 잘 가르쳐준다.

우리가 라스베이거스 집을 방문하였을 때 〈O Show〉라고 앞자리 입장료가 엄청나게 비싼데 그것을 관람시켜주고, 음식도 최고의 곳으로 가서 대접을 하는 등 여러 가지로 너무 극진한 대접을 해주어서 오랫동안 기억에 남는다.

둘째 며느리는 하나님이 내리신 진정한 효부다. 가까이 사니까 김장 때는 배추김치, 동치미, 총각김치 특히 여름에는 열무김치 또 고추장이며, 만두며, 가을이면 송이버섯, 복분자, 블루베리, 포도, 사과, 붉은 고추 등 또 얼마나 맛있는 찬들을 헤아릴 수 없이 갖다 주는지 이루 말로 다 할 수가 없다.

성품이 온유하여 우리에게 모든 면에 너무 싹싹하게 잘 하므로 우리 부부는 그저 하나님이 내리신 선물이라고 생각한다.

딸 형미는 바로 곁에 살면서 우리의 손발이 되어준다. 아버지가 병원에 여러 날 입원해 있을 때 만사를 제쳐두고 지극한 정성으로 간호하였고, 나의 네차례의 수술 때도 앞서 말한 바와 같이 주야를 가리지 않고 수고를 하였다.

우리의 소원은 우리가 이 세상을 떠난 후에도 자녀들이 주님의 기쁨이 되고 지금처럼 최선을 다해 주님을 섬기고 형제간 우애를 가지며 사는 것이 우리의 바람이다.

5. 아내의 질병

내가 리노에서 목회하는 가운데 아내가 몸의 통증으로 잠을 잘 못 잘만큼 육신적으로 고통을 받고 있었다. 그것은 몸의 히프(허리부분) 관절로 인하여 연골이 닳아서 뼈끼리 부디낌으로 아픔을 견디기 어려웠던 것이다.

병원에 몇 차례 가서 진단을 받은 결과 히프 수술을 받아야 한다는 것이다. 그것도 받고 싶다고 곧 받을 수 있는 것이 아니라 정밀검사를 한 달 정도 한 다음에 경과를 보아서 수술을 한다는 것이다. 자주 병원에 가서 여러 가지 검사를 받는 것부터 사람이 지치게 된다.

세밀한 검사가 끝난 한 달 후 마침내 수술을 받게 되는데 한쪽을 한 후에 6개월을 기다렸다가 또 다른 한 쪽을 한다는 것이다.

이왕 힘이 드는 수술을 하는데 한 번에 양쪽을 다 수술할 수 없느냐고 물으니 의사의 말이 이 히프 수술이 얼마나 큰 수술인지 아느냐고 하면서 절대로 그렇게는 못한다고 하였다.

모든 것을 하나님께 맡기고 이른 아침에 수술실로 가는 아내의 모습을 보면서 '수술이 잘 되게 하여 주옵소서!' 하고 기도하고 돌아섰는데도 불안한 마음은 금할 수가 없었다.

담당의사의 이름은 크리스찬슨(Christiansen)이었는데, 수술은 잘 되었다고 오후 늦게 알려주었다. 우리 부부는 목회하는 동안에 교우들의 문병을 가기만 하였는데, 이제는 교인들이 찾아와서 문병을 받게 되었다.

문병을 오는 이들마다 꽃을 사가지고 왔는데 처음에는 창문가에 두었는데 너무 많아서 병실 안에 1열로 돌아가면서 정리를 하다가 계속 오니까 문밖까지 내놓게 되었는데, 미국 사람들이 저 병실은 누가 있느냐고 묻기까지 하였다. 퇴원 후에 집에서 병간호를 잘 해야 하는데, 내가 모든 것이 서툴러서 마음 편하게 해주지 못하였다.

6. 교단 총무의 권고

우리 교단을 순회하는 총무가 시애틀에 형제교회가 후임을 구하는데 한 번 청원서를 보내보라고 한다. 그런데 그 교회가 요구하는 조건이 몇 가지 있었다.

1. 정규 신학을 마친 목사 2. 영주권 소지자 3. 50세 미만의 목회자 4. 2중 언어 가능한 자 5. 미국 장로교와 유대 관계가 있는 교단 목회자 등인데 그 때 걸리는 것이 50세(내 나이 51세)인 것과 2중 언어문제가 아무래도 자신이 없어 주저하였다. 그러나 총무가 서류를 제출해 보라고 하기에 설교 테이프 1개와 함께 청원서를 보냈다. 그리고 아내도 병중이고 가능성도 희박하여 별 기대를 갖고 있지 않았다.

그런데 20일 쯤 후에 형제교회로부터 한 번 와서 설교를 하라는 것이다. 나중에 총무로부터 들으니 형제교회가 전에 큰 교회였기 때문에 지금도 그런 줄 알고 그런 이유로 박사 학위 가진 이도 여러 명 있었는데 모두 32명이 청원서를 냈다는 것이었다. 그 중에서 6명을 형제교회 청빙위원회에서 선정해서 총무에게 6명 중 3명만 설교를 시키려고 하는데 선별해 달라고 하였다는 것이다. 다행이 내가 6명 중에 끼워져 있었다는 것이다. 하나님께서 청빙위원들의 귀를 덜 총명케 해서 내가 보낸 녹음 테이프 설교가 한경직 목사님 스타일이라고 해서 선정되었다는 것이다.

총무는 나에게 청원서를 내라고 하였기 때문에 3명 중에 나를 넣었다는 것이다.

세 목사가 매주일 와서 설교를 하는데 내가 마지막으로 가서 설교를 하였다. 설교를 하고 난 후 노회에서 파송한 서기(미국인 목사)가 임시담임 목사로 와서 공동의회를 주관한다는 것이다. 그런데 뜻밖에 하나님의 은혜로 청빙위원장이 내게로 와서 "절대 다수로 모시기로 되었습니다."하고 소식을 전해 주었다.

우선 그 날은 리노교회는 전혀 모르는 일이므로 그 정도로 하고 나는 리노로 돌아왔다. 리노교회의 어려운 점은 연휴가 되면 외부에서 많은 카지노 손님들이 밀려오기 때문에 매니저가 내일 주일에 꼭 나오라고 손가락으로 일일이 지적하기 때문에 꼭 나가야 함으로 연휴 주일은 평소 6, 70명 모이는 이들 중에 10여명만 모인다. 그래서 항상 주일 잘 지키는 지역으로 보내달라고 기도하였는데 하나님께서 기회를 주시는 것으로 생각되었다.

며칠 후 정식으로 청빙서류가 왔다. 약간 난처한 것은 아내가 지금 몸도 못 추스르는 형편인데 갈 수도 없고, 그런 기회가 쉽지 않은데 또 안

갈 수도 없어서 며칠을 하나님께 묻는 기도를 하였다.

성령님께서 인도하심인지 마음의 가닥이 잡히는데 시애틀로 가야 하겠다는 생각으로 굳혀지게 되었다.

할 수 없이 교회에 사직서를 내니까 교회가 술렁대기 시작하고, 한 편에서는 강하게 붙들어야 한다고 하고, 또다른 한 편에서는 우리보다 좋은 교회인데 길을 열어주어야 한다는 이들이 더 많아서 결국 나는 가기로 결정을 내렸다.

그러나 문제는 아내 왼쪽 히프수술이 끝나고 바른쪽 수술을 하려고 기다리는 중이었다. 리노에서 수술을 하면 6개월 넘게 몸조리를 해야 비행기를 탈수 있다고 해서 시애틀에 가서 수술을 하기로 했는데, 리노 교회 중직들이 목사님 부임하자 사모님 수술하고 병원에 누워 있으면 은혜가 안 되니까 리노에서 수술을 끝내고 6개월 동안 몸조리 잘하고 떠나는 것이 좋겠다고 해서 그렇게 하기로 했다.

아이들과 함께 온 가족이 의논을 한 결과 나하고 형미하고 먼저 시애틀로 가고, 형일이와 형원이는 리노에 있어서 어머니를 돕는 것이 좋다는 것으로 결정을 하였다. 우리 온 가족이 다 갔으면 얼마나 좋겠는가? 마는 이렇게 나누이게 되니 나도 불편하고 아내도 매우 마음이 아팠을 것이다.

이곳 리노는 내가 미국에 이민온 첫 교회여서 교인들에게는 미안한 마음이 많았다. 샌프란시스코 같이 지역이 좋은 곳이라면 원하는 목회자가 속히 오겠지만 리노만 하여도 아주 시골이기 때문에 교인들이 바라는 교역자가 얼른 오지 않아서 내가 떠난 후에 임시 목사들이 여러 사람 지나갔다.

1985년 8월 하순에 나와 형원(차를 교대하며 운전), 그리고 형미 셋이서 아침 5시 30분에 차를 몰고 우선 리노에서 시애틀을 향하여 떠났는데 유진이라는 곳에 오니 날이 저물어 모텔에 들어가 쉬고 그 다음날 아침 11시 경에 시애틀에 도착하였다.

시애틀 형제교회는 교회 건물 외에 세 채의 집들이 있었는데 그 중에 제일 큰 집을 온 교인들이 수리를 하였다. 80년 가까운 건물이어서 문 같은 것은 옛날 집이 되어 튼튼하게 만들어졌다.

그러나 너무 헌 집이 되어 수도꼭지에서는 녹물이 나오고 많이 손을 보았건만도 지하실 방은 냄새가 나고 말이 아니었다.

그 다음날 이삿짐차가 짐을 싣고 와서 짐을 옮겼다. 그리고 형원이는 다음날 비행기 편으로 다시 리노로 돌아갔다.

시애틀
형제교회

1. 시애틀은 어떤 곳인가?

시애틀은 매년 나오는 연감에 보면 전 미국 도시 중에 22번째 큰 도시로 나와 있다.

시애틀은 미국 서북부에 위치한 도시이다. 시애틀의 명물은 1962년 세계박람회 때 세워진 스페이스 니들(Space Needle)로서 예술적인 탑으로 180 미터의 높이이며, 끝 부분이 바늘처럼 뾰족한 모양으로 되어 있어서 스페이스 니들(Space Needle)이라고 한다. 미국 독립기념일에는 여기에 미국 국기를 게양하고 매년 수많은 사람들이 방문한다. UFO처럼 보이는 윗부분의 전망대는 날씨가 좋은 날에는 거기에 올라가면 식당이 있는데 식사하면서 내려다보면 시내는 물론 엘리엇 만과 레이니어 산 그리고 올림픽 산맥이 보인다. 전망대에 설치된 망원경을 이용하면 시애틀의 가정집 내부까지 볼 수 있다고 농담으로 말하는 이가 있다.

식사를 한 시간동안하면 전 시가지를 한 바퀴 돌며 구경을 하게 된다. 시애틀 도시는 서쪽으로 바다를 끼고 형성된 도시로서 매우 아름다운 도시이다.

2. 형제교회 생활 시작

리노에 살다가 시애틀로 오니까 딴 세계로 온 것 같이 나무가 우거지고 아름다운 초목들에 쌓여서 마음이 아주 풍요롭고 싱그럽게 느껴졌다.

형제 교회에 오게 될 때 변종혜장로님이 청빙위원장으로서 새로 부임하는 나에게 많은 관심을 가져주었다.

한인 형제교회는 이 지역에서 한 때는 가장 많이 700명(그 당시 한인 이민자들이 얼마 없을 때) 이상 모인 교회였는데, 불행스럽게도 이 교회는 시내에 있는 미국 제일 장로교회를 빌려보다가 미국교회에 비하여 한인교인이 늘어가면서 사용료를 정확하지는 않지만 4천여 불로 올려 받으려 하고, 또 형제교회가 독자적인 교회를 세울 때도 되었다고 보기 때문에 교회를 옮기는 문제로 의견이 엇갈리면서 분쟁이 일어나서 첫 번째는 180 여명이 나가서 빌립보 교회라는 이름으로 교회를 세웠다고 한다. 그 후에도 몇차례 싸우며 나뉘어져 나갔다고 한다.

그리고 내가 부임하기 한 달전 영광교회라는 이름으로 백 명 가까운 인원이 분리되어 나갔다고 한다. 그런 일이 있을 때에는 서로 언성을 높이고 네 편, 내 편이 있어서 무섭게 싸우고 한 사람이라도 더 내 편으로 오라고 전화를 많이 하여 내가 부임할 때는 교인들이 마음에 많은 상처를 받은 흔적이 보였다.

나는 평생 목회하는 동안 하나님께서 내가 감당하지 못할까봐 특별히 그런 어려움을 주시지 않은 것으로 믿는다. 그래서 내 목회중에 한 번도 그런 교회 분란을 못 보았기 때문에 분란이 났을 때에 이야기를 들으면 잘 이해가 되지 않는 부분도 많았고, 또 예수 믿는 이들이 그럴 수 있을까? 하는 생각까지 들었다.

내가 부임 후 첫날 설교를 할 때는 70여명 정도 모였는데, 그 다음 주일에서는 더 적게 나온 것 같아서 예배부 장로에게 물으니 지난주는 "목사님이 처음 오셔서 인사차 중고등부 학생들까지 참석하여서 그래요." 하는 것이다.

여러 차례 분쟁을 한 교회여서 좀처럼 교회에 새로운 교인이 오지를 않는 것이 큰 문제였다. 6개월이 지나도 한 사람도 새로 나오는 사람이 없었다.

목회하면서 불편했던 것은 우리는 자체 교회를 가졌기 때문에 오전 11시에 예배를 드리는데 일부 교인 중에는 본 교회에서 예배를 드리고 또 오후에 분리되어 나간 영광교회가 형제교회에서 멀지 않아서 그리로 가서 마치 과외 공부하듯 또 예배를 드린다는 것이다. 그래서 이곳 이야기를 그곳에 가서 하고 그곳 이야기를 또 우리 교회에 와서 한다고 한다. 참으로 한심한 교인들이었다.

이것부터 정리를 해야 할 것 같아서 "단 몇 사람의 교인이 남아도 좋으니 영광교회에 왔다갔다 하는 이들은 그 교회로 다 가고, 앞으로는 절대로 그런 짓을 하지 마시오. 그것은 하나님이 기뻐하시지 않는 일입니다." 하였더니 그 후부터는 그렇게 왔다갔다 하는 교인은 없어졌다.

3. 성장을 못하는 교회

그런데 문제는 분열의 분열을 거듭하는 바람에 교인들이 싸우는 교회라고 다른 교회로 가기도 하고 또 자기 집에 주저앉아서 아예 교회를 그만두는 사람 등 불행한 시련이 많았다.

교회가 전혀 부흥이 되지 않는다는 것은 목회자로서 마음 아픈 일이다. 일은 자기들이 저질러 놓고 나에게 책임을 부담시키듯이 "목사님이 새로 부임하였는데 왜 교회가 부흥이 안 되는 것이지요?"하고 말하는 이들이 있었다.

참으로 담임목사로서 괴로움은 이루 말할 수가 없었다. '내가 부족하지만 왜 그렇게도 교회가 성장하지 못할까?' 하는 안타까운 마음으로 일반 기관에서 시장 조사하듯 나도 여러 가지 측면에서 조사해 보았다.

결론은 교회가 너무 오랫동안 싸워서 시애틀 지역에 사는 이들은 물론이고 다른 곳에서 이사와서 형제교회를 나오려는 이들에게까지 "그 교회는 싸우는 교회이니까 가지 말라"고 한다는 것이었다.

오죽하면 이런 결심까지 기도하면서 하게 되었을까! 여러 날 기도하는 가운데 주님이 주시는 마음 같아서 주일에 한 번은 이렇게 말해야 되겠다고 결심을 하였다. "사랑하는 형제교회 여러분! 우리가 이 교회를 살립시다. 그러기 위해서는 내가 설교를 잘 하지 못해도 우리 목사님, 음성도 좋고 설교를 아주 잘 해요. 그리고 우리 형제교회가 지금은 참 은혜롭고 사랑이 넘칩니다. 라고 선전을 좀 하세요." 하였더니 은혜로운 교인들이 그렇게 나가서 선전을 한다는 것이다.

그 후부터 한 가정, 두 가정씩 모여들기 시작하였다.

시애틀에 부임한 후 봄가을로 대 심방을 하였다. 각각 구역장들에게 심방 일자를 정해주면 구역장이 각 교인들의 가정에 몇 시 정도에 간다는 시간을 안배하여 오전에 할 가정과 오후에 할 가정을 정해줌으로 큰 차질없이 심방을 마칠 수 있었다.

시애틀의 형제교인들이 예배드리는 교회건물 있는 땅은 1에이커가 조금 못되고 교회 건물에 일반 집이 세 채가 붙어 있어서 그 중 한 건물을 우리가 사택으로 사용하게 되었다.

옛날에 미국 교인들이 걸어서 예배에 참석하던 교회여서 주차장은 없고 온 교인들이 교회 주변에 모든 거리마다 주차를 하여서 주민들이 주차에 불편하여 불만이 아주 많았다. 그래서 교회에서 양식(미국음식)을 준비하고 교회주변 사람들을 초청하여 친화의 잔치를 하였으나 초청을 받고 참석하는 이웃 주민은 한 사람도 없었다. 전폭적으로 교회가 싫다는 싸인이었다.

교회 위치는 다운타운에서 아주 가깝고 워싱턴 호수를 내다보는 곳에 자리를 잡았다. 전망이 좋은 위치라고 볼 수 있다.

청빙서에 월급을 $1,000 이라고 한 것을 보기는 하여서 알았는데 실제 $1,000을 첫 월급으로 가져 왔다. 그런데 재정부원이 하는 말이 "지금 사택을 사용하시기 때문에 $500을 교회에 내주어야 합니다."라고 한다. 사실 $1,000에서 십일조 내고 사택 비 내고 한 달을 살아가기란 아무리 형미하고 두 식구라고 하지만 살기 힘든 것은 사실이었다. 왜 그런지 약간 당황이 되는 것이다. 그러나 그 당시 교회 재정형편이 너무너무 어려웠기 때문이다. 교회로서는 교인이 많지 않으니까 최선을 다하는 것이다.

5개월이 지난 후 새해가 되었는데 $1,000을 주면서 금년에는 사택비는 내지 않아도 된다고 말하였다.

그래도 〈카지노〉도시인 리노를 탈출하고 싶었고, 희망이 있는 시애틀 지역으로 보였기 때문에 하나님께서 역사하시면 교회 성장이 가능할 것으로 보여서 기쁘게 소망가운데 기도하며 목회하였다.

후에 재정부원 한 분이 들려주는 말로는 노회에 재정 청원을 하였는데 전혀 재정 협조를 받지 못하였다는 것이다.

아내가 두 번에 걸쳐 리노에서 큰 수술을 받았고, 그 일 때문에 아내가 늦게 오게 되었는데 감사하게도 유창님장로님을 비롯하여 많은 교인들이 시애틀 공항으로 환영하는 의미로 마중나와 주어서 너무 고마웠다.

리노에서 두 아들의 생활

시애틀에서 생활하는 우리의 생활도 어려웠지만, 두 아들의 생활도 힘들기는 마찬 가지었다. 우리는 두 아들이 생활하는데 조금도 도와주지를 못했다.

두 아들이 생활을 할 수 없으니 큰 아들 형일이는 전업(Full time)으로 일을 하면서 대학을 다녔고, 작은 아들 형원이는 아이들 수학을 가르쳐서 둘이 번 돈으로 아파트 값, 쓰레기, 물 값 그리고 자동차 개솔린

개스 값을 내고나면 생활비가 많이 모자라서 배도 많이 고팠다고 했다.

어떤 때는 돈 2불이 없어 맥도날도에서 햄버거도 못 사먹었는데, 세탁업을 하시는 신영근 집사님(지금은 장로)이 어려움을 알고 돈 200불을 빌려 주워서 배고픔을 면했다는 아들들의 말을 들은 아내의 마음이 한없이 무너져 내렸다고 한다.

그래도 성경 로마 8:28절에 "하나님을 사랑하는 자 그분의 뜻을 따라 부르심을 받는 자들에게는 모든 것이 협력하여 선을 이루시느니라."는 말씀을 신앙신조로 하고 있는 내 아내는 늘 하나님을 찬양하고 있다.

4. 목회의 첫 시련

목회는 3, 4년이 가장 힘든 것 같았다. 교회도 목사가 제대로 목회를 잘 해나갈까? 하는 걱정이 있고, 목사도 교인들이 나를 바람직한 목사로 신임해 줄까? 하는 생각 등으로 여러 가지로 많이 조심이 되었다.

사람이 모인 단체이니까 여러 가지 일이 일어나는데 목회에 힘든 일이 생겼다.

그것은 〈트레스 디아스〉라는 것인데 그리스 어로 〈트레스〉는 3이라는 뜻이고, 〈디아스〉는 일(日)이라는 뜻으로 결국 〈트레스 디아스〉는 〈3일〉이라는 의미라고 한다. 이것이 가톨릭에서 〈피정〉이라고 하는데, 신교의 〈부흥집회〉 같은 것이라고 하며 거기서 연유되었다고 한다.

로스엔젤리스에 사는 K장로라는 이가 훼드럴 웨이에 있는 S교회를 배경으로 하여 3박 4일 동안 산속에 들어가 특별집회를 한다는 것이다. 아내가 한 번 다녀오겠다고 하여 그 모임에 참석하게 되었다.

아내가 심목사의 사모라는 의식 때문인지 책임자들이 쉬쉬하는 경우가 많이 있는 것 같더라고 하면서 아내가 말해서 대강 들은 후에 다시 더 자세히 들었다.

그 다음 기(期)에 갔다 온 Ka라는 집사가 〈트레스 디아스〉에 다녀온 후 저녁에 이야기를 하고 싶다고 하여 사무실에 왔는데 그 때 시간이 9시 조금 못되었다. 그가 처음부터 이야기를 아주 자세히 말하는 것이었다.

인원을 모집할 때 남자 25명, 여자 25명을 모집한다는 것이다.

모두 S 교회에 모여서 시계를 비롯하여 웬만한 소지품을 전부 그 교회에 맡기고 대절한 버스를 타고 가는 데 창을 다 가려서 어디로 가는지 잘 모르겠는데 나중에 가보니 어떤 산속으로 들어왔더라는 것이다.

차에서 내리자 먼저 왔던 이들이 좌우 양쪽으로 도열해 있으면서 아주 친절히 그리고 정중히 깊이 고개 숙이며 환영의 인사를 하더라는 것이다. 밤 1시까지 낱낱이 이야기 하였으니까 그것을 여기 다 기록을 할 수는 없다. 그 날 밤에는 '하나님, 이 문제를 어떻게 다루면 좋겠습니까?' 기도하고 집으로 돌아왔다.

방에 누워서 '어떻게 하는 것이 하나님을 기쁘시게 하는 것일까?' 하면서 여러 가지 생각을 하였다. 하나님이 원하시는 것을 내가 막는다면 송곳에 뒷발질 하는 격이다.

이웃의 한인 장로교회라고 시애틀에서 그 당시 제일 많이 모이는 교회인데 이선영 목사라고 신학교 동기 동창이 시무한다. 그 다음날 그를 만나서 점심을 같이 하면서 이야기를 나누었다. 그런데 그 교회는 170여명이 다녀왔다고 들었기 때문에 그 사실을 아느냐?고 물었더니 별스럽지 않게 생각하였다.

우리 교회는 그 당시 거기에 다녀온 이들이 30여명이었다. 더구나 그들끼리 더 친숙하고 가까이 교제한다는 이야기도 들었다.

그런데 그 모임을 맡아서 앞으로 이끌어 나갈 책임자를 우리 교회에 L장로가 맡았다는 것이다. 그런 가운데 나는 평상시 기도원에 자주 간다는 S여집사에게 같이 가자고 부탁하여 아내와 함께 1박 2일 코스로 기도원에 가서 〈트레스 디아스를 막아야 합니까? 그대로 두어야 합니까?〉 하고 집중적으로 이 문제를 중심하여 기도하는데 새벽녘에 마음에 응답이 오는데 막아야 한다는 것이다.

그런 결정을 하고 집으로 와서 당회원들과 34명인 안수집사들 전원을 주말에 산기도 가자고 하였다. 어떤 목사는 트레스 디아스가 이단이기 때문에 막아야 한다고 말했다. 그러나 내가 여러 가지를 종합해서 알아본 대로는 이단은 아니다. 그런데 거기에 갔다 온 이들은 주중에 한 장소에서 다시모임(Reunion)을 매주 목요일에 모이는데 본 교회 행사나 모임이 있어도 빠지고 거기에 참석을 한다. 한 번은 당회가 같은 날 있었는데 당회를 빠지고 Y장로가 거기에 가는 것을 보고 마음이 답답하였다.

산 기도에 가서 여러 가지 순서를 진행하고 마지막으로 성찬식을 끝내고 내가 진지하게 〈트레스 디아스〉를 막아야 하는 이유를 몇 가지로 말하였다.

[첫째: Reunion 이 있어서 본 교회가 지장을 받는다. 둘째: 계속 가정 통신문을 보내서 목회에 지장을 준다. 셋째: 그들이 가정을 심방하는데 담임한 목사로서 그대로 묵과할 수가 없다. 넷째: 갔다가 온 교인과 안 갔다가 온 교인 간에 보이지 않는 그룹이 형성된다. 다섯째: 내가 이 문제를 놓고 집중적으로 기도한 결과 성령님께서 막으시는 응답을 받았다. 라고 설명을 하였다. 그리고 이런 까닭에 우리 형제교회는 앞으로 그 누구도 〈트레스 디아스〉 모임에 가는 것을 막을 것이라고 하였다.

그리고 떠나기 전에 두 사람씩 짝을 지어 기도하고 떠나기로 하였다.

그런데 공교롭게도 〈트레스 디아스〉회장이라는 L장로와 내가 짝이 되었다.

기도하기 전에 작은 목소리로 퉁명하게 L장로가 "목사님, 하나님께서 직접 그것을 막아라. 하는 음성을 들었습니까?" 하는 것이다. 그래서 "아브라함, 모세 때는 아브라함아, 모세야 하고 부르셨지만 성령시대에는 특별한 경우에 세미한 음성을 주실 때도 있지만 지금은 대부분 성령께서 마음의 감동으로 깨닫게 하십니다." 하며 "먼저 나를 위해 기도해 주세요. 하였더니 목사님이 먼저 저 위해 기도해주시지요" 하기에 먼저 기도하고 그는 후에 이어서 기도하였다.

너무 많이 쓰는 것 같아서 간단히 요약하려고 한다. 주일이 지난 월요일 만민산 기도원이라는 곳으로 가서 기도하고 하루 쉬고 오려고 갔는데 식당으로 내려오니 기도원 원장이 어디서 전화가 왔다고 한다. 전화를 받아보니 바로 L장로였다. "오늘 저녁에 목사님 댁으로 우리 부부가 갈 터이니 간단한 저녁이나 해주시지요." 하기에 그러라고 하였다. 그 부부가 저녁에 우리 집에서 간단히 저녁을 한 후 L장로가 자기 소신을 말하였다.

"우리 모임도 많은 사람이 관여하고 있기 때문에 오늘 당장 그만 두겠습니다 하고 그만 둘 수가 없습니다. 지금이 9월인데 10월 말에 회장 만기가 되니 그 때까지 기다려 주시면 깨끗이 트레스 디아스 회장직을 사면하겠습니다." 그 말을 듣고 그 결단이 고맙다고 말하고 헤어졌다. 그 다음 주일 예배 후에 긴급 당회를 소집하였다. 그리고 본인이 있는 좌석에서 "지난 월요일 저녁에 L장로님이 10월 말에 깨끗이 트레스 디아스를 사면하기로 하였습니다." 이렇게 긴급히 한 것은 L장로가 또 얼마 후에 그 말을 했는지 분명치 않다고 할지 몰라서 그렇게 한 것이다. 며칠전 한 말을 바로 그 때 안 했다고는 할 수 없기 때문이다. 그렇게 해서 트레스 디아스 문제는 일단락을 내렸다.

그리고 참고로 친구인 이선영 목사는 〈트레스 디아스〉에 참석하고 온 교인들의 수가 너무 많아서 크게 교회에 문제가 되어 마침내 교회는 둘로 분열이 되고 결국 이목사는 그 교회를 떠나고 말았다.

5. 시작되는 부흥

해가 거듭하면서 하나님의 크신 은총 가운데 형제 교회가 서서히 교인들이 늘어가기 시작하였다.

그래서 중, 고등부를 위해서 젊은 박미연양이라는 여전도사를 청빙하여 시무하게 하였다. 외모도 좋은 인상을 주었고, 아주 부드러워 보였다. 한동안 차분히 학생들을 잘 살피며 사역을 잘 하는 줄 알았는데 1년 반쯤 되었을 때 학부형측에서 전도사가 학생들을 전혀 리드하지 못한다는 것이다.

그래도 나는 못들은 체하고 그냥 지나가는 데, 학부형측의 반발이 날마다 더하여 갔다. 내가 보기에도 학생들을 이끌어 가야하는데 학생들에게 너무 휘둘리는 것같은 생각이 들 때가 있었다.

그런 때 담임 목회자 입장에서 어려운 것은, 아주 큰 실수가 없는 데 그 해당 교역자를 "그만 시무해야 하겠어요." 하는 것이 매우 미안하고 힘들었다. 결국 당회원 전원이 박전도사는 지도력 부족으로 안 되겠다는 것이다. 당회원 전원이 그렇게 본다면 담임자로서도 무리하게 끌고 나갈 수는 없는 일이다. 결국 당회에서 시무를 끝내는 결정을 하고 내가 가서 그만 두라고 해야 하는데 참 젊은 교역자에게 안 되었다는 생각이 들었다.

교회 분위기를 이야기 하며 다른 곳을 알아보라고 하면서 나왔는데 물론 그도 할 말은 있었을 것이다.

6. 협조하는 교역자들

그후 청년회와 나를 간간히 돕기 위하여 달라스 침례신학교 출신인 홍석호씨라는 남전도사를 초빙하였다. 그리고 영어권의 학생들을 위하여 프린스턴 신학교를 졸업하고 로스앤젤레스에서 목회하면서 영어 목회자를 구하는 것을 알고 신청한 최전도사도 초빙하였다. 이름이 최진범 전도사인데 그의 출신지가 바로 시애틀이며, 그 어머니는 이웃 다른 교회를 나가고 있었다.

그는 한국말은 곧잘 하지만 한국인을 위한 설교를 할 정도는 아니었다.

그런데 두 부교역자의 업무가 각각 다르지만 서로의 경쟁심으로 인해 빚어지는 알력으로 내가 중간에서 너무 힘이 들었다.

몇 년 후 둘 중에 한사람은 내보내야 될 형편에 이르렀다. 이것 역시 어려운 문제 였다. 기도하고 생각하는 중 아무래도 홍전도사를 내보내야 한다는 마음이 와서 홍전도사에게 특별한 실수나 과오는 없는데 형제 교회 사정이 있어서 한 사람은 나가야 할 형편인데, 아무래도 전문적인 영어권 교역자가 계속 있어야 할 것 같다고 하면서 홍전도사의 시무를 권고하여 사직시켰다. 물론 그때도 내 마음이 아픈 것은 사실이었다.

〈우리 가정이 형제교회에 크게 신세를 진 것은 우리 3 자녀의 결혼 때였습니다. 한 달에 2회에 걸쳐서 결혼식을 하게 된 것입니다. 하나님께 먼저 감사를 드리며, 형제교회 성도들이 여러 가지로 도와주신 것을 참으로 기쁘게 생각하면서, 이 기회를 통하여 잠시 감사의 인사를 드립니다.〉 (특별이 정상용 집사님(후에 장로님)께서 아주 어려운 상황에서 물질적으로 편의를 봐주셔서 후에 여유있게 갚게 해주어 감사함을 잊을 수 없다.)

최전도사는 홍전도사가 나간 후 마음이 개운해져서 그런지 나를 위하여 무엇인가? 를 돕고 싶다고 하였다. 한글로 도울만한 것은 없어서 그 마음은 고맙다고 하였다.

1년쯤 지난 후 최 전도사는 목사 고시를 치른 후 영어권 목사로 안수를 받고 시무하게 되었다. 최목사가 한 날은 자기는 영어권 중고등부와 청년을 맡겠는데 업무량이 많으니 자기가 잘 아는 프린스턴 신학교 출신인데 아주 좋은 유초등부 전도사가 있는데 한 사람 오게 하면 좋겠다고 하여서 당회에 상정해서 박영미(Marian)여전도사라는 이를 한 사람 오게 하였다.

교회는 장년도 잘 성장하고 영어권도 잘 성장하여 나갔다. 그러자 얼마 후 이번에는 최목사가 자기는 영어권 청년과 고등학생을 맡아서 일하면 좋겠는데, 중등부 전도사를 한 사람 더 오게 하면 좋겠다고 하여 그의 소개로 김형중(Joshua) 전도사라는 이를 시무하게 하였다. 그는 훼드럴웨이 선교교회의 송천호목사의 사위였다.

그러는 동안에 세월은 흘러서 김형중 전도사와 박전도사가 모두 목사 안수를 받았다. 이때까지는 교회에 별 어려운 일이 없이 잘 지나갔다. 교회에 사무실이 둘 밖에 없어서 하나는 내가 사용하고 우선 3 교역자가 한 방을 불편하지만 같이 사용하기로 하였다.

7. 제2의 교회 시련

그런데 그들이 한 방에 있으니까 매일 여러 가지 궁리가 떠오른 모양이더니 교회적으로 아주 어려운 문제를 일으켰다. 그것은 우리 교회에서 차로 10여분 거리에 미국 교회 건물이 비어 있는데 노회에 말해서 그 건물을 사용하도록 신청해서 3교역자가 독립하여 함께 아주 나가 교회를 세우겠다는 것이다.

이것은 참으로 형제교회에 큰 변수가 아닐 수 없다. 교회의 상황은 어린이와 중고등부 학생들의 부모가 우리 교인들이기 때문에 자녀들을 데려다 주는 여건 등 문제가 복합되어 있어서 이것은 우리 교회로서는 보통의 큰 문제가 아니었다.

그래서 당회가 세 교역자를 불러놓고 그러지 말라고 만류하였으나 저들이 교회까지 마련한 마당에 기어코 나가야 한다는 것이다. 당회원 각자가 그들을 설득하여 나섰으나 돌이키려는 생각을 전혀 갖지 않았다.

결국 김형중 목사만 설득을 시켜서 영어권의 일을 계속하게 되었고 최목사와 박 여(女)목사는 그대로 분립하여 나갔다. 그 어려운 문제는 그런 정도로 일단락을 내렸다. 그러나 어찌 되었던 우리교회로서는 큰 손실이 아닐 수 없었다.

8. 교회성장과 건축 관계

한해 한해가 지나감에 따라 장년도 성도들 수가 성장하면서 앉을 자리가 부족하여 의자와 의자 사이에 보조의자를 놓고 예배하게 되었으나 가끔 소방서에서 점검을 나왔다가 보조의자를 보고 화재가 나면 위험하다고 당장 치우라고 하여 주일 예배 후에는 반드시 치워야 했다. 그렇게 치우는 것이 너무 불편하여 2부 예배를 시작하였다.

이리하여 시애틀 형제교회는 하나님의 크신 은혜로 계속 성장하였다. 한 날은 전화가 오기에 받았더니 "아니, 교회는 나오라고 말은 많이 하고, 나가면 어디에 주차할 파킹장이 있어요? 그리고 들어가면 어디 앉을 자리가 있어요? 그런 것쯤 만들어 놓고 교회 나오라고 해요." 퉁명한 소리로 일방적으로 말하고는 그냥 끊어 버리는 것이었다.

그날부터 내 마음속에 여러 가지 생각이 떠올랐다. 사실 그 전화가 불쾌하기는 하였지만 그 사람 말이 하나도 틀린 것은 없었다.

이것은 교회를 확장하는 길 밖에 없다는 결론을 내리게 하였다. 하나님께 여러 날 특별히 기도한 후에 당회 때에 교회 확장의 이야기를 했더니 당회원 모두가 합당히 여기며 우선 건축위원회를 구성하자고 하여 그 후 공동의회에서 건축위원을 선정하였다. 그리고 1대 건축위원장으로 박승휘 장로님이 선정되었다. 이어서 우리 교회를 먼저 팔고 계속 계획을 세워나가자고 하였다.

그래서 100만 불에 팔아달라고 미국인 부동산 업자에게 내놓았다. 그랬더니 제일 처음에 찾아온 사람이 한국인은 아니지만 머리 깎은 불교 승려가 왔다.

우리가 하나님께 예배드리던 처소에서 목탁소리를 나게 할 수는 없다고 하여 그들에게는 팔지 말자는 의견이 나왔다. 그러나 불교인이라고 차별해서 안 판다면 그것은 미국법에 저촉이 되어서 안 된다는 것이다. 그래서 다시 의논하고 교회 사정이 생겨서 안 팔기로 결정하였다고 부동산 업자에게 말하였다.

그러는 가운데 성령님께서 마음에 먼저 Seed Money(사전에 보면 사업에 출발기금)를 해야 한다는 마음을 주셨다. 그래서 당회가 모였을 때 "앞으로 기본금인 Seed Money를 먼저 만들어야 하는데 우선 2년 거치로 우리 당회원들이 먼저 합시다. 그리고 내가 먼저 2년 거치(2년 분할 상환)로 $15,000을 할 터이니 장로님들도 힘들지만 그렇게 합시다." 하였더니 다행히 장로님들이 모두 합당하게 여기는 중에 한 분만 $10,000을 하겠다고 하고 나머지 8장로님들은 $15,000을 하기로 하였다.

그 다음 주일에 교회 확장의 필요성을 설명하고 "우리 당회에서 먼저 종자돈으로 2년 거치로 $145,000을 정하였는데 우리 다 같이 협조합시다." 하였다.

그 후부터 성도들이 여러 가지 모양으로 건축헌금을 하기 시작하였다. 헌금이 모이는대로 은행에 일단 예금을 하였다.

그때 공동의회에서 결정하기는 건물을 사던지, 아니면 적당한 지역에 땅이 있으면 사서 건축을 하던지 두 가지로 의논을 하였다.

그런데 기도하면서 건축위원장을 비롯하여 온 교인들이 관심을 가지고 알아보는데 생각한 것처럼 쉽게 이루어지지 않았다. 내가 은퇴하고 떠나기 전까지 8년의 세월동안 많이 애를 썼지만 끝내 교회 확장의 뜻을 이루지 못하였다. 그때 모이는대로 은행에 예금을 하였는데 $1,370,000이 은행에서 잠자는 상태에 있었다. 여기서 건축의 건은 생략하기로 한다.

내가 은퇴하더라도 이 적립된 금액은 새 부지를 사던지, 짓던지 건축하는데 꼭 사용하면 좋겠다고 부탁을 하였는데 후에 들으니 현재 교회 부지 14에이커를 사는데 도움이 되었다고 한다.

정문현 장로님이 시애틀 머서 아일랜드에 살다가 캐나다 국경으로 이사하여 가면서도 2시간 30분 거리를 계속하여 나오며, 정 집사님은 피아노를 치고 두 분이 여러 가지 면으로 교회를 위하여 봉사하며 은퇴를 즈음하여서도 나를 도와주었던 것이 기억에 남는다.

9. 나의 은퇴와 후임 교역자

은퇴하기 1년 전에 2대 건축위원장으로 하해현 장로님이 수고를 하게 되었다.

은퇴하던 해에 미국 장로교(NCKPC) 한인교회 29대 총회장을 내가 역임하면서 연말에 형제교회를 은퇴하였다.

지금은 장로님들이 많아서 내가 부임할 때 장로님들만 한 마디씩 간단히 가나다순으로 살펴보려고 한다. 곽상복 장로님은 급한 성격 같지만 일처리에는 원만하게 하였다. 김학조 장로님은 정의감을 가지고 성실하게 일을 잘 하였다. 박승휘 장로님은 재능이 많은 분으로 나에게 컴퓨터도 가르쳐 주고 실무를 위하여 많은 일을 하였다. 변종혜 장로님은 내가 형제교회에 부임하는데 수고를 아끼지 않았다. 지성인이면서 분명하게 일을 잘 도왔다. 신강우 장로님은 연세가 높으신 분으로 젊은 분들을 잘 이해하였다. 신호용 장로님은 우리집 세탁물을 14년 동안 꾸준히 무료 봉사로 도와주었으며 유머감각이 있어서 당회를 잘 협력하였다. 유창림 장로님은 중국 선교 지를 자주 다니면서 수고를 하였다. 이명집 장로님은 모든 면에 모나지 않게 일하였다. 이점태 장로님은 카센터(Car repair shop)를 하였는데 내 개인차(아주 후에는 교회에서 사주었음)가 너무 문제를 일으켜 수없이 이 장로님에게 가서 수리를 하는데 한결같이 수리를 해주어서 14년 동안 무료로 많은 도움 받았고, 급한 성격이었지만 일하는 데에는 실수가 없었다. 전기수 장로님은 모든 일에 차분하여서 내가 교회에 난제를 만날 때마다 전 장로님과 의논을 하면서 목회에 많은 도움을 받았다.

너무 부족한 점이 많은 나에게 온 성도들이 항상 사랑으로 도와주어서 목회를 무난히 감당하게 한 것을 하나님께 영광 돌리며, 진심으로 온 성도들에게 무한히 감사한 마음을 간직하고 있다.

내가 은퇴한 후 권준 목사님이 부임하여 아버지 학교로부터 시작하여 여러 가지 프로그램을 통하여 성도들의 영적 양육을 잘 지도하였다. 내가 은퇴할 때 어린이와 영어권을 다 합하여 550명 정도 모였는데 권준 목사님의 탁월한 리더십을 통하여 들리는 소식통에 의하면 전체 교인수가 계속 크게 성장한다는 반가운 소식이다.

내가 68세에 은퇴하고 2년 후 70세가 되어 7순 잔치를 간소하게 하려고 자녀들과 의논하여 이 지역 분들을 초청하기로 하고, 식당도 예약을 하고 시애틀 형제교회 후임인 권준 목사님에게 연락을 하여 7순 잔치에 와서 설교를 해주면 좋겠다고 하니 쾌히 승낙을 하였다. 그런데 12분 쯤 후에 권 목사님으로부터 전화가 왔는데 "심 목사님 계실 때의 노인분들이 다 여기 계신데, 형제교회에서 7순 잔치를 해드리면 어떻겠어요?"하는 것이다. 그것은 나에게 참으로 기쁜 소식이기에 "그렇게 해주면 너무 감사하지요?"하였다. 그래서 자녀들에게 연락을 하고 7순 날 3남매 가족과 함께 시애틀 형제교회에 갔더니 아주 성대하게 잔치를 차려주었다. 너무 넘치는 사랑을 베풀어 준 것이다.

세월은 또 빠르게 흘러 나의 80세인 8순 때가 가까웠는데 권준 목사님으로부터 전화가 왔다. "심 목사님, 80순이 되시는데 우리 교회에서 8순 잔치를 해드리려고 합니다. 괜찮으시지요?" 하고 말하는 것이다.

그래서 "내가 현재 형제교회에 출석도 안하고 또 세월도 10년이 흘렀는데 그 마음은 참으로 너무 감사한데 진심으로 말하는데 이번에는 그만두면 좋겠어요. 그리고 사실 교인들도 많이 바뀌었지요."하고 사양을 하였다.

그것으로 끝마무리를 한 줄 알았는데 권준 목사님이 의사인 아들의 전화를 수소문하여 알아가지고 아들에게 전화를 걸었는데 아버지께서 8순 잔치를 극구 사양하시는데 심 장로님이 아버지 어머니에게 잘 말해서 형제교회에서 8순 잔치를 한다고 잘 말씀을 드려서 그날 부모님 모시고 3남매 가정이 다 참석하도록 해달라고 진심 어리게 간곡히 말하므로 아들에게서 전화가 왔다. "아버지, 어머니 아무래도 가셔야 되겠어요. 진심으로 간청을 하네요."해서 갔는데 얼마나 여러 가지로 준비를 해서 순서를 짜고 그리고 음식을 크게 마련하였는지 참으로 하나님께 감사를 드리고 권 목사님과 형제교회에 얼마나 또 감사한지, 말로 다 표현할 수가 없었다.

형제교회가 이제는 너무 많이 성장을 하여 어떤 장로님에게 성도수가 대략 얼마나 되느냐고 물었더니 4,000명에 이른다고 한다.

로스앤젤레스를 제외하고는 서 북미에서 가장 큰 교회로 성장을 하여 하나님을 기쁘시게 하고 있다.

은퇴 후 내가 형제교회에 할 수 있는 일은 새벽마다 기도로 돕는 길뿐이다.

권준 목사님은 내가 은퇴한 후부터 지난 해까지는 1년에 한 번씩 임직식에 설교할 기회를 주어서 형제교회를 매년 방문하게 되었다.

어떤 교회를 보면 후임자가 전임자에 대하여 섭섭하게 하는 이들도 많은데, 권준 목사님은 참으로 관용심이 많은 것을 보면서 권 목사님에게 감사함을 잊을 수가 없으며, 하나님께서 권 목사님 목회에 엘리사에게 주셨던 갑절의 영감을 주실줄 믿고 계속 영력이 넘치는 목회자가 되게 해달라고 기도한다.

은퇴 후의 생활

1. 나의 가정 이야기

형미는 학교를 다니면서 파트 타임(Part Time)으로 많이 일하여 힘든 생활을 하였다. 그 후 형미는 오리건으로 시집을 가서 시부모를 모시고 2년 반 동안 살다가 살림을 내주어서 가까운 아파트로 이사를 했다. 그 후 집을 사서 입주하였다.

아내는 시애틀에 있는 형원이를 보살피게 되었는데 아무래도 형원이가 UW 의대에서 공부하니까 그에게 더 신경을 쓰게 된 것 같다. 형원이는 대출(Loan)을 얻어서 의대를 공부하기 때문에 나는 세금(Tax) 보고를 일찍 해야 했다. 학생에게 대출을 원하는대로 주는 것이 아니라 아버지(보호자)의 세금(Tax) 보고에 기준하여 주는 것 같아서 늘 조기 세금보고를 하고, 그 결과를 보내주게 되었다.

형원이는 새벽 2시 이후 들어오는데 시신을 만진 날은 김치찌개를 원했고, 다른 날은 건강을 위해 갈비국을 해주었다.

그때 내가 매일 곁에서 보면서 속으로 '의대 공부를 반은 엄마가 돕는구나!'하는 생각을 하였다.

아내는 때때로 나와 심방을 가야했고, 매일 성경을 읽으며, 남편의 목회를 위하여 기도생활을 하였다.

내가 어려운 문제가 있을 때 아내에게 의논하면 아주 명답을 해줄 때가 있는데 그 어려운 일이 그대로 잘 풀릴 때, 나는 그 때마다 성령님께서 아내를 통해서 좋은 해답을 주신다는 느낌을 가질 때가 많았다.

2. 아내의 수술 이야기

사실 나는 교회 목회에 전심을 기우리느라고 가정의 자녀들을 잘 살피지 못하였다.

내 아내는 결혼할 때 참 아름다웠는데 세월이 흐르기는 하였지만 오늘에 이르러서는 너무 초췌한 모습이 된 것을 볼 때마다 '지난 날 목회자의 아내의 삶이 힘들었었구나!'하는 생각을 하게 되었다.

사실 아내는 성격도 비교적 온순하지 않은 시어머니를 말없이 20년을 섬겼으니 그 고생인들 어찌 말로 다 표현할 수 있으랴!

그런데 아내는 몸이 한국에서부터 안 좋았다고 하는데 미국 리노에 와서는 통증이 본격적으로 와서 병원에 가서 진찰을 받으니 히프(허리부분)에 말하자면 칼슘 결핍증이라고도 하는데 연골이 말라서 뼈가 서로 부디낄 때 마다 심한 통증을 일으키게 한다는 것이다.

그래서 여러 가지 검사를 거친 후에 1차 수술을 받고 6개월 후에 또 오른쪽 히프 수술을 받아야 하는데 공교롭게 그때가 바로 시애틀 형제

교회 부임 날짜를 정한 때여서 부임하자 곧 수술을 해야만 했다.

고맙게도 리노 교회에서 수술 날짜가 정해져 있는데 목사님 부임하자 사모님이 병원에서 대수술을 하게 되면 교회가 은혜롭지 못하니 리노에서 수술하시고 가시는 것이 좋겠다고 하여 그렇게 해서 나는 형미와 먼저 시애틀 교회로 왔다.

아내는 리노에서 대 수술을 받고 8일 동안 병원에 있었는데 하룻밤은 큰 아들 형일이가 엄마 병동을 지키고, 둘째 날은 둘째 아들 형원이가 엄마 병동을 지키고 번갈아 가면서 8일 동안 지킬 때 간호원 들과 많은 의사들이 내용을 알고 이런 효자들이 어디 있느냐고 하면서 그들에게 많은 감동의 격려를 주었다고 하니 지금도 기억이 새롭다.

전에 말한 대로 아내는 6개월 후에 내가 목회하는 시애틀로 왔다. 우리 아들들이 그때 얼마나 고생이 많았을까? 공부하랴, 직장 다니랴, 밤엔 엄마 병동 지키랴, 아내는 가끔 그때 일을 생각하며 눈물을 흘리곤 한다.

세월이 빠르게 10년이 지나갔다. 그때 의사 말이 10년 후면 다시 대수술을 해야 한다고 했는데 서서히 수술한 곳에 문제가 생기기 시작했다. 그래서 이번에는 둘째 아들과 딸이 사는 오리건에서 하기로 했는데, 수술 후 열이 심해 8일 동안 병원에 있었는데 딸의 수고가 너무 많았다고 했다.

유모차에 두 손녀딸을 싣고 아내 입에 맞는 음식을 만들어가지고 와서 애절하게 조금만 더, 한술만 더 먹어보라는 딸의 효심을 보며 그 음식을 맛있게 다 먹었다고 했다. 식사 후엔 두 손녀를 실은 유모차와 아내를 실은 휠체어 두 개를 끌고 병원 한 바퀴를 돌면서 "엄마 많이 답답하지, 바깥바람도 쐬어야 해요. 엄마! 울지 말고 있어. 우리 아기 착하지 내일 또 올게, 뭐 먹고 싶어 내가 해가지고 올께."

딸의 정성에 마음이 뭉클해지면서 딸이 돌아간 후에 많이 울었다고 했다. 딸은 8일 동안 하루도 빠지지 않고 다녀갔단다. 그런데 퇴원 후에 아들과 딸 집, 어느 집에서 몸조리를 하느냐가 문제였다. 둘째 아들 형원이는 어머님이 수술 후에는 반드시 저의 집에 계서야 합니다하고 간곡히 부탁을 하고, 사돈되는 주수명 장로님은 몸조리는 딸집에서 하셔야 된다고 하시면서 주진 집사 사무실을 다 정리를 하게 하고 침대까지 들여놓았으니…아내는 아들집이냐? 딸집이냐? 행복의 갈림길에서 많은 고민 끝에 아들집은 이층 계단이 높이 있어 결국 딸집으로 정했다고 했다.

그 때 딸은 한 달 동안 아내와 함께 지내면서 딸의 고생이 이만 저만이 아니었다고 한다. 아내가 혼자 일어날 수도 없고, 옆으로 돌아누울 수도 없고, 혼자 일어나 앉을 수도 없고, 화장실에 갈 수도 없고, 세수도 할 수 없고, 머리도 감을 수도 없고, 일일이 딸이 도와주어야만 했다. 딸은 잠귀가 너무 밝아 자다가 "엄마 왜 그래. 어떻게 도울까?" 하면서 수없이 잠에서 깬다고 했다. 아내는 그때 딸을 생각하면 아주 많이 미안하다고 한다.

3. 오리건으로 이주

우리 부부는 은퇴 후 2000년 9월에 자녀들이 사는 오리건으로 이사를 하였다. 그러나 시애틀에서 발행하는 중앙일보와 한국일보에 칼럼 비용을 10여 년 동안 형제교회의 선교부에서 도와주는데, 지금까지 계속 게재할 수 있도록 매년 3,000여 불을 협조하고 있다.

나는 한국에서 22년, 미국에 와서 20년으로 42년의 공식 목회를 하나님의 은혜로 잘 마칠 수 있게 된 것을 하나님께 진심으로 감사드린다.

거듭 말하지만 두 자녀가 오리건에서 살고 있어, 은퇴 후 시애틀에서 오리건으로 이사를 오게 된 것이 이유인데 처음에 이곳에 와서 여러 교회에서 설교부탁을 하여 한동안 늘 바쁘게 활동할 수 있었음을 하나님께 다시 감사드린다.

(우리가 오리건으로 온 후 장조카 되는 심형윤 씨 부부가 우리집을 방문하여 형원이가 안내하여 몇 곳을 관광하며 즐겼다.)

한 가지 특기하는 것은 가장 가까운 내 혈친으로 사촌 형님의 외아들인 심형윤씨를 기록하고 싶다. 항열로는 조카님이나 종손이며 나이는 나보다 2살 위이다. 서울대 공과대학을 졸업하고 시청에 근무하다가 감사원에서 국장을 하다가 은퇴하였다. 한때는 호주로 이민을 가서 10년 가까이 살다가 안 조카님이 양식(영국음식)이 입에 맞지 않아서 한국으로 역이민을 하였다.

종교면으로는 불교를 신봉하므로 우리하고는 별로 가깝게 지내지를 못하였다. 그러나 20여전에 하나님을 믿고 신실한 그리스도인이 되므로 자연히 친근하게 되었다.

호주에 살 때는 취미로 골프를 쳤으나 한국에 와서는 골프 치는 데 여건이 맞지 않아서 당구를 하다가 지역 사회복지관에서 사진 기술을 배우게 되어 사진을 많이 찍게 되었다. 특별히 지금까지 아주 가깝게 지내게 된 것은 이메일을 서로 주고받으면서부터이다. 아마 한 달에 2, 3회는 서로 이메일로 연락이 오고 간다.

그런데 나는 소식만 전할 뿐인데, 조카님은 한국의 명소나 기타 배경이 좋은 곳을 촬영하여 이메일로 보낼 때마다 여러 컷을 첨부파일로 보냈다.

나중에는 너무 사진을 잘 찍어서 우리 부부가 보면서 감탄을 한 때도 있었다. 그러나 지금은 아내의 질병으로 곁에서 돌보는 일에 주력함으로 다른 것을 일체 하지 못하고 있다.

4. 생사의 갈림길

그런데 이곳으로 온지 2년째 되던 2월 어느 날 갑자기 저녁에 몸이 견디기 어려운 정도로 이상한 증세가 있어서 당시 세일럼(Salem)에서 내과전문의로 일하는 아들에게 급히 아내가 전화를 하니 아들 말이 시간을 다투는데 "급히 딸 제니(Jenny)한테 이야기해서 아주 빨리 병원 응급실(Emergency)로 가라고 하세요." 하더라는 것이다.

나는 병원에 가서 의사들이 눕히는 것까지는 기억이 나는데 그 후에는 전혀 기억이 없다. 병원에서 검진 결과 〈폐렴〉이라고 하면서 의사들이 서두르더라는 것이다. 나는 그 후부터 6일간 혼수(Coma) 상태로 있었는데, 이 지역에서 폐렴의 제1인자인 의사가 출장중이었던 것이다.

여러 의사들이 치료를 하는데 심장 박동도 급하게 뛰고 호흡과 맥박이 너무 비정상적으로 움직여서 하루하루가 위기로 치닫는 상황이었다고 한다.

며칠이 지났을 때 한 의사가 아들도 의사인 것을 아니까 "아무래도 가망이 없으니 마음의 준비를 해야 할 것 같다."는 말을 듣고 딸 Jenny에게 영어로 말하는데 아내가 눈치를 보니 짐작이 가더라는 것이다.

아내가 잠시 집으로 돌아와서 집안을 둘러보니까 둘이 살 때는 집안이 넓은 줄 몰랐는데 앞으로 혼자 살 것을 생각하니 집안이 휑하니 아주 넓은 것 같더라는 것이다. 형제교회 중보기도 팀에게 전화로 연락을 해서 남편이 위독하니 기도를 해달라고 부탁을 하고, 또 오리건에도 기도부탁을 할만 한 이들에게 기도로 도와달라고 하였다고 한다.

그런데 많은 분들이 하는 기도의 간절함을 하나님께서 응답하셔서 이 지역의 제 1인자라는 의사가 드디어 병원으로 돌아왔다는 것이다.

그가 다른 의사들이 처방했던 것을 참고하면서 자기의 처방을 하게 되었는데 그 날부터 나의 심장박동도 차차 정상으로 돌아오고 맥박도 점점 좋아지기 시작하였다는 것이다. 하나님의 특별한 은총이 아니겠는가!

응급환자들도 너무 많이 밀려서 이제는 일반 병실로 옮겨졌는데 아내의 말을 들으면, 내 병실 입구에는 다 꺼져가는 촛불의 그림이 붙어 있는데 〈이 병실에는 중환자가 있으니 출입을 조심하라〉는 의미여서 간호원들도 아주 조심스럽게 출입을 하더라는 것이다. 결국 하나님께서 나를 사랑하셔서 병실을 옮긴 지 7일부터 빠르게 회복이 되게 하셨다.

6일간 혼수상태에서 의식이 정상으로 돌아왔을 때 병석에 누워서 내 몸을 위에서 아래로 내려다보니 온몸에 가는 호스로 된 바늘과 연결된 줄이 마치 거미줄처럼 이리 얼키고 저리 얼켜서 내 몸이 어떤 상태에 있다는 것을 짐작할 수 있었다.

많은 분들이 문병온 것을 의식하면서 '이제 내가 살아있구나!' 하는 생각이 들었다. 화장실에 한 번 가려면 간호원들이 와서 모든 줄들을 임시로 빼주어야 했다.

드디어 12일 만에 병원에서 퇴원을 하고 집으로 돌아왔다.

다음날 아침 기도하려고 내 기도실에 가서 기도하는데 나도 모르게 내 입에서 "너의 생명이 무엇이냐? 잠시 있다가 없어지는 안개니라." 하는 야고보의 말씀이 터져 나왔다. 나는 성령님께서 하시는 말씀으로 알고 '아멘'하고 화답을 하였다.

그날 나는 이렇게 생각을 하였다. 이미 죽었을 몸인데 하나님께서 내 생명을 연장하셨다는 생각을 하고 이제부터는 제 2의 인생을 사는 것으로 여기고 매일 아침 기도시작 전에 '오늘도 한 날을 살게 하시니 감사합니다.'하는 마음으로 기도를 하였다.

그 당시 한국 라디오 방송이 포틀랜드에 있었다. 기독교 연합회 신년감사 예배가 있는데 회장이 40여일 전 나를 보고 설교를 부탁을 한 일이 있었다. 그런데 라디오 에서 설교를 내가 한다고 방송이 나오는 것이다. 내가 설교를 할 형편이 못 되어 회장에게 현재 사정을 이야기 하였는데 방송은 그대로 나오는 것이다. 결국 성치 않은 몸으로 가서 20분 정도 설교를 하려고 하였는데 하다가 보니 나도 모르게 40분 가까이 하였다. 하나님께서 긍휼이 여기셔서 감당하게 하셨던 것이다.

5. 오리건에서 하는 일

그리고 나는 이곳에 와서 포틀랜드에 FM·KOREA 90.7 Mhz(메가헬즈) 라디오 방송이 있어서 매주 1회 10분 〈외치는 소리〉 선교 방송을 하게 되었는데 〈외치는 소리〉 100회를 할 때 〈외치는 소리〉를 책으로 출판하였다. 은혜출판사에서 내용이 너무 많아서 특별히 부탁하여 아래 위에 공백을 적게 하고, 341 페이지로 단행본을 내고 출판기념회도 많은 분들의 성원 속에 잘 마칠 수 있었다.

8년 동안 방송을 계속하다가 방송국이 경제사정으로 문을 닫게 되어 385회로 마감을 하였다.

내가 갈보리 교회를 나가다가 내 집 가까이로 이사온 영락교회로 나갔다. 이유는 아들 식구와 딸 식구가 있어서 매주 만나고 싶어서였다. 그런데 교회가 많이 소란하고 복잡하였다. 결국은 진영길 목사가 은퇴금을 일시불로 받고 교회를 나가게 되었다.

영락교회 담임이 공석이므로 나에게 설교를 부탁하여 새벽예배(토)와 수요예배 그리고 주일 1, 2부 예배를 전담하여 8개월을 담당하였을 때는 하나님의 도우심이 너무 크다는 것을 느끼며 행복한 은퇴 목회의 후반을 지낼 수 있었다.

아무래도 3남매의 이야기를 좀더 하고 싶다. 장남 형일이는 처음에 애틀란타주에서 NCR(National Cash Register)이라는 좋은 직장 생활을 하다가 현재는 라스베이거스에서 부동산업을 하고 있으며, 아내 최윤정과 손자 준희와 살고 있다.

큰 아들 형일이는 라스베이거스에서 1,500명이 모이는 교회에서 찬양을 인도하며, 며느리 윤정이는 그 교회 정반주자로 섬기고 있다. 현재는 라스베이거스에서 부동산업(Realty)을 하는 사람들이 3,000명쯤 되는데 3,000명 중에서 우수한 사람 300명을 뽑았는데 그 300명 중에서 큰 아들이 11등을 해서 큰 환영을 받았다고 한다. 현재 부동산 사업을 아주 잘하고 있다.

둘째 형원이는 오리건주 세일럼(Salem)에서 사는데 아내 미영과 손자 엘리엇(Eliott), 그리고 손녀 키아나(Kiana) 네 식구가 살고 있다. 그리고 형원이는 내과 전문의로 있다가 현재는 코콜이 수면클리닉(Sleep Medicine Clinic)을 운영하고 있는데 금년에 대지 6000 Square Feet에 여러 개의 병실과 모자라는 Parking Lot을 만들었다. 그리고 금년 10월에 입주하였다.

딸 제니는 오리건주 비버튼(Baeverton)에서 남편 주진 집사의 사업을 도우면서 외손녀 로나(Rona), 차녀 모나(Mona) 그리고 외손자 데이빗(David)과 함께 살고 있으며, 교회에서는 영락 찬양단을 열심히 하고 있다. 특별히 곁에 살면서 아버지, 어머니 병간호하며 병원갈 때 너무 애를 많이 쓰고 있다.

3남매 가정이 1년에 한 번 정도 여행가는 일은 기다려지는 일이기도 하였다.

2014년에는 올림피아 마운틴을 거쳐서 캐나다 빅토리아 섬으로 갔었고, 2015년에는 어머니 8순이라고 하여 로스앤젤레스로 가서 아주 즐겁게 지내다 왔다.

6. 삼 남매의 글

1) 장남 형일

내가 생각하는 아버지와 어머니는 누군가?

나에게 아버지에 대해 묻는다면 한 단어로 정의할 수 있다. 그것은 "존경"이다. 아버님은 정말 참다운 목회자이셨다. 세상에 많은 목회자들이 내 앞을 지나가셨지만, 아버지만큼 내가 존경하는 목회자는 드물다. 할머니에게는 효자이기도 하셨지만, 내 마음에 떠오르는 것은 한 사람이라도 예수를 믿게 하기 위해 참으로 기도하시고 몸으로 뛰었던, 전형적인 1세 목회자이셨는데, 좌로도 우로도 치우치지 아니하시고 목회를 참 잘 감당하셨다.

지금은 서운하지 않지만, 옛날 내가 한참 어렸을 때, 아파서 집에 누워 있을 때에도 어느 교인 집에서 전화가 와서 다른 아이가 아프다 하면 두말 않고 나가셨던 아버지를 기억한다. 나의 초등학교 졸업식 때도 아버님은 졸업식장에 오시지 못하셨다. 대심방 기간이었기 때문이었다.

새벽 4시 반이면 어김없이 일어나 새벽기도를 준비하는 아버지의 모습이 아직도 기억이 선하다. 그 생활을 수십 년동안 꾸준히 해오셨다. 이렇게 열심히 목회를 하시면서도, 어렵게 시간을 만들어 천연동굴에 함께 다녀왔던 기억이 난다. 아마도 장남이라고 챙기신 것 같기도 한데, 어쨌든 처음으로 아버지와 땅 속에 있는 단양의 고수동굴 속을 여행했던 기억이 있다.

우리집 가훈은 "정직"이다. 아버지께서 정하셨다. 더 멋있는 말도 많은데 왜 이것으로 정했을까 하는 생각을 한 적이 있다. 어릴 때 몰래 아버지 해태저금통을 뒤집어서 동전을 꺼내어 과자를 사먹은 일이 있었다. 아버지가 뒤늦게 눈치채시고, "네가 했느냐?" 물으셨다. 난 아니라고 거짓말을 했는데, 이로 인해 하루 종일 싸리 빗자루로 매를 맞아 사흘을 앓아 누운 적이 있었다.

나중에 어머니께 들었는데, 아버지가 이 일로 몹시 우셨다고 했다. 몇 년이 지난 후에 그 일을 알게 되었는데, 이 일로 두 번 다시 남의 것을 넘보지도 않았지만, 아버지의 눈물 이야기를 듣고 "거짓말을 한다는 것"에 대해 다시 생각하게 되었다. 아마도 그래서 "정직"이라는 단어를 가훈으로 선택하신 것 같다. 아버지는 신실한 목회자이셨고, 나에게 말씀을 하실 때는 짧고 굵게 요점만 말하셨지만, 그 언어 속에서도 나를 사랑하신다는 것을 알 수 있게 하셨다. 나는 정말 나의 아버지를 사랑하고 존경한다.

어머니에 대해 어떻게 생각하느냐고 묻는다면, "기도해주시는 사람"이라고 하고 싶다. 장남인 나는 어머니의 사랑을 유난히 많이 받고 자랐다. 중학교 시절에 큰 일이 한 번 벌어진 적이 있었다. 남동생 도시락과 나의 도시락이 바뀐 사건이다. 내 도시락엔 흰쌀밥 밑으로 고기 한 점이 깔려 있었는데, 가난했던 그 시절에 어머님은 내 도시락에만 그것을 넣었던 것인데, 그만 탄로가 난 것이었다. 동생에게 무척 미안했다.

하지만 나는 어머님의 약간 편애하는(?) 일방적인 사랑을 느낄 수 있었다. 어머니와 왕십리 중앙시장에서 순대를 처음 먹었던 일이 생각난다. 그리고 우래옥이라는 설렁탕집에 가끔씩 날 데려가곤 하셨는데, 어떻게든 몸이 약한 아들을 건강하게 만들어보려고 하셨던 것 같다.

그러나 그 무엇보다 내가 감사하는 것은 나를 위한 기도를 평생해오셨고, 계속 하시리라는 사실이다. 몇 주 전에 법정에 불려간 일이 있었다. 살인사건을 판결하기 위한 배심원을 뽑는 자리인데, 500여 명이 모인 중에서, 마지막 32명 안에 들었는데, 최종 14명에는 들어가지 못했다. 배심원으로 선택된 사람들을 보니, 살인사건을 다루는 것이라 그런지, 집 안에 살인사건이 있었다거나, 친척들에게 그러한 일이 있었다거나, 혹은 범죄 기록이 오래 전에 있었던 사람들, 다시 말해 피고측과 원고측에 유리하게 쓸 수 있는 사람들을 뽑은 것인데, 나처럼 그런 경험이 전혀 없는 사람은 필요가 없었던 것이다.

이 일이 끝나고 가장 먼저 어머니를 생각했다. 어머니의 기도 때문에 그랬던 것이 아니었을까! 어머니는 나에게 기도로 나의 인생을 살아가게 하셨다. 앞에 나서지는 않지만 뒤에서 묵묵히 밀어주고 격려하시는 어머니. 어머니를 부르면 눈이 부시지는 않지만 찐한 사랑의 향기가 은은히 전해온다

2) 둘째 아들 형원

나의 부모님을 회고하며…

아버지는 예수님을 참으로 잘 믿는 목사님이시다. 아버지를 한 마디로 표현하라면 〈기도의 사람〉이라 하고 싶다. 그 당시에는 잘 몰랐지만 시애틀에서 학교 다닐 때 아버지께서는 매일 아침 사택 옆 교회에서 열심히 혼자 기도하시며 하루하루를 준비하셨는데, 늘 기도로 하루를 시작하시는 아버지의 모습이 나에게는 가장 인상적인 기억으로 남아있다.

아버지는 무슨 일을 하시던, 특히 목회는 생명을 걸고 하셨다. 110%의 노력과 말할 수 없는 눈물 그리고 땀으로 목회하시며 교인들을 사랑하셨다. 아버지께서 아마 서울에 계속 계셨으면 개인적으로는 더 좋으셨겠지만 자녀들을 위해 미국에 남기로 결정하신 것 같아서 나는 늘 감사하게 생각한다. 서울에선 아버지가 너무 바쁘셔서 아버지 얼굴을 자주 못 뵈었는데 미국에 와서는 함께 할 수 있는 기회가 많아져서 참 좋다고 느낀 적이 있다. 아버지도 사람이시므로 모든 면에서 완벽할 수

는 없으시겠지만 기도를 통해서 주께서 주시는 신념으로 사셨고, 지극히 교인들을 사랑하셨다.

시애틀 형제교회 사택에서 살 때 리노에서 가지고 온 카우치(소파)가 있었는데 매우 초라한 것이었다. "아버지. 그 카우치를 좀 바꾸시지요." 하니까 아버지는 "아직은 앉을만 하다." 그러시면서 매우 검소하게 사시려고 하는 것을 곁에서 보면서 '그런 것도 교인들에게 하나의 본을 줄 수 있겠구나!' 하는 생각을 했던 기억이 난다.

나는 아버지에게서 겸손과 사랑을 많이 느끼면서 성장했다는 생각을 종종 하곤 했다. 아버지는 기도하는 가운데 어려운 일이 있을 때마다 하나님께서 잘 이끌어 주셨던 것으로 아들 된 마음에서 많이 기뻤다. 하나님은 항상 신앙 안에서 정의를 위하여 설 때 그 편을 들어주셨던 것을 느낄 수 있었다.

어머니께서는 언제나 자상하시고 믿음이 강하신 분이시다. 리노(Reno)에서 형하고 함께 지내며 학교 다닐 때, 형이 직장에서 받은 돈도 떨어지고, 학교에서 장학금이 나오기 2주일이나 남은 시점에서 모든 돈이 바닥이 난 적이 있었다. 그때 친하다고 느끼던 친구들에게 생활비로 $100을 빌려 보려고 했으나 막상 부탁하려니 쉽지가 않았다. 하루를 굶고 나서 할 수 없이 어머니한테 전화하니 어머니가 목메인 소리로 왜 미리 얘기하지 않았느냐고 가슴아파 하시며 당장 $200을 보내주셨다. 그때 나는 친구와 부모님은 전혀 차원이 다른 관계임을 피부로 느꼈었다. 언제나 우리들에게 더 좋은 것을 주고 싶어 안타까워하시는 어머니의 모습이 항상 떠오른다.

어머니는 이웃을 사랑하라는 성경말씀을 진실로 실천하셨던 분이다. 아버지께서 시애틀 형제교회에서 처음 목회를 시작하실 때부터 아버지를 진심으로 잘 도와주는 교인이 한 분 계셨었다. 그런데 아버지가 은퇴하실 즈음에 어떤 의견차로 아버지를 몹시 힘들게 하셨다. 정말로 견디기 힘들 정도로 아버지를 반대했었다.

그런데 은퇴하시고 몇 년 후에 그 교인분이 선교하러 나가시게 되었는데, 그때 어머니께서는 그분에게 선교헌금을 보내시는 것을 보았다. 정말 사랑하기 힘든 분을 그리스도의 사랑으로 대하시는 어머니의 모습을 보면서 나는 크게 감동했었다. 어머니께서는 너무도 감동스러운 모습을 행동으로 직접 보여주셨기 때문이었다. 이후 그 교인분도 어머니의 사랑에 감동되어 오해를 푸시고 전과 같이 좋은 사이가 되셨다.

내가 처음 의사가 되고 한 때 경제적으로 어려움을 겪을 때가 있었다. 우리 부부는 결혼을 하고서도 7년 동안 아이를 갖지 못했었다. 어머니는 그때도 한결같이 내색은 안하시고 지켜만 보셨다. 그때에도 어머니는 늘 공평하셨었다.

그때는 아내도 같이 직장에 나가 일을 할 때였는데 집안일을 내가 도와주지 않는 것을 보시고 내게 "왜 둘 다 일하는데 새아이만 집안일을 시키냐? 너도 도와야 한다" 하셨다. 그 후 우리 부부의 첫아들 엘리엇(Elliott)이 태어나자 세상 누구보다도 기뻐하셨다. 아내는 시부모님에게도 잘 하였다. 그래서 내가 고맙다고 얘기하면 아내는 항상 환하게 웃으며 말한다. "아버님, 어머님이 너무 저에게 잘 해주시잖아요." 하고…

3) 딸 형미(Jenny Choo)

내게 비쳐주신 아버지를 기억하며…

내가 기억하는 아버지는 조용하셨지만 언제나 바쁜 분이셨다. 그리고 그 바쁨의 대상은 언제나 그렇듯 가족인 우리가 아닌 교회와 교인들이었다. 어린 시절 학교가 끝나 집에 돌아오면 늘 몸과 맘이 아픈 교인들 찾아다니시느라 심방중인 내 부모의 부재가 그 부재 땜에 항상 외롭던 딸의 마음만큼 깊이 내려앉아 날 기다리고 있었고, 언제부터인지 그런 외로움에 꿀꿀해지던 내 지독한 감성들은 미국에 와서 더 심해지신 아버지의 목회 생활 때문에 늘 피해의식 속에서 아버지를 미워하던 마음으로 점점 더 삐뚤어졌었던 것 같다.

교인들의 대소사는 늘 내 입학식이나 운동회 날, 그것도 아니면 한술 더 떠 졸업식날 빠짐없이 일어났었고, 처음 미국에 왔을 때 말조차 통하지 않아 더 스산하고 추웠던 고등학교 교정에서 변함없이 교회와 교인들 때문에 하염없이 내 픽업이 뒷전이던 아버지에 대한 기억이 내겐 참 버거웠었다.

숲속에선 숲을 바로 바라볼 수 없다고 했던가? 내가 그런 아버지를 이해하기 시작한 건 그런 아버지를 벗어나서였다. 결혼을 하면서 난 그토록 오매불망하던 "다른 교회"로의 진입에 성공할 수 있었고, 처음 그 진입은 상당한 신선함과 설레임으로 다가왔었다. 내 아버지랑 날 연결시키지 않는 사람들과의 만남이 새로 왔고, 난 날 모르는 사람들과의 새로운 접촉이 신기하기만 하던 시절…

내 아버지의 목회 생활이 얼마나 이 시대에 드문 귀한 것이었는지, 내 아버지가 얼마나 하나님 앞에 바로 선 사람이었는지를 깨닫기까지는 그리 오래 걸리지 않았었다.

그리고 난 알 수 있었다. 하나님을 향한 아버지의 그 치열한 믿음을 감사하며, 어느새 내가 그런 아버지를 점점 더 사랑할 수밖에 없었음을…

세상에 가장 가까운 자기 자식들에게 진실한 목사로 인정받을 수 있는 목회자가 이 세상에 몇이나 있을까…

평생 하나님과 그 분의 일을 위해 늘 겸손하셨고, 정의로우셨던 내 아버지…

그 믿음의 강직함을 난 진심으로 존경하고 사랑한다.

7. 끝 맺는 말

나는 2014년도 3월에 전립선암이 말기(수치가 39)에 이르고 임파선에 암이 전이가 된 것이 발견되었는데 담당의가 6개월에 한 번 씩 맞는 호르몬주사(4년까지 유효)와 음식조절이 중요하다고 하였다.

아내가 정문현 장로님에게 발이 넓으시니 러시아의 차가버섯을 구할 수 있느냐고 이메일로 문의하였는데 러시아는 방사선 관계로 안 좋다고 하면서 일본 오사카에서 나오는 후고이단이 좋은 데 그것을 복용해 보는 것이 좋겠다고 하면서 그것을 사서 보냈다. 로스엔젤레스에 지사가 있어서 그곳에서 보내왔다. 그런데 그것이 1개월 치 30병이 한 박스인데 가격이 $900이나 되는데 그것을 보내주었다. 그후 그것을 다 먹을 때 쯤 되면 비서를 시켜서 또 보내주었다. 그렇게 하기를 5개월을 보내주었다. 그리고 검사를 다시 하였는데 수치가 처음 진단 받을 때 39였는데 6정도로 내려왔다. 너무도 뜻밖이라는 생각이 들었다.

그런데 내가 폐렴으로 생사의 기로에서 헤매다 회생되었을 때 새벽기도 시간에 성령님께서 음성을 들려주신 후 제 2의 인생으로 산다고 매일 〈오늘 한 날도 살게 하시니 감사합니다.〉 하고 기도한다고 이미 말한 바가 있는데 이제는 언제 부르셔도 나는 이제 기쁨으로 갈 마음의 준비를 하고 있다.

하나님이 나의 생명을 얼마나 더 두시려는지 기도만 할 뿐이다.

처음에는 상황버섯과 차가버섯을 다려 먹다가 그 후에는 미슬토(mistletoe)를 다려서 차마시듯 음료로 마시기도 하였으나 이제는 음식으로 조절하는데 주력하고 있다.

이제는 80을 넘은지 몇 해가 지나가는 형편에 있어서 모든 면에 하나님께서 주신 축복이 우리 부부와 자녀들에게 넘치는 것을 항상 기뻐하면서 살아간다. 현재는 하나님의 크신 은혜로 큰 아들 식구, 둘째 아들 식구 그리고 딸네 식구들이 너무 우애가 좋아서 기쁘고, 그들이 안정되게 신앙생활을 잘하며 사는 모습을 곁에서 보며, 3남매가 음악을 잘해서 합창하는 모습이 그렇게 아름다울 수가 없다.

우리는 하나님께 무한한 감사를 드리며 〈바람은 불어도 즉 나의 걸어온 길〉 회고록을 마감하면서 하나님께 감사와 영광을 돌린다.

2부

외치는 소리

신문 게재 일부

후반부는 내가 은퇴한 후 지역 중앙일보와 한국일보에 10여 년간(현재 게재 중) 매주 게재하여 현재는 620회를 연재하고 있는 〈외치는 소리〉 내용의 135회 분을 여기에 실어서 제2부로 하였습니다.

미리 이해를 구하는 것은 글이란 띄어쓰기와 줄 바꾸기가 있어야 하는 것인데 본 내용들은 신문에 게재한 내용을 그대로 옮긴 것임을 양해하여 주시기 바랍니다.
한정된 신문란을 여유롭게 여백을 남길 수가 전혀 없었음을 미리 말해 둡니다.

신년

새해에 어떤 자세로 일할까?

어느덧 한해가 지나가고 새해가 왔습니다. 사람마다 새해에는 "뭘 해봐야지, 어떤 계획을 세워 봐야지…" 하고 새로운 계획도 세우고 색다른 설계도 해봅니다. 어디까지는 묵은해이고, 어디까지는 새해라는 것도 실은 사람들이 한계를 정해놓은 것입니다. 그러므로 사람에 따라 어떤 새로운 활동의 단안이 없으면 새해라고 해서 별 것이 아니고 무의미한 것으로 돌아가고 맙니다. 그러므로 우리는 어떤 자세로 새해를 맞이하여 일을 해야 하는가를 찾아보아야 하겠습니다.

우리 주위에는 먼저 대가만을 위해서 일하는 사람이 있습니다. 어떤 보상만을 위해서 일하는 사람이 있는데 이런 사람에게는 일이란 것이 축복이나 기쁨이 되기보다 무겁고 고통스러운 짐이 됩니다. 사람이 모든 일에 대가만을 바라고 일하게 되면 품꾼일 뿐인데 품꾼에게는 일이 고역이지 결코 기쁨이 될 수 없습니다. 일이란 하나님께서 인간에게 주신 선물임을 알아야 합니다.

또 의무에만 매여 일하는 사람이 있습니다. "싫든 좋든 이 일은 해야 돼" 하고 의무감에 사로잡혀 일하는 사람은 일의 기쁨을 맛보기 어려울 것입니다. 그러나 크리스천은 하나님을 위해서 일하는 사람입니다. 하나님을 경외하고 또 사랑하기 때문에 일하는 것입니다.

새해에도 많은 일들이 기다리고 있으며 또 많은 일을 해야 합니다. 그리고 이 모든 일을 즐겁고 감사한 선물로 알고 일해야 되겠습니다. 일이란 것은 마음가짐에 달려있어서 마음에 자세를 바르게 가져야 합니다. 세상에는 일을 하고 싶어도 일이 없어서 못하는 사람이 많습니다. 어떤 일이든지 일할 수 있다는 긍지와 자부심을 가지면 행복해질 수 있습니다. 하나님을 사랑하기 때문에 하나님이 하라고 주신 일을 좋아서, 기뻐서, 마음 깊은 곳에서 솟구치는 감격 속에서 이 한 해를 일하며 살기를 바랍니다.

새해의 새사람

다사다난했던 한 해도 완전히 넘어가고 희망을 품은 신년의 새해가 밝았습니다. 365일 중 52주간을 구슬에 꿰어보는 것처럼 생각할 때 첫 주간이 있습니다. 이 새해에 1년을 어떤 새로운 계획과 설계에 의하여 살아볼까하는 순간이요, 방향지표의 분기점이라고 할 수 있습니다. 사실 1월 첫 주간은 묵은해의 미비했던 처사를 거울삼아 고치고, 잘된 것을 되살려 보려는 것의 출발점이기도 합니다.

그러므로 새로운 변화의 생활이 필요합니다. 우리가 새해를 맞았다고 저절로 새 사람이 되는 것은 아닙니다. 새 사람이 되기 위해서는 그렇게 되도록 힘써야 합니다. 그렇게 하려는 사람에게 하나님도 도우십니다. 우리가 새해에 새 사람이 되려면 어떤 비결이 있어야 하지 않겠습니까? 그것은 내게 지나친 욕심, 이기주의, 나태함, 헐뜯는 마음, 원망, 불평, 시기, 교만, 거짓, 그리고 여러 가지 악행으로 가득 차 있는 잘못된 것을 고쳐야 합니다.

사람들 중에는 여러 가지 계획을 세우고 새 해에는 전과 달리 살겠다고 결심을 하는 이들을 보는 때가 있습니다. 그런데 그것을 실천을 못하고 또 한 해를 넘기는 경우가 많습니다. 물론 안타까운 일이라고 봅니다. 내가 아는 어떤 이는 자기에게 있는 나쁜 습관을 고친다고 나에게 매년 말하는 데 그 나쁜 습관을 못 고치고 해를 넘기면서 탄식만 합니다. 사람의 힘만으로는 고쳐지지 않습니다.

고치는 길은 예수님을 믿으므로 성령님이 그 사람의 마음을 서서히 고쳐주어야 합니다. 성경에 보면 "그러므로 누구든지 그리스도 안에 있으면 새로운 존재입니다. 옛 사람은 없어지고 새 사람이 된 것입니다." 하는 말씀이 있습니다. 진정으로 새 사람이 되기를 원하십니까? 누구든지 예수님 안에서만 살면 새 사람이 되는 축복을 받습니다.

새해의 계획

사람은 살아가면서 생각하며 살아야 합니다. 생각하는 사람이 살아남습니다. 생각 없이 사는 것은 삶이 아니라 생존일 뿐입니다. 이제 지난날에 대하여 자신을 점검해 보십시오. 인생의 흑자와 적자를 보살피지 않으면 내일을 기약할 수가 없고 발전을 할 수가 없습니다. 저녁에 그냥 잠자리에 들지 마십시오. 자신의 하루를 점검한 다음 눈을 감으십시오. 그리고 앞날에 대한 계획과 설계를 해보십시오. 나날이 향상하고 발전할 것입니다. 그러므로 매일 매일 점검하는 삶이 필요합니다.

새해를 맞으면서 사람마다 자기 형편과 사정에 맞는 계획을 세우야 합니다. 계획을 세우는 것은 권장할 만한 일입니다. 앞날에 대하여 아무 생각도 없이 되는대로 적당히 주먹구구식으로 사는 것 보다는 지난해를 비교해 보면서 1년 혹은 장기적인 청사진을 떠보는 것은 참으로 중요한 일입니다.

그러나 우리 인간이란 위치에서 생각할 점이 있습니다. 인간의 예지와 능력은 한계가 있다는 것은 엄연한 사실입니다. 모든 계획을 내가 혼자 다 할 수 있다는 것은 매우 어리석은 자만심임을 알고 자신의 한계를 살필 줄 아는 지혜가 필요합니다. 그러므로 계획을 세우고 실천해 나가는 실제에 있어서는 인간의 역사와 수레바퀴를 좌로 우로 돌리시는 전능자인 하나님을 모시고 해야 된다는 사실입니다.

신약성경 야고보서 4:13-14절에 어떤 사람이 도시에 가서 성공해보겠다고 자기의 지혜와 재능을 다하였습니다. 그러나 성경 본문은 하나님이 없이 저 혼자 하겠다고 계획을 세우는 일이 얼마나 어리석고 허망한 일인가를 깨우쳐 주는 내용입니다. 미지의 험난한 한해를 살 때에 하나님을 믿고 하나님과 의론(기도)하며 함께 계획을 세우면 그것은 지혜롭고 매우 현명한 처사가 될 것입니다.

1) 새해는 이렇게 삽시다

우리는 가만히 있어도 세월은 빨리 흘러서 또 새해가 밝아왔습니다. 새해가 되었으니 그래도 무엇인가 새롭고 변화되는 삶이 펼쳐져야 할 것이 아닙니까? "나이가 한 살 늘었다"고 기뻐하는 어린이, 또 "한 살 더 먹었네." 하는 무덤덤한 젊은이, "세월이 왜 이리도 빨리 가는지 모르겠어." 하는 노인들을 생각해 봅니다. 그냥 막연하게 '새해가 밝았군!' 하고 지나가지 말고 생각하며 결심하고 살아야 할 것입니다. 우리는 평범하고 보편적인 면에서 새해에 고치고 바르게 할 필요가 있다고 느껴집니다.

첫째는 용서하며 살았으면 좋겠다는 마음가짐입니다. '내가 누구와 무슨 원수졌나?' 하겠지만 전혀 의도하지 않았는데 상대방이 서운하게 생각하는 경우도 있고 또 나의 실수로 상대방을 섭섭하게 할 수도 있습니다. 용서받을 일도 생기고 용서해줄 일도 생깁니다. 먼저 내가 용서해주면 값진 삶이 됩니다. 성경 주기도문 중에도 "우리가 우리에게 죄 지은 자를 사하여 준 것 같이 우리 죄를 사하여 주옵시고"(마6:12) 하는 말씀을 음미해보면 매우 죄송한 느낌이 들 때가 있습니다.

둘째는 겸손하게 살았으면 좋겠다는 마음가짐입니다. 성경에 보면 하나님께서 교만한 자를 물리치시고 겸손한 자에게 은혜를 주신다는 말씀이 상당히 많이 나옵니다. 겸손은 그 만큼 귀한 것이지요. 마틴 루터를 존경하는 한 제자가 "선생님, 신앙인의 가장 기본이 되는 덕행이 무엇입니까?" 물었을 때 "첫째는 겸손이야" "그러면 두 번째는 무엇입니까?" "두 번째도 겸손이지, 그리고 세 번째도 겸손이야"라고 대답하였다고 합니다. 겸손에는 일반적인 나의 행동에도 겸손해야 하지만 신앙인 같으면 신앙의 겸손, 지식인 같으면 지식의 겸손이 필요합니다. 새해에 이렇게 살면 좋을 것입니다.

2) 새해는 이렇게 삽시다

지난 시간에 이어 셋째는 정직하게 살았으면 좋겠다는 마음가짐입니다. 물론 '내가 언제 정직하게 안 살았나?' 하고 자신을 의인의 반열에 놓기가 쉽지만 자신이 정직하게 살았나? 하는 것을 종종 살펴야 하는 것입니다. 처음부터 부정직하게 하는 사람도 있지만 일을 하다보니까 자기의 이익이나 이권 때문에 처음에 가벼운 마음으로 부정직하게 되는 경우도 있습니다. 전에 로스엔젤리스에서 나오는 방송을 들으니 한 교포가 사기를 쳤는데 24가지가 확정되면 감옥생활을 200년을 살 것이라는 말을 듣고 얼마나 불행한 사람인가를 생각해 보았습니다. 정직은 진실성을 말하는 것인데 교제를 하다보면 거짓말을 하거나 또 속이는 것을 보게 됩니다.

어떤 교회의 장로님이 아들 3형제를 잘 양육해서 후에 모두 훌륭한 대학교수가 되었습니다. 장로님과 성장한 자녀들의 세 가정이 모일 때마다 빼놓지 않고 하는 이야기가 있습니다. 세 아들이 어릴 때 일입니다. 아버지가 운전하고 어머니가 옆에 타고 아들 셋이 뒤에 타고 시골길을 달릴 때 오른편에 황량하게 넓은 깨밭이 나타났습니다. 어머니가 말했습니다. "여보! 잠깐만 차를 세워요. 깻잎 좀 따가지고 가서 된장에 넣어 먹읍시다." 차를 멈추고 5명이 깨밭에 들어가서 깻잎을 딴 후

가려고 할 때 아버지가 모두를 세우고 말했습니다. “남이 농사지은 깨밭에서 잎을 따가는 것은 도둑질이다. 사가야 한다.” 그는 지갑을 꺼내더니 그 당시 1000원짜리 한 장을 둘둘 말아 깨 나무에 붙들어 매고는 “가자”라고 말했습니다. 세 아들의 머릿속엔 평생 깨나무에 매달린 1000원짜리가 떠나지 않았습니다. 이들은 그 후부터 아버지처럼 정직한 사람이 되었습니다. 하나님은 언제나 정직하게 사는 사람을 가장 소중하게 여기시므로 언제 어떤 상황에서나 정직하게 살아야 합니다.

3) 새해는 이렇게 삽시다

지난 시간에 이어 넷째는 좋은 마음으로 선행을 하면서 새해를 출발했으면 좋겠다는 마음가짐입니다. 작은 일이라도 남을 도우며 사는 것은 참으로 좋은 일이 아니겠습니까? 나는 평소 돈을 준비했다가 길가에서 돈을 달라고 표지판을 들고 있는 이에게 돈을 자주 주는 편인데 한 번은 같이 타고 가는 이가 “그렇게 주는 것이 좋은 일만은 아닙니다. 저 사람들은 정부 돈을 타먹으면서 마약 같은 것을 해서 저런 짓을 합니다. 그러니 돈을 도와주는 것은 그들의 마약행위를 돕는 것이나 마찬가지입니다.” 라고 말합니다. 그 말이 맞는 말인지 몰라서 주려고 할 때 주저가 됩니다.

다섯째는 절제하며 살았으면 좋겠다는 마음가짐입니다. 절제란 말은 국어사전에 보면 “알맞게 조절함” 또는 “방종하지 않도록 자기의 욕망을 제어함”이라고 설명을 하였습니다. 연말연시를 맞으면서 쇼핑을 하는데 신용카드로 너무 과도하게 지출을 하여 부도가 나는 사람들을 보면 한심스러워 보입니다. 앞뒤를 보고 지출을 해야 될 것 아닙니까?

나는 미국 네바다주 리노에서 5년을 살면서 전후를 살피지 않고 도박을 하다가 집에 갈 여비가 떨어졌으니 도와달라고 찾아오는 한인들을 보았습니다. 절제란 너무도 중요한 것입니다. 절제는 〈물질〉에만 국한된 것이 아닙니다. 잠언 4:23절에는 〈감정의 절제〉를 말했습니다. 그리고 잠언 16장 32절에는 〈말의 절제〉를 말하였습니다. 어떤 사람은 주워담지도 못하는 말을 함부로 해놓고 후회만 하는 사람을 보았습니다. 필요한 말을 해야 할 때는 말하고 필요치 않을 때는 말을 아끼는 것이 지혜로운 사람입니다. 원하던 원치 않던 새해는 밝아왔습니다. 우리가 나 자신과 남을 위해서 이상의 말한 다섯 가지를 실천해 살 수 있다면 항상 하나님은 기뻐하십니다.

새해는 이랬으면

우리는 새해를 맞으면서 변화하는 과정이 필요하다고 봅니다. 물론 결심한다고 다 되는 것은 아니지만 안 하는 것 보다는 좋을 것입니다.

(1) 먼저 우리 자신에 대하여 좋게 변했으면 합니다. 좋게 변해야 할 내용은 정신적으로나 육체상으로 바르고 건전한 것을 말합니다. 악습을 고쳐 나가는 것은 누구에게나 필요한 것입니다. 도벽을 고치는 일, 질투하던 생각이나 헐뜯고 이간질하는 습성을 바로 잡는 일들은 누구에게나 다 변해야 할 일입니다.

(2) 이웃을 섬김과 남을 아끼는 사회를 만들었으면 합니다. 텍사스

지역에서 도요타 자동차 딜러가 "10일간 문을 닫지만 자동차 서비스는 계속합니다." 하는 안내문을 붙였다고 합니다. 나중에 알고 보니 같은 일본차인 닛산이 판매가 부진하여 판매 실적을 맞추려고 한다는 이야기입니다.

한국인은 세탁소가 잘 된다는 소문이 나면 몇 주 안에 한인 세탁소가 그 주변에 몇 개가 새워져 서로 실패한다는 말을 들은 때가 있습니다. 같은 동족으로 남을 협력하고 돕는다면 아름다운 동포 사회를 다른 민족들에게 보여줄 수가 있을 것입니다.

(3) 조국을 위하여 기도하는 해가 되었으면 합니다. 해외에 나와서 살면 조국에 대하여 애국자가 된다는 말이 있듯이 우리가 미국에서 고국의 뉴스나 신문을 볼 때 기쁜 때도 있지만 슬퍼하는 때도 많이 있습니다. 한국인들이 IT산업 같은 자랑스러운 일들을 볼 때에 대견하기도 하고 자부심도 갖게 됩니다. 그러나 날이 가면서 좌경화 되가는 소식을 들을 때마다 장차 조국의 방향은 어디로 가는 것일까? 하는 우려를 금할 수가 없습니다. 인간의 능력은 한정이 있습니다. 그러므로 이런 일들은 우리의 염려만으로 문제가 해결되는 것은 아닙니다. 그런 일은 인간의 모든 역사를 움직이시며 다스리시는 하나님께 온전히 맡기고 기도하는 일 뿐입니다.

모험하는 새 해

사람의 지식이 옛날보다 많이 진보하였습니다. 자연과학에 대한 지식을 비롯해서 인간 생활의 진보와 향상, 우주에 대하여 날마다 새로워져 가는 지식, 전자, 원자에 대한 과학의 지식 등등 많은 발전을 가져왔습니다. 이와 같이 인간의 이성과 지식이 최고도로 발달되어 가지만 장래에 관한 일, 내세의 운명, 얼마 후에 일어날 일들에 대하여서는 아무도 모릅니다. 이것만은 인생으로서 모르게 되어있습니다. 아무리 좋은 거짓말 탐지기가 등장하고, 일기예보가 정확해지고, 좋은 기계, 기술이 나온다 해도 앞으로의 되어질 일만은 모릅니다.

아무리 위대한 사람도 내일의 일어날 일은 모릅니다. 우리 앞에 기쁨이 생기겠는지 슬픔이 닥칠는지 재앙이 내릴는지 환난을 당할는지 그 밖에 어떤 일을 만날는지 아무리 공부해도, 아무리 찾아봐도 앞으로 일어날 일은 알 수 없는 미지의 세계일뿐입니다. 그러고 보면 우리 인간의 삶은 분명히 모험입니다. 우리가 하는 사업이 잘될는지, 사랑하는 우리 자녀들이 무슨 사고라도 없을는지, 우리의 가족이 어떤 변을 당하지는 않는지 뜻밖에 복된 일이 올런지 알 수 없습니다.

그러기에 우리가 사는 인간 생활은 길가는 것과 같으며, 길을 가되 낮에 가는 것이 아니라 캄캄한 밤에 가는 것과 같습니다. 그러므로 모험하는 새해인 것입니다. 슬픈 일, 재앙, 축복 등 어떤 일이 생길지 전혀 알 수가 없어요. 그러므로 인간은 장래에 대해 불안과 두려움을 느낄 수밖에 없습니다. 더욱이 현대는 그렇습니다.

사람은 연초를 맞을 때는 좋은 희망을 갖습니다. 한날을 잘 보내려고 하지만 순탄하지를 못하고 전혀 내 마음대로 되지 않는 것을 분명히 알아야 합니다. 그런 까닭에 매일매일 잠에서 깨여 나면서 모험하는 새해를 천지의 주재이신 하나님께 맡기며 살아갑시다.

새 해에 변화되는 삶

매년 새해는 밝아 옵니다. 어떻게 하면 우리가 새해에 변화될 수 있겠습니까? 누구든지 정신적인 면이나 사회적인 면에서 삶의 변화되는 모습을 발견할 수 있어야 합니다. 사람이 살면서 세월이 흐르다 보면 철이 들어 새 사람이 된다고 믿는 사람도 있습니다. 그러나 근본적으로 변화는 될 수가 없습니다.

심령의 변화는 하나님의 주시는 역사를 통하면 이룰 수 있습니다. 그것이 무엇입니까? 첫째: 내가 변화되려고 예수 안에서 노력을 해야 합니다. 새해가 되었다고 새사람이 무조건 되는 것은 아닙니다. 내가 새 사람이 되려고 관심을 가져야 합니다. 잘못될 때 신앙양심에 비추어서 '이렇게 해서는 안 되는데' 하고 통회하고 눈물 흘리며 고치려고 힘써야 합니다.

둘째: 하나님의 심판을 믿고 두려운 마음으로 살아가야 합니다. 하나님 앞에서 다 심판을 받을 것인데 '내가 이렇게 해서 되겠는가? 이렇게 하다가는 천국보다 지옥에 가지 않겠는가?'하는 마음을 항상 가져야 합니다.

셋째: 성령의 도우심을 믿어야 합니다. 성령께서는 강제로 하시지 아니 하고 스스로 순종하게 하십니다. 끝까지 불순종하는 자에게서는 성령은 떠나십니다. 성령께서 이끌어 주심을 믿고 기도할 때마다 회개하

고 도우심을 구하면 정령 변화된 사람이 됩니다. 얼마동안을 믿다가 부름을 받아가던지 내 심령이 변화를 받아서 예수님 믿고 구원의 반열에 분명히 서야 합니다.

금년은 우리가 다 같이 마음속에 주님의 주시는 말씀을 가득히 채워 그대로 살기를 바랍니다. 거듭나라고 했으면 거듭나고, 교회생활 잘 하라고 했으면 교회생활 잘 하고, 기도하라고 했으면 기도하고, 성경을 읽으라고 했으면 성경을 읽고, 전도하라고 했으면 전도하며 깨닫는 대로 새해에 변화된 삶을 산다는 것은 누구에게나 큰 축복입니다.

밝아 온 새 해

새해 새 날이 밝았습니다. 새해에 하나님의 새로운 축복이 독자 여러분 가정 위에 함께 하시기를 기원합니다. 가만히 생각해 보면 이 세상의 모든 것은 변하고 있습니다. 또한 변하되 빨리 변하며 근본적으로 변하고 있습니다. 어제의 원수가 오늘의 우방이 되고 어제의 우방이 오늘의 원수로 바뀌지 않습니까? 특히 현대를 살아가는 우리들은 너무 많은 변모와, 터전이 흔들리는 변화를 경험하며 살고 있습니다.

요사이에 와서 새롭다는 "새"소리가 많이 나옴을 봅니다. 새 조류, 새 사람, 새 세계관, 새로운 인생의 출발이라 하는 등등의 말을 많이 듣고 있습니다. 아마도 이 시대가 새롭게 변모해가는 양상을 보아서 여러 가지로 말하는 줄 압니다. 또 오늘의 시대를 새 시대라고 말을 자주 하는 것을 듣습니다. 이 새 시대란 과학혁명 시대의 큰 변화를 가지고 와서 이렇게 이름지어 부릅니다.

우리가 들을 수 있는 산업혁명이란 것은 다른 것이 아닙니다. 18세기에 이르기까지 공업의 방법과 기술은 중세기부터 내려오는 가내수공업의 정도를 크게 벗어나지 못했습니다. 그러나 18세기 이후-19세기에 걸친 약 1세기 동안 새로운 활동과 기계의 발명을 계기로 하여 자본 세력의 지배 밑에 공업생산 전반에 커다란 변화를 일으켜 종래의 손으로 하는 정도의 수공업적(手工業的)인 소규모의 생산으로부터 대량생산의 공장제 기계공업으로 전환되어 갔습니다. 이것이 이른 바 산업혁명이란 것입니다.

일반 동물과 달리 하나님께서 사람만은 하나님의 형상을 닮게 하셨습니다. 이 말은 하나님께서 인간만이 발전하고 나갈 수 있는 지능을 주셨다는 말씀입니다. 그러므로 인간은 하나님을 바로 알고 살아야 계속적인 축복을 내려 주십니다. 새해를 새로 맞으면서 하나님을 믿고 나갈 때 앞날의 계속적인 발전을 기대할 수 있습니다.

보석 같은 말씀들

새해를 맞으면서 이 세상을 살아가는 우리들에게 주는 보석같은 좋은 금언의 말씀들을 참조하시기 바랍니다. 성경의 잠언과 시편에는 우리 일상생활에 유익한 교훈과 처세에 대한 값진 말씀들이 많습니다. 성경에서 몇 가지 말씀들을 모았습니다.

지혜로운 아들은 아버지를 기쁘게 하지만 미련한 아들은 어머니의 근심거리이다.

말이 많으면 허물을 면하기 어려우나 입을 조심하는 사람은 지혜가 있다.

미움은 다툼을 일으키지만. 사랑은 모든 허물을 덮어 준다.

교만한 사람에게는 수치스러움이 따르지만, 겸손한 사람에게는 지혜가 따른다.

정직한 사람의 옳은 행실은 그를 구원하지만, 부정직한 사람은 제 욕심에 걸려 넘어진다.

의인은 재난에 빠져도 구원을 받지만, 악인은 오히려 재난 속으로 빠져들어간다.

의인이 잘 되면 마을이 기뻐하고 악인이 망하면 마을이 환호한다.

남에게 나누어 주는데도 더욱 부유해지는 사람이 있는가 하면, 마땅히 쓸 것까지 아끼는데도 가난해지는 사람이 있다.

정직한 사람이 축복하면 마을이 흥하고, 악한 사람이 입을 열면 마을이 망한다.

의인의 입술은 많은 사람을 먹여 살리지만, 어리석은 사람은 생각없이 살다가 죽는다.

어리석은 사람은 자신의 행실만이 옳다고 여기지만, 지혜로운 사람은 모욕을 참는다.

함부로 말하는 사람의 말은 비수 같아도, 지혜로운 사람의 말은 아픈 곳을 낫게 하는 양약이 된다.

진실한 말은 영원히 남지만, 거짓말은 한 순간만 통할 뿐이다.

악을 꾀하는 사람의 마음에는 속임수가 들어 있지만, 평화를 꾀하는 사람에게는 기쁨이 있다.

부지런한 사람의 손은 남을 다스리지만, 게으른 사람은 남에게 부림을 받는다.

이렇게 좋은 말씀이 성경에는 너무도 많습니다. 하나님의 말씀으로 이 험한 세상을 지혜롭게 살아갑시다.

새 포도주는 새 부대에

원하던 원하지 않던 새해는 우리 앞에 찾아왔습니다. 그래서 1년을 새 희망과 포부로서 우리 가슴에 안고 큰 기대와 계획을 갖게 됩니다. "사람은 속아서 산다."고 하는 말과 같이 사실 인간은 희망에 속아 사는 일이 너무 많습니다. 그래서 사람들은 대개가 새해를 맞을 때 새로운 희망을 결심합니다.

이것은 보통 사람의 생각으로 당연히 가져 볼 만한 일입니다. 이 환난 많은 세상에 있어 사람은 누구나 기회를 잡아서 자기와 자기 주변의 일을 좋게 개선하려고 계획합니다. 그리하여 해가 바뀔 때마다 최선의 1년이 되기를 바라고 있습니다. 지난날에는 부족했다 하더라도 금년만은 전보다 좋은 1년이 되기를 소원합니다. 실로 희망을 품는 것만으로도 흐뭇한 새해 벽두가 아니겠습니까?

오늘은 신약성경 누가복음 5:36-39절에 있는 예수님의 말씀을 보면서 "새 포도주는 새 부대에 넣으라."는 내용을 중심으로 살펴보려고 합니다. 성경의 내용은 신약의 은혜와 구약의 의식이 합할 수 없음을 설명하였습니다. 바리세인이 주장하는 구약의 의식주의와 예수님께서 교훈하신 신약의 복음주의는 아주 다른 것을 의미합니다.

예수님은 이 사실을 비유로써 생베가 낡은 옷에 합할 수 없고 새 포도주를 낡은 가죽 부대에 넣으면 낡은 가죽부대는 터지고 만다는 것을 설명하였습니다. 요약하면 예수님께서 가져오신 새 생활과 전날에 살던 낡은 생활과 합치가 되기 어려운 것을 가르친 것입니다. 예수님의 복음적 말씀의 중심은 사랑을 통하여 변화시키고 개혁하는 사상입니다. 이것이 새 부대를 비유한 것입니다. 새 포도주는 새 부대에 넣으라는 말씀은 낡은 가죽부대가 이 사랑의 말씀을 감당하지 못하게 되므로 새로운 심령으로 변화되어야 한다는 말씀입니다.

새것을 좋아하세요?

사람들은 새롭고 깨끗한 것을 좋아합니다. 이런 우스운 이야기가 있습니다. 어느 날 일본 사람, 한국사람, 중국사람 셋이서 "우리 중에 누가 냄새나는 저 더러운 돼지우리에서 제일 오래 견디나? 시험을 하자"고 했답니다. 세 사람이 돼지우리 안에서 한 참 있더니 먼저 "아이고 못 견디겠구먼!"하고 일본사람이 뛰쳐나오더래요. 그 다음에는 한국 사람이 또 뛰쳐나오더래요. 조금 있으니까 돼지가 뛰쳐나오면서 "정말 못 견디겠구먼!" 하고 나오더랍니다. 아마 "옛날에 중국인이 옷 한 벌 가지고 빨아 입지 아니하고 일 년 내내 입어서 더러웠다"는 이야기를 빗대서 한 말인 줄 압니다. 중국 사람들이 들으면 몹시 화낼 이야기지요.

사람은 깨끗하고 새것을 원합니다. 겉으로 보기에 깨끗한 것을 원합니다. 그러나 하나님은 겉보다도 속으로 깨끗한 것을 원하십니다. 사람의 마음속에는 무엇이 있는지 아세요? 로마서를 보면 (롬1: 29-32) "불의, 악행, 탐욕, 악의, 시기, 살의, 분쟁, 사기, 적의, 수군거림, 중상, 미워함, 원망, 오만, 자랑, 모략, 부모를 거역, 우매함, 신의가 없는 자, 무정한 자, 무자비한 자"는 사형감이라고 하였습니다. 그런데 현대인들은 이런 것만 채우면서 만사는 잘 해결되고 성취되는 줄로 알지만 그 결과는 더 비애와 괴로움이 오는 것입니다.

참으로 새것을 좋아하십니까? 예수를 내 마음에 모시어 보세요. 그러면 전에 예수를 모를 때에 살던 불결한 행동이며 상상하기도 싫은 방탕의 생활양식이 얼마나 불행하다는 것을 알게 됩니다. 이제 이전의 낡은 생활을 자주 한 번씩 깊이 살펴보면서 묵은해와 함께 다 버리십시오. 그래서 하나님을 모시고 깨끗하고 새로운 삶을 시작하여 영원한 소망 가운데서 하나님이 주시는 큰 축복을 받으시기 바랍니다.

세월을 아끼는 사람

성경 에베소서 5:16에 "세월을 아끼라 때가 악하니라."라는 말씀이 있습니다. 그러므로 허송세월을 해서는 안 되며 시간을 아낄 줄 알아야 합니다. 청년 시절엔 하루는 짧고 한해는 깁니다. 노년 시절엔 하루는 길고 한 해는 짧습니다. 청년은 희망의 그림자를 가졌고, 노인은 회상의 그림자를 가졌습니다. 노인은 세월이 빠르다고 말하고, 청년은 앞길이 창창하여 느리다고 말합니다.

시간을 잘 택하여 쓸 줄 아는 사람은 시간을 절약하는 기술을 아는 사람입니다. 세상에서 제일 좋은 자본은 바로 시간이라는 자본이에요. 시간은 금전보다 귀한 것입니다. 그러므로 누구든지 시간을 낭비하는 것은 곧 금전을 낭비하는 것과 같아서 많은 세월을 허무하게 보내기 쉽습니다. 시간을 잘 활용하는 사람은 언제나 생활의 유익을 얻는 사람이지요. "밤이 오리니 그때는 아무도 일할 수 없느니라."는 말씀이 있습니다. 그러므로 성경 말씀대로 인생의 밤이 오기 전에 시간을 아끼며 일을 하면서 살아야 합니다.

어떤 사람의 시간 소모량을 배정해본 글을 읽은 일이 있습니다. 그것을 참고로 소개합니다. 인간 수명을 전에는 70이라고 했는데 이제는 평균수명이 길어져서 90이라고 하면 약 25년은 잠자는데 쓰고, 30년은 일하는 데 쓴답니다. 그리고 10년은 먹는데 쓰고, 8년은 휴식하고 노는데 쓰고, 5년은 옷 입고 화장하고 몸 만지는데 쓴다고 해요. 그리고 2년은 전화하고 편지 쓰는데 쓰고, 5년은 부부생활에 쓰고 1년은 누구를 기다리는데 쓴답니다. 또 1년은 멍하니 아무 것도 하지 않는데 쓰고, 2년은 남을 위해 봉사하는데 쓰고 나머지 1년은 남을 흉보거나 잡담하는데 쓴다고 합니다.

그렇다면 우리가 어떻게 세월을 아끼며 살 수 있습니까? 누구든지 세월의 소중함을 알고 이것을 영원토록 변하지 않는 하나님의 진리의 말씀을 따라서 값지게 살면 세월을 아끼는 사람이 됩니다.

1) 하나님께 맡기며 삽시다.

희망찬 한 해가 밝아왔습니다. 생활면으로 영적으로 풍성한 한해가 되기를 기원합니다. 믿는 사람들의 습관은 아침에 일어나서 기도하고 저녁에 잠자리에 들 때 기도합니다. 길을 떠날 때와 도착했을 때 기도합니다. 집을 짓기를 시작할 때 예배드리고, 완공할 때 예배드리고, 사람이 태어난 후 생일 예배를 드리고 사람이 죽었을 때 장례 예배를 드립니다. 이것은 말하자면 시종을 하나님께 맡기는 습관입니다.

많이 듣는 말로 옷의 첫 단추를 잘 끼워야 옷을 잘 입을 수 있다고 하지 않습니까? 첫 단추를 잘못 채우면 많이 끼운다고 해도 헛수고가 됩니다. 왜냐하면 다 풀어서 다시 끼워야 하기 때문입니다. 그래서 새해 첫 출발은 매우 중요합니다.

새해를 맞는다고 하는 것은 새로운 가능성을 받으므로 기쁜 일이고, 미지의 세계를 향하여 나간다고 하는 점에서 불안하기도 합니다. 사람에게는 심기일전(心機一轉)이라는 말이 있는데 이것이 필요합니다. 하나님이 창조하신 시간 자체는 어떤 매듭이 없이 영속적으로 나가지만, 사람이 시점을 매겨 연말이니 연시니 또는 연초니 하는 것은 어떤 전환점, 새 출발이 필요하기 때문입니다.

먼저 사람의 계획과 하나님이 성사시키는 일을 생각해 보아야 합니다. 하나님은 인간에게 두 가지 축복을 주셨습니다. 하나는 과거를 잊어버리게 하는 축복이고 또 하나는 미래를 모르게 하신 축복입니다. 과거를 잊지 않고 다 기억한다면 뇌에 이상이 생기거나 미쳐버릴 것입니다. 그러므로 작년에 실패했던 것, 불쾌했던 것, 죄책감 모두 이 희망의 새아침에 흘려보내야 합니다. 과거는 잘했던 못했던 이미 "하나님의 결재"가 난 것입니다. 바울처럼 이제 미래를 향해 달려가야 하겠습니다. 빌립보서 3:13-14절에 "뒤에 있는 것을 잊어버리고 앞에 있는 것을 잡으려고 푯대를 향하여 좇아가노라"라고 하였습니다.

2)하나님께 맡기며 삽시다.

(계속) 하나님은 또 인간에게 미래를 모르게 해 주셨습니다. 박사 학위도 받기 전 석사 학위를 받고 죽을 것을 미리 안다면 어떤 이가 학위를 생각하여 밤새워 공부하겠습니까? 풍랑 만날 줄 알았다면 누가 출항하겠습니까? 그러나 하나님이 인간을 위해 미래를 모르도록 배려하셨으니 계획도 세우고 모험도 하게 되는 것입니다. 하나님이 아무리 성사시켜 주시고 싶어도 인간이 계획해서 일하지 않으면 하나님은 성사시켜 주시지 않습니다. 그래서 사람은 늘 꿈을 꾸며 계획도 세웁니다. 사람은 새해를 맞을 때마다 늙어가는 것이 아니라 성숙해가는 것입니다.

달란트 비유에서 한 달란트 받은 종의 잘못은 장사를 시작하지 않은 것입니다. 일을 착수하지 않은 것입니다. 일을 착수하지 않은 이유는 믿음의 부족, 용기의 부족, 후하신 주인을 각박한 주인으로 오해하였기 때문입니다. 용기의 부족은 불신앙과 통하고 있습니다. 믿음이란 시작하는 것, 착수하는 것, 시도하는 것, 경영하는 것과 통합니다.

미국의 링컨 대통령은 노예해방을 위해 7년 동안이나 남북전쟁을 치렀지만 많은 희생자를 내게 되자 참모들과 함께 고민에 빠졌습니다. 그때 한 참모가 "각하, 하나님이 우리편에 서계시다면 얼마나 좋겠습니까?"라고 말하자 링컨은 "나는 하나님이 내 편에 계신가에 대해 염려하지 않고, 내가 하나님 편에 바로 서있는가를 염려하오."라고 말했습니다.

사람들은 하나님을 자기편에 끌어오기만 바라며, 자신이 하나님 편에 서있는가는 전혀 생각하지 않습니다. 왜냐하면 계획과 경영은 사람이 할 지라도 최후의 결재는 하나님이 하시는 것입니다. 우리가 새해에는 나 자신의 지혜와 총명을 의지하지 말고 심령을 감찰하시는 하나님 앞에 겸손한 자세로 모든 것을 여호와께 맡깁시다.

3) 하나님께 맡기며 삽시다.

새해에는 흘러가는 시간을 방치해 버리지 말고 잘 붙잡아서 '나의 시간'이 되게 하고 우리가 붙잡아 요리할 수 있는 자료가 되게 해야 하겠습니다. "모든 계획은 사람이 세우지만 말의 응답은 여호와께 있다."고 하였습니다. 잠언 16:3절을 보면 "너의 행사를 여호와께 맡기라 그리하면 너희 경영하는 것이 이루리라." 얼마나 우리 피부에 닿는 은혜롭고 감사한 말씀입니까? 그런데도 사람들은 맡기려하지 않습니다.

새해에는 믿고 분명히 맡겨 보십시오. 그러면 반드시 하는 일을 성공적으로 이루어 주실 것입니다. 또 9절에 "사람이 마음으로 자기의 길을 계획할지라도 그 걸음을 인도하는 분은 하나님이시니라." 하였습니다. 무엇을 해야 하겠다고 계획은 본인이 세워야 합니다. 물론 경험 있는 이에게 자문을 받을 수 있습니다. 그러나 마지막 결정타는 본인이 내리는 것입니다. 중요한 것은 결정하고 이루어나가는 과정이 문제입니다. 이런 어려움, 저런 생각지 않았던 난제들이 다가올 수 있습니다.

그러므로 "그 걸음을 인도하시는 분은 하나님이시라" 즉 하나님이 과정을 선하고 형통한 길로 이루어 주시겠다는 말씀입니다. 하나님께 맡기며 살아봅시다. 루터는 종교개혁의 대업을 수행할 때 4시간씩 기도하면서 "하나님, 이 대업을 꼭 이룰 수 있게 도와주옵소서!"하지 않고, "하나님, 이 일이 하나님의 뜻에 맞는 일입니까? 혹 나의 영웅심이나 성취욕을 위한 투쟁은 아닙니까?"하고 기도하였습니다. 하나님과 연합한 사람을 누가 감히 쓰러뜨릴 수 있겠습니까? 그 누구도 하나님에 의한 계획을 막을 자는 없습니다. 누구도 하나님께 모든 것을 맡긴 사람에게는 당해낼 수 가 없습니다. 올해 1년 동안 모든 것을 하나님께 맡기며 사는 청취자가 되기를 바랍니다.

한 해는 가고 새 해는 오고

우리는 언제나 한 해를 보내고 새 해를 맞게 됩니다. 한 해의 실패를 남에게 넘기지 말고 자신이 책임감을 느끼며 새해를 맞아야 합니다. 우리는 매사에 좌절하지 말고 더욱 열심히 연마해야만 새해에 성공의 고지에 오를 수 있는 것입니다. 부단히 자기 개발이나 업무에 관심을 기울여야 합니다.

빌 게이츠는 세계적인 부자입니다. 알다시피 그는 컴퓨터 산업을 통해서 거대한 부를 쌓았습니다. 그렇다면 어떻게 해서 그의 컴퓨터 산업은 세계를 지배하게 되었을까요? 이 질문에 빌 게이츠는 지난 십몇 년 동안 다음과 같이 질리도록 답변했습니다. "나는 10대 시절부터 세계의 모든 가정에 컴퓨터가 한 대씩 설치되는 것을 상상했고, 또 반드시 그렇게 만들고야 말겠다."고 외쳤습니다. 그것이 그의 성공시작입니다.

스물세 살 청년시절, 에이브러햄 링컨의 꿈은 대통령이 아니었습니다. 그는 오직 〈존경받는 삶〉을 살겠다는 '단 하나의 결심'을 실천에 옮기고자 노력했을 뿐입니다. 그 결과 그는 가장 존경받는 미합중국 대통령이 되었습니다.

세상에는 결심을 가진 사람과 그것을 갖지 못한 사람이 있습니다. 만물의 영장인 사람은 자신의 삶속에서 하나님을 모시고 모든 일을 시작하는 것은 만물의 영장인 사람만이 하는 것입니다. 교회에 나오는 신앙인들 중에도 하나님 없는 시작이 얼마나 많습니까? 하나님 없는 화려한 행사계획, 하나님 없는 사업 성공 계획, 하나님 없는 결혼 계획, 하나님 없는 여러 계획들이 얼마나 많습니까? 모든 시작의 근원은 하나님이어야 합니다. 무슨 일이든지 하나님께 기도하며 아뢰고, 성경에 묻고, 하나님의 사람에게 묻고 시작할 때 모든 일생을 하나님께서 그 결실에 이르기까지 전폭적으로 책임져 주신다는 것을 믿고 하나님께 새해를 맡기며 사시기 바랍니다.

인생

신념의 사람

인간 생활에 있어서 신념은 매우 중요합니다. 신념의 사람이 되려면 먼저 정의에 대한 확신이 있어야 합니다. 아무 것이나 무조건 그것이 제일이라고 하는 것은 위험한 일입니다. 무엇이나 거기에 대한 정의를 확인해야 합니다. 그리고 분명히 이것이 정의라고 알고 났을 때에는 거기에 대한 분명한 신념이 있어야 합니다.

스코틀랜드의 종교 개혁자 존 낙스가 개혁 운동을 할 때 그의 잘 아는 사람이 찾아와서 낙스더러 말하기를 “온 세상이 다 당신의 종교개혁을 반대합니다.” 이것은 낙스에게 있어서 청천벽력과 같은 소리였습니다. 그러나 다시 깊이 생각하고 난 낙스는 조금의 동요도 없이 “그러면 나는 온 세계를 반대하노라”고 하였습니다. 신념의 사람이란 정의를 위하여 모든 두려움을 이기며 대항해가는 것입니다. 낙스의 부동하는 신념은 많은 사람들에게 교훈을 주었습니다.

그리고 신념의 사람이 되려면 의지를 굳게 가져야 합니다. 이렇게 저렇게 흔들리는 것은 거기에 대한 신념이 없어서입니다. 정치가가 신념이 없을 때 국민은 불안하고, 군인이 신념이 없을 때 그 국방은 무력합니다. 오늘날 나라마다 신념의 사람을 기대합니다. 교육계가 신념의 사람을 원합니다. 인간은 위대하면 할수록 자기의 신념하는 바가 큽니다. 오늘날과 같이 불안과 공포의 연속 속에서 시험과 유혹이 항상 우리를 따릅니다. 하나님은 오늘도 우리와 같이 계시고 하나님 우편에 계셔서 우리를 도와주십니다. 이런 하나님을 믿는 신념의 사람은 캄캄한 세상이라도 걸어갈 수 있고 내일을 몰라도 절대 불안하지 않습니다. 독자는 분명히 하나님을 믿는 신념의 사람으로 영원한 소망을 갖기 바랍니다.

외로운 사람

사람이 이 세상을 살아가면서 지난 날 불미스러웠던 자기의 과거를 다른 사람이 알게 될 때 경원시 하게 되고 배우자로 생각하고 사귀던 사람은 상대의 과거를 알게 될 때 자연히 손을 끊게 됩니다. 이리하여 자신을 비관하게 되어 외로움을 느끼게 됩니다. 교도소를 출감한 사람이 새 마음으로 살아보려고 단단히 결심하고 사회에 나와서 무슨 일을 해보려고 어떤 직장을 찾아보려 하지만 그 사람의 과거를 아는 기업주들은 채용을 하지 않으니 새롭게 살아보려고 하다가 마침내는 다시 범죄의 소굴로 찾아 들어가게 됩니다.

그러한 면에서만 아니라 선하고 평범한 면에서도 자신이 인정을 받지 못하고 한숨 쉬는 사람들이 많이 있습니다. 젊은 미망인이 부부 클럽에 과거에는 자연스럽게 나갔으나 남편이 먼저 떠난 후에는 부부 모임에 갈 마음이 없어집니다. 오지 말라고 하는 것은 아니나 내가 스스로 외로움을 느끼며 자연스럽게 합류하기가 주저되기 때문입니다. 직장에서 은퇴한 분들이 내 정열을 쏟던 직장에서 형제같이 친하게 지내던 사람들이지만 현직에 있는 사람들이 모이는 모임에서 오라고 하여도 빠지게 됩니다. 그래서 외로움을 느끼게 됩니다.

사람이 살아가는데 필요한 요소가 있습니다. 즉 다른 사람이 믿어 주는 일, 다른 사람이 찾아와 주고, 다른 사람이 가까이하여 가슴에 담긴 이야기를 토로할 때 받아 주는 일, 그 마음에 괴로운 일, 기쁜 일을 같이 이야기 할 수 있는 상대가 있어야 사람은 행복합니다. 인간 세상에서 버림받은 윤락녀, 출소자, 부모 잃은 고아, 가족 잃어 슬픔에 있는 사람, 황혼 길에서 소외감과 허전함을 느끼는 이 모든 사람들에게 예수님은 오늘도 "무거운 짐 진 사람들은 다 내게로 오라"고 하십니다. 예수님께로 오십시오.

행복을 바로 아는 사람

세상에 사람이 그렇게 많아도 얼굴이 다 틀리는 것처럼 살아가는 삶의 양상도 다 다릅니다. 짧은 일생을 사는 동안 어떤 사람은 넉넉하게 살고, 어떤 사람은 아주 가난하게 살다가 평생을 마치기도 합니다. 어떤 사람은 많은 가족 속에서 복잡하게 살고 어떤 사람은 이민 와서 저녁 바다의 갈매기처럼 외로이 살아가기도 합니다. 어떤 사람은 큰 탈 없이 늙으며 어떤 사람은 줄곧 건강이 나빠서 병상에 누워 일생을 보내기도 합니다. 40세도 못 채우고 짧은 삶을 살다가 가는 사람이 있는가 하면, 90을 넘기는 장수한 수명을 살다가는 사람도 있습니다.

그러나 어떤 환경, 어떤 직업, 어떤 조건, 어떤 처지의 인생을 막론하고 모든 사람이 생각하는 공통점이 있습니다. 그것은 행복의 추구입니다. 그러므로 "우리가 어떻게 사는 것이 행복한가?"를 알 필요가 있습니다. 현대의 삶의 축복을 음미할 줄 모르는 사람은 평생 불행하고 장래도 암담합니다. 운동선수가 경기에서 이겼을 때 물론 행복감을 가지는 것이 사실이지만, 유니폼을 입고 흰줄이 새로 쳐진 경기장에 나가서 시작하는 호각을 기다릴 때 제일 흐뭇하고 행복감을 느낀다는 것입니다. 사람이 결혼했을 때, 아기를 낳았을 때, 아이의 성적이 올랐을 때, 새집을 샀을 때, 좋은 직장을 얻었을 때만 행복하다면 죽는 날까지 행복의 기회는 열 손가락으로 셀 정도밖에 안 될 것입니다.

그러므로 삶의 방향을 바꾸어야 행복의 지평선이 열립니다. 행복을 바로 찾는 사람은 평소에 즐거운 마음을 가지고 사는 사람입니다. 행복을 바로 아는 삶으로 살아가려면 그는 언제, 어디서나 변하지 않은 목표를 정해야 합니다. 이 세상의 모든 상황은 항상 변하기 때문에 신앙인이라면 먼저 하나님께 감사하면서 살아가는 것입니다. 하나님께 감사하면서 사는 사람은 벌써 행복의 첫 문에 들어선 사람입니다. 왜냐하면 세상 것은 너무 변하기 때문에 영원하신 하나님의 장중 안에서 모든 것을 찾아야 합니다. 하나님 안에서 산다면 영적으로 매우 풍요로움을 느낄 뿐만 아니라 평생의 행복을 바로 아는 사람으로 살게 됩니다.

남의 일을 즐거워하는 사람

우리는 나 자신을 위해서 살지만, 남을 위하고 남의 마음이 기뻐할 줄 아는 것을 보는 도량이 또한 필요합니다.

유명한 백화점 왕인 존 워너메이커(John Wanermaker)가 처음 가게를 필라델피아에서 시작할 때에 한 번은 아주 구하기 힘든 희귀한 물건을 주문받게 되었습니다. 워너메이커는 미국 안에서는 구할 수 없어 영국 런던에 주문을 하였습니다. 런던에서도 구하기 힘들어 여러 군데 다른 지역에 연락을 해서 오랜만에 선편으로 도착하였을 때 그 물건을 받아들고, 워너메이커는 자기 자신의 물건처럼 들여다 보고 또 들여다 보고 마음으로 기뻐하며, 주문한 사람에게 2백 마일 되는 먼 길을 직접 배달하여 그 고객을 놀라게 했다는 것입니다.

워너메이커는 이런 말을 하였습니다. "저는 손님이 기뻐하는 얼굴을 보는 것이 제 보람이고 저의 큰 기쁨입니다." 손님의 기쁨을 위하여 기쁜 마음으로 편지를 써서 주문하고, 기쁜 마음으로 기다리며, 기쁜 마음으로 물건을 받고, 기쁜 마음으로 배달하는 존 워너메이커는 남이 기뻐하는 마음을 자기가 기뻐하는 것보다 더하므로 그는 훗날 백화점 왕이 되었습니다. 사촌이 땅을 사면 배 아프다는 사람의 심사와는 근본적으로 다른 것이지요. 다른 이들이 내게 베풀어준 것들이 비록 대단하게 큰 것이 아니라 할지라도 그것에 대해 감사함을 표현하는 방법을 유지하면서 대화하며 살아간다면 나의 삶이 놀랄 만큼 바뀔 것입니다.

두 사람 이상이 모여 사는 것을 사회생활이라고 합니다. 사회생활을 해나갈 때에 언제나 사람을 만나서 이야기하며 살아갑니다. 남의 일을 즐거워하며 살아가는 사람이 되려면 나 중심의 마음만으로는 안 되며 하나님이 주시는 너그러운 마음을 가지고 항상 남을 배려하는 깊은 마음을 가지며 사는 사람이 되어야 합니다.

약할 때에 강함

사람들은 강한 자를 많이 찾습니다. 그래서 통치자가 되어 권리를 가지고 강하게 군림할 때 나는 강하다고 생각합니다. 모든 것이 "강할 때 강하지만" 오래 못 갑니다. 그래서 이것은 말하자면 "강할 때 강한 것"이 아니고 "강할 때 약해지는 것" 입니다.

바울은 고린도 후 12:10절에 "이는 내가 약할 그 때에 곧 강함이니라."고 하였습니다. 사람은 이 진리를 알아야 합니다. 이것은 인간들이 생각하는 것과는 정반대의 하나의 역설 같은 사실입니다. 이것은 우리의 모든 인간적인 조건을 단념하며 자기의 약점을 시인하는 데서 출발을 합니다. 바울은 비록 약하지만 그리스도 안에 있을 때에 강력한 자가 되고, 능력 주신 자 안에서 모든 것을 할 수 있는 능력의 사도가 되었습니다.

우리가 혼자서 걸으면 몇 십 마일은 갈 수 있겠지만 한계가 있습니다. 그런데 차를 타거나 비행기를 타면 한 시간에 얼마나 멀리 갑니까? 우리가 살아갈 때에 두려울 때, 죄책감을 느낄 때, 열등감을 가질 때가 있습니다. 인간 자체는 누구든지 한계가 있어서 자기 자신만 생각하면 낙심되고 좌절할 때가 있습니다. 그런 때에 그리스도 안에서 하나님께 간구를 하십시오. 약함을 알고 하나님을 의지할 때에 하나님은 믿는 이에게 평강과 안정과 승리를 가져다주십니다.

언제나 우리는 자랑하려면 주님을 자랑하고 주님 안에서 승리자가 되어야 합니다. 정신적으로나, 육체적으로나, 생활로나, 극도로 약하게 되었을 때 아버지이신 하나님을 찾아보세요. 하나님을 가까이 해보세요. 하나님은 당신을 품에 안아주시고 힘을 주시고 가능하게 역사하십니다. 사랑이 많으신 하나님은 결코 나를 마음대로 버려두지 않으십니다. 그러므로 내가 약할 때 더욱 하나님을 의지하여 강해지는 진리를 한 번 더 터득하여 살피면서 살아가기를 바랍니다.

나는 날마다 죽노라

기독교는 처음 자기 자랑에서 출발하여 나가다가 '나는 죄인이로구나!' 하고 자기를 바로 깨달을 때 하나님 앞에서 신앙의 바른 길에 들어서게 됩니다. 누구든지 자아에 대하여, 세상에 대하여, 모든 인간적인 능력에 대하여 완전히 체념하기까지는 하나님의 큰 능력이 임하지 않습니다. 바울은 분명히 자랑을 할만한 사람인데 날마다 나는 죽는다는 것입니다. 예수 그리스도를 위해서, 내 마음속에 일어나는 지나친 욕망이나 명예욕, 권세욕, 교만심, 영웅심 이런 것으로 그리스도의 영광을 가리게 되기 때문에 나는 죽노라 했습니다. 어떤 때는 억울하고 분하여 '욱 -' 하고 나오는 분노가 일어날 때 죽노라고 하였습니다.

어떤 부부가 싸우다가 남편이 화가 나서 주먹으로 한데 치려고 하는데 갑자기 바울이 "날마다 죽는다"하는 이 성경말씀이 생각나더래요. 그래서 '나도 죽어야지' 하고 주먹을 내려놓고 참았다는 이야기가 있습니다. 바울은 풍부한 지식인으로서, 그의 좋은 문벌로서 인간적으로 자랑할 것이 많이 있는데 이런 것이 예수님 보다 더 자랑스럽게 일어난다는 것이지요. 그럴 때 마다 "나는 날마다 죽노라" 했습니다.

분명히 기억하세요. 내 자랑이 숨겨질 때 예수님의 영광이 나타나고 내 자랑이 나타날 때는 예수님의 영광은 가려지는 것을 알아야 합니다. 탕자가 자기 몫의 재산을 가지고 외국에 가서 허랑방탕하게 제멋대로 살았습니다. 아버지 생각은 손톱만큼도 없었습니다. 그러나 돈이 떨어지고 친구도 다 떨어져 나가고 극도로 궁핍했을 때, 아버지의 집이 생각난 것처럼 인간의 심령도 그러합니다. 내가 가진 것이 많을 때는 그것을 의지하게 됩니다. 그것 때문에 하나님을 전적으로 의지하게 되지 않습니다. 언제나 나를 비우고 바울처럼 "나는 죽노라" 할 때 하나님의 영광은 드러나는 것입니다.

착각하는 인생

착각이란 어떤 일이 실제와는 다른 데도 실제처럼 잘못 깨닫거나 생각하는 것입니다. 사람들은 착각하는 생활을 많이 하고 삽니다. 한국에서 영어를 배우고 이민 온 한 미혼 남자가 로스앤젤레스의 거리를 걷고 있는 데 앳되고 예쁘게 생겨 보이는 미국 아가씨가 생끗 웃으며 "하이" 하고 지나갑니다. 이 사람이 속으로 '아, 저 여자는 내가 맘에 있어서 저렇게 인사하는구나!' 하고는 그 여자의 뒤를 따라가니까 "왜 따라오느냐?"고 묻습니다. 자기 딴에는 유창한 한국식 영어인 코메리칸으로 "어디 가까운 다방에 가서 차 한 잔 마실 수 있겠느냐?"고 한국적으로 물었습니다. 그랬더니 그 여자가 이 사람의 영어를 잘 못 알아듣고 "Pardon me"만 몇 번하더니, 눈치를 채고는 미친 사람 다 보겠다는 듯이 사라지더라는 것입니다. 이 젊은이가 미국 와서 얼마를 살다보니 친절한 미국인들은 처음 보는 사람이라도 "하이"하고 인사하는 것을 알았다고 합니다.

이 사람은 두 가지를 착각하였습니다. 하나는 '내가 영어를 꽤 잘한다.'고 생각한 착각이었습니다. 또 하나는 '그 여자가 나를 좋아하는 줄 알았다'는데 착각을 했다는 것입니다. 사실 우리는 생활해 나가면서 착각하며 사는 것이 참으로 많은 줄 압니다. 그런데 착각에 대하여 가장 두려워해야 할 것이 무엇인지 아십니까? 신앙의 착각입니다. "나는 다른 사람보다 잘 믿고 하나님 앞에 가면 가장 좋은 면류관을 받고 주님께로부터 칭찬을 받을 것이야" 하는 착각입니다. 세상일과는 달리 신앙생활만은 착각하며 사는 어리석은 자가 되지 말아야 합니다.

아쉬운 인생

〈아쉬워한다〉는 말은 필요할 때 조금 모자라거나 약간 부족해서 만족하지 못한 상태를 말하는 것입니다. 전혀 없는 것은 아니고 있기는 있는데, 혹은 하기는 했는데 조금 만족하지 못한 상태일 때 아쉽다고 하지요. 사람은 영, 육의 세계를 알고 살아야 하는데 어느 정도 아는 것 같으나 약간 부족하게 알고 살기 때문에 아쉬운 인생이라는 뜻입니다.

이 세상에는 영혼과 육체를 분간하지 못하고 사는 사람이 있습니다. 육체는 먹어야 합니다. 밥도 먹고 빵도 먹고 과일도 먹고 물도 마셔야 합니다. 그런 것을 먹지 못하면 살지 못합니다. 음식물을 먹지 않고도 날마다 살아가는 사람이 있다고 하면 이 지상의 사람은 아니지요. 예수님은 "사람이 떡으로만 살 것이 아니라 하나님의 입으로 나오는 말씀으로 사느니라"고 말하였습니다. 이것은 육신으로는 식물을 먹고 살지만 또 영혼이 사는 길은 하나님의 말씀 곧 영적 양식이 있어야 한다는 뜻입니다.

영혼은 보이는 물질적 양식으로 사는 것이 아니라는 말입니다. 예수님을 잘 알지 못해서 예수님을 믿다가 낙심해서 중도에 신앙생활을 그만두는 사람은 진실로 아쉬운 인생을 사는 사람입니다. 왜냐하면 하나님께서는 인생의 과거, 현재 그리고 미래를 내다보고 결정하시는 분인데 이 하나님의 섭리와 놀라운 역사를 잘 몰라서 그만 탈락을 하고 말았다면 얼마나 아쉬운 인생인지 모릅니다.

인간과 하나님 사이를 이어주는 교량 역할을 위하여 이 땅에 오신 예수님을 생명의 구세주로 믿고 영원한 복을 기약 받으며 아쉬운 인생이 아니라 모든 것에 만족할 수 있는 독자가 되기를 바랍니다.

바로 알아야 하는 인생

이 세상만 알고 영원한 내세를 바라보지 못하는 사람은 인생을 바로 아는 것이 아닙니다. 내세를 안다고 하면서도 하나님을 바로 알고 믿지 않으면 얼마나 불행한 인생입니까? 아무리 큰 부자가 되었다 하더라도, 대단한 명예를 가졌다 하더라도, 대 과학자라 하더라도, 세상의 좋은 것을 전부 가졌다 하더라도, 어느 한 날 갑자기 생을 마친다면 평생 준비한 것이 어떻게 되겠습니까?

교회와 그리스도를 비웃는 어떤 사람이 여러 사람이 함께 있는 데서 이렇게 말했습니다. "목사님, 교회에서는 늘 죄의 짐이 무거운 것이라고 얘기하고 또 목사님은 말하기를 죄 짐을 벗어버려야 한다고 하시는데 저는 아무 짐도 못 느끼거든요. 도대체 그 죄 짐이라는 것이 얼마나 무게가 나갑니까? 한 50파운드 나가나요? 아니면 100파운드 쯤 되나요?" 이 사람을 한 참 바라보던 목사가 입을 열어 말을 하였습니다. "선생, 만약 여기에 죽은 사람이 한 사람 누워 있다면, 그 위에다 무거운 짐을 올려놓을 때 그 죽은 사람이 무게를 느낄 수 있을까요?" 그러자 그 사람이 별 생각 없이 대답을 했습니다. "죽은 사람은 아무것도 못 느끼지요. 5백 파운드의 무게를 올려놓아도 못 느끼지요." 목사는 다시 말했습니다. "선생, 그것과 똑 마찬가지입니다. 선생은 죄 가운데서 죽어있는 상태이기에 아무것도 느끼지 못하는 것이지요."

이 사람은 참으로 바로 알지 못하는 인생입니다. 왜냐하면 그는 교회도 나가 설교도 들은 일이 있는 것 같고 무엇인가 알아보려고도 하였는데, 죄로 인해 그리스도의 진리를 바로 알지 못하여 영적으로 죽은 상태라면 얼마나 불행한 사람입니까? 바로 알아야 합니다.

좋은 인연으로 살려면

사람이 좋은 인연으로 살려면

1) 먼저 내가 인간이 되어야 합니다. 좋은 인맥을 만들려 하기 전에 먼저 자신의 인간성부터 살필 줄 알아야 합니다. 내가 너무 이해타산에 젖지 않았는지, 계산적인 면에 야박하게 물들지 않았는지 살펴보고 고쳐야 합니다. 좋은 인연으로 만나고 싶으면 나부터 먼저 좋은 사람이 되는 것이 중요합니다.
2) 적을 만들지 마십시오. 친구는 성공을 가져오나 적은 위기를 가져오게 하고 성공을 무너뜨립니다. 보통 하는 말이 조직이 무너지는 것은 소수의 강한 반대자 때문이라고 하지 않습니까? 그러므로 쓸데없이 남을 비난하지 말고 항상 악연을 만들지 마십시오.
3) 만나는 사람마다 은인처럼 대하십시오. 항상 감사하고 어떻게 도움을 줄 수 있을 가를 생각하는 것은 좋은 일입니다. 그 사람으로 인하여 앞으로 운명이 바뀔 것이라 생각하고 대하십시오. 언젠가 그럴 순간이 생길 수 있습니다.
4) 처음 만남에서는 처음에 사랑보다도 강렬한 이미지를 남겨보십시오.

길거리에서 발길에 차인 돌처럼 무심히 지나지 말고 애써 얻은 보석처럼 가슴에 남기는 것은 장래에 유익한 것입니다.

5) 헤어질 때 다시 만나고 싶은 사람이 되십시오. 함께 있으면 즐거운 사람이 되며, 함께 하면 유익한 사람이 되도록 힘쓰십시오. 내가 남에게 필요한 사람이 되고 도울 수 있는 사람이 되어야 장래에 희망이 있습니다.

6) 내 일같이 생각하고 처리하십시오. 애경사가 생기면 진심으로 함께 기뻐하고 함께 슬퍼하십시오. 네 일이 내 일 같아야 내 일도 네 일 같이 된다는 것을 기억해야 합니다. 성경에서 예수님의 행적을 보면 예수님의 가르침은 항상 남에게 해야 할 일에 대하여 겸손, 봉사, 헌신 그리고 사랑을 강조하였습니다. 예수님을 믿고 그 말씀을 배우고 살면 언제나 상대방을 존중할 수 있습니다.

공짜를 원하십니까?

오늘은 특별히 공짜에 대해서 말하려고 합니다. 공짜는 가능하면 주는 것도 생각하고 주어야 하지만, 받지도 말아야 합니다. 다시 말하면 노력 없는 대가는 바라지 말아야 합니다.

미국 정부가 한때 인디언 보호 정책을 쓰면서 인디언들에게 무엇이든 공짜로 주었는데 바로 이 인디언 보호정책 때문에 오히려 인디언들이 멸족의 위기에 빠지게 되었다고 합니다. 인디언들은 공부하는 것이나 병원에 가는 것이나 먹는 것이나 무엇이든 공짜이기 때문에 애쓰고 힘써 노력할 필요가 없어졌고 그러다 보니 그들이 할 수 있는 것이라곤 쾌락추구 뿐이었습니다. 쾌락을 추구하다 보니 자연히 성병환자들이 많아졌고 또한 알코올 중독자들의 수가 증가할 수밖에 없었습니다.

몇 해 전 알라스카 훼어뱅스에서 집회를 하게 되어 갔었는데 에스키모 사람들이 술에 취해서 길거리에 누워있는 모습을 여러 사람 보았습니다. 동행하던 분의 말이 "정부에서 모든 것을 공짜로 주기 때문에 일을 안 해서 폐인이 되었고, 많은 에스키모 사람들이 알코올 중독자가 되어 자꾸 멸종되어 가지요." 하는 것입니다.

또 남미의 국가들 중에는 경제발전이 중단된 나라가 여럿 있습니다. 예를 들면 아르헨티나가 그 중의 하나입니다. 아르헨티나의 경제가 위험수위에 이르게 된 데에는 거의 모든 생활필수품을 국가가 국민들에게 무료로 나누어주었기 때문이랍니다. 국민들 한 사람 한 사람이 부지런히 일해서 살겠다는 자본주의의 기본정신이 점점 해이해지고 국가가 무엇인가를 베풀어주기만 기다리며 게으름을 피우는 동안 국가경제는 엉망이 되어버린 것입니다.

데살로니가 후 3:10 하반 절을 보면 "누구든지 일하기 싫어하거든 먹지도 말게 하라" 하였습니다. 하나님을 믿는 성도는 공짜를 좋아하지 말아야 합니다. 누구든지 공짜를 좋아하는 개인이나 국민은 가장 불행하게 된다는 것을 기억해야 합니다.

오그라든 손

신약 성경 마가복음 3:1-5절을 보면 한 편 손이 오그라든 사람이 있었는데 그 사람을 예수님께서 고쳐주시는 내용이 있습니다. 두 손은 아니지만 한 편 손이라도 오그라든 불구자라면 얼마나 불행하고 불편한 사람이겠습니까? 두 손이라야 어떤 일이든지 잘 할 수 있습니다. 손이란 사람의 지체 중에 너무도 중요한 부분입니다. 손으로 글씨 쓰고, 손으로 밥 짓고, 손으로 물건 만들고, 손으로 팔고, 손으로 물건 고르고, 세탁하고, 손으로 모든 일을 합니다. 그런데 한 편 손이 오그라들었다니 온전한 사람이 아니지요.

우리가 살아가는 주변에 이런 상황의 사람이 있습니다. 사람이 외모의 손은 말짱하지만 마음 한 편이 오그라든 사람들이 많습니다. 절도, 강도, 살인, 비방, 불평, 원망 이런 건전치 못한 마음을 가진 사람들은 마음 한 편이 오그라든 손과 같습니다. 그래서 곳곳에서 범죄가 일어나고, 불행한 일들이 사람 사는 주변에 나타납니다.

그런데 그 치유는 오직 예수님만이 능력이 있어서 치료하십니다. 예수님이 한 편 손이 마른 사람을 고쳐주셨다는 것은 참으로 뜻이 있는 일이라 생각됩니다. 한 편 손이 마른 자, 이것이 오늘 우리 인간들의 모습이라고 느껴집니다. 자기만 생각하는 손, 내게 유익한 것만 가지려는 손만의 인간이라면 마치 한 편 손이 오그라든 사람과 같습니다.

예수님은 한 편 손이 오그라든 사람의 손을 고쳐주실 뿐만 아니라 오그라든 현대인의 마음도 치료해주십니다. 그 치료는 오직 예수님께서만 하실 수 있기 때문입니다. 예수님의 말씀, 예수님의 사상, 예수님의 선행, 예수님의 긍휼, 예수님의 능력을 통해서 오그라든 한 편 손이 제 기능을 잃었다가 치료를 받아 온전하듯, 현대를 사는 우리도 예수님의 사랑과 그의 능력을 믿고 오그라든 마음의 치료를 받읍시다.

기도하는 손

알브레히트 뒤러(Albrecht Durer 1471~1528)는 독일 뉘른베르크 출신의 르네상스 시대 화가입니다. 그는 어린 시절 너무나 가난했기 때문에 미술공부를 하고 싶었지만 학비를 댈 수가 없었습니다. 그래서 같은 처지의 친구와 만나 의논을 했습니다. 그 친구가 이렇게 제의를 했습니다. "네가 먼저 학교에 가서 공부를 해라 나는 네가 졸업할 때까지 식당에서 일을 하며 너의 뒷바라지를 하겠다. 네가 졸업한 후에 네가 다시 나의 뒷바라지를 하면 되지 않겠니?"

그는 뒤러를 위해 열심히 일해 꼬박꼬박 학비를 보냈습니다. 뒤러가 졸업할 무렵에는 그의 그림도 하나씩 팔려나가기 시작했습니다. 어느 날 뒤러가 오랜만에 친구를 찾아 식당에 갔을 때 친구는 마침 기도를 하고 있었습니다. "주여! 저의 손은 노동으로 굳어져 이미 그림을 그릴 수 없게 되었나이다. 내가 할 몫의 능력을 뒤러에게 주시고 주의 영광을 위해 제 친구가 진실된 그림을 그릴 수 있게 도와주소서." 자기를 위해 희생한 친구의 기도하는 손을 본 순간 뒤러는 자기가 지금까지 보았던 그 어떤 것보다 커다란 감동을 받습니다. 뒤러는 곧바로 붓을 들고 친구의 기도하는 손을 스케치하기 시작했는데, 이것이 저 유명한 뒤러의 '기도하는 손'이 되었습니다.

기도하는 손이 가장 깨끗한 손이요 가장 위대한 손입니다. 기도하는 자리가 가장 큰 자리요 가장 높은 자리입니다. 알브레히트 뒤러(Albrecht Duerrer1471-1528)는 독일 뉘른베르크 출신의 르네상스 시대 화가로 독일이 EU에 가입하기 전 독일화폐에 그려져 있었던 인물입니다.

오늘도 하나님을 향하여 우리가 할 수 있는 것은 기도하는 것입니다. 우리가 두 손을 모으고 기도할 때면 우리는 그 손으로 얼마나 남을 위해 사용했는가를 생각하며, 하나님께 더 가까이 갈 수 있음을 알아야 합니다.

이런 경우 저런 경우

삶의 상황에서는 이런 경우, 저런 경우가 많이 있습니다. 우리가 살아가면서 신뢰를 쌓는 데는 여러 해가 걸려도, 무너지는 것은 순식간이라는 것을 우리는 알면서도 잊어버리고 살 때가 있습니다. 사람은 무엇을 얼마나 손에 쥐고 있는가가 중요한 것이 아니라, 얼마나 이웃을 위해서 공헌하며 사회에 환원하는 가가 중요합니다.

외면의 매력은 15분을 넘지 못하나, 내면의 포근함은 오래 간다는 것을 깨달으면서 살아야 합니다. 다른 사람의 최대치에 나 자신을 비교하기보다는 내 자신의 최대치를 소중하게 키우며 살기를 바라야 합니다. 아주 높은 빌딩이 새로 생기면 그 빌딩 뒤에는 길고 긴 그림자가 새로 생기는 것처럼 어떤 큰 일이 있으면 거기에 어두운 면이 따라온다는 것을 기억해야 합니다.

나는 전에 반갑게 만나 대화하던 친한 사람과의 만남이 그때가 마지막이 되리라고는 생각지 못한 일이 있었습니다. 왜냐하면 먼저 떠나간 사람은 참 외모가 건강해서 오래 살 줄 알았기 때문입니다. 친구가 많은 사람이라도 친구가 세상을 떠날 때 마지막 전송하는 사람은 많지 않다는 것입니다. 나에게도 분노할 권리는 있으나 다른 사람에 대해 몰인정하고 잔인하게 대할 권리가 또한 없다는 것을 알아야 합니다. 아무리 좋은 친구라고 해도 그들이 나를 섭섭하게 할 때가 있습니다. 그렇다고 하더라도 그들을 용서하고 사랑해야 합니다. 두 사람이 한 가지 사물을 바라보면서도 보고 느끼는 점은 반대일 수가 있습니다. 병에 물이 반이 담겨 있는데 한 사람은 "한 병도 안 되네"하는 데, 다른 사람은 "이렇게 많이 남았어."합니다.

우리의 삶에는 누구든지 이런 경우도 있고 저런 경우도 있습니다. 그러므로 믿는 이들은 어떤 경우를 만나든지 하나님께 기도하며 주시는 지혜로 판단하면 좋을 것입니다.

아름다운 우정

나는 한국에서의 축의금의 이야기를 책에서 읽으면서 아름다운 우정의 마음을 헤아려 보았습니다. 그 이야기는 다음과 같습니다. 〈십년 전 아들 결혼식 때 친구가 축의금으로 백만 원을 했습니다. 그때는 친구가 퍽도 고마웠습니다. 그런데 몇 일전 친구로부터 아들 결혼 청첩장을 받았습니다. 왠지 기쁜 마음보다 걱정이 앞섰습니다. 하루하루 살기에도 빠듯한 삶이기에 어떻게 축의금을 챙길까 하는 걱정이었습니다. 아내와 상의를 한 결과 일숫돈을 내서라도 축의금을 해야 한다고 했습니다.

축의금이란 축하로 주는 돈이기 이전에 상부상조 한다는 뜻이 근본 의미라고 합니다. 일수 얻은 돈이지만 후련한 마음으로 결혼식장에 갔습니다. 친구는 악수를 하면서 연신 와줘서 고맙다고 했습니다. 정말 아내와 나는 일숫돈을 얻어서라도 빚을 갚게 된 것은 참 잘했다고 했습니다.

그런데 며칠 후 집으로 등기우편이 배달되었고 발신인이 며칠 전에 결혼식을 마친 친구에게서 온 것이라 '웬 인사장을 등기로 보냈을까?' 하고 뜯어보았습니다. "이 사람아! 내 자네 형편 다 아는데 무슨 축의금을 가지고 왔는가? 평소에도 자네 살림 어려운 것 아는데 이게 무슨 짓인가? 자네 우정을 돈으로 사려고 했는가?"하는 나무람과 함께 99만원의 수표를 보내왔습니다. "이 사람아 나는 자네 친구야, 어려운 자네 형편에 백만 원이 무슨 소리인가? 만원이면 족하네. 여기 99만원 보내니 그리 알게. 이 돈을 안 받는다면 자네를 친구로 생각지 않겠네." 그리고 한가한 틈이 나면 점심이나 같이 하자는 말을 곁들였습니다. 왠지 눈시울이 다시 뜨거워졌습니다.〉 하는 글이었습니다.

아름다운 진정한 사랑의 우정은 요 15:13절에 "사람이 자기 친구를 위해 목숨을 내놓는 것보다 더 큰 사랑은 없다."고 하신 예수님을 생각하게 됩니다.

사람에게 주신 복

믿든 안 믿든 그것은 각 사람의 자유라고 하겠지만 누가 뭐라고 하여도 하나님은 인간을 다스리고 계시다는 것을 알아야 합니다. 그 하나님은 우리 인간에게 위대한 삼대 특권을 주셨습니다. 그 말씀이 창세기 1:28절 이하에 나와 있는데 "하나님이 그들에게 복을 주시며… 생육하고 번성하여 땅에 충만하라"고 하신 것입니다.

첫째는 땅에 〈충만 하라〉는 복을 주셨습니다. 하나님이 창조하신 온 우주에는 처음에 사람이 물론 희귀하였지요. 이 세상에 맹수도 많고 각종으로 움직이는 동물이 처음에 많았는데 점차로 사람이 충만해졌습니다. 사람들은 점점 번성해가면서 미지의 세계를 바라보며 살아갔습니다. 하나님이 주신 충만의 의욕은 온 세계를 탐험하여 세계 도처에 사람이 충만해졌습니다.

둘째는 〈땅을 정복하라〉는 복을 주셨습니다. 인간은 넓은 대지를 정복하여 곡식을 심고, 채소를 심고 과일 나무들을 가꾸었습니다. 자연을 정복하는 위대한 힘을 주셨습니다.

셋째는 〈만물을 다스리라〉는 복을 주셨습니다. 사람은 땅을 정복할 뿐만 아니라 다스리는 통치의 권한을 주셨습니다. 차가 오늘날 같이 개발되기 전 사람들은 억센 말을 잘 다스려 사람의 교통수단으로 삼았고, 소를 길들여서 땅을 갈고 짐을 싣고 하였습니다. 아무리 미개한 지역에 가도 일반 동물이 사람들을 지배한다는 곳은 없습니다. 이것은 인간에게는 모든 것을 다스리는 특권과 권한을 주셨기 때문입니다. 그런데 하나님께서 이렇게 주신 복위에 오직 사람에게만 하나님의 형상을 닮게 하셨다는 사실이 큰 은혜의 복임을 알아야 합니다.

신앙

하나님은 계신가요?

사람들은 '하나님은 계신가? 하나님이 계시다면 그 하나님을 어떻게 믿을 수 있는가?'하는 말을 합니다. 하나님이 계신 것을 우리가 어떻게 알 수 있습니까?

(1) 먼저 우리는 우주 안에 있는 만물을 보아서 하나님이 계심을 알게 됩니다. 자연계의 돌아가는 것을 보아서 '하나님께서 우주 만물을 창조하셨구나!' 하는 것을 믿게 됩니다.

(2) 또 성경말씀을 통해서 하나님의 계심을 믿게 됩니다. 성경은 하나님께서 사람을 하나님의 형상대로 지으셨다는 사실을 말씀합니다. 이 세상에는 온갖 동물들이 있지만 사람 같은 영성과 이성을 가진 존재가 또 어디에 있겠습니까?

(3) 그리고 사람의 양심을 통해서 하나님의 계심을 알게 됩니다. 사람은 누가 특별하게 가르쳐 주지 않아도 다 양심의 눈은 있습니다. 사람이

바른 길로 잘 나가다가 죄악의 길로 들어서려고 할 때 처음에 주춤거려지는 것은 양심이 있기 때문입니다.

미국의 돈에는 자세히 보면 1불짜리로부터 5불, 10불, 50불 그리고 100불짜리에다 모두 "in God we trust"(우리는 하나님을 믿습니다.)라는 말이 찍혀있습니다. 그래서 세계의 돈이 많은 나라의 축복을 받았는지도 모릅니다. 이것은 남북전쟁의 어려운 때에 한 농촌의 목사가 당시의 재무장관인 S. P. Chase 씨에게 "이 나라가 바로 되려면 우리가 오직 하나님만을 믿어야 됩니다."라고 건의했을 때 이를 옳게 여겨 받아들이고 또 상하원 의회가 승인을 해서 그렇게 이루어져, 지금까지 내려오고 있습니다. 하나님을 믿는 것은 이 땅에서도 축복이며, 내세에도 영복을 받게 됩니다. 하나님은 분명히 계심을 믿으므로 독자도 앞날에 하나님이 보내신 아들 예수를 구주로 받아들여서 영원한 나라의 소망을 주시는 분으로 믿고 살아가시기를 소원합니다.

1. 예수 믿고 새 사람

"참으로 예수 믿으면 새 사람이 되나요?" 하는 질문을 받은 적이 있습니다. 신약성경 고린도 후서 5:16절 이하에 보면 분명히 새 사람이 된다고 하였습니다. "누구든지 그리스도 안에 있으면 그는 새로운 피조물입니다. 옛 것은 지나갔습니다. 보십시오, 새 것이 되었습니다." 라고 하였습니다.

바울은 처음에는 예수 그리스도를 믿는 이들을 잡아다가 옥에 넣고 많은 괴로움을 주는 일을 하였습니다. 그러기에 그리스도교도들을 박해하는 선두에 섰던 것이지요. 그는 인간적으로 생각할 때에 예수는 아주 무력한 사람으로 알았습니다. 예수는 억울하게 체포된 것을 물리칠 능력도 없고, 세상 재판을 변호할 변호사를 구할 형편도 못되었고, 무거운 십자가 질 것을 거절할 힘도 없었고, 십자가에서 내려오지도 못하는 사람이라고 생각을 했습니다.

오늘날도 예수 안 믿는 사람들은 그래서 안 믿는 것이지요. 이때에 바울처럼 예수 그리스도를 생각하는 사람이 많습니다. 사람들을 교회에 나와서 사귀고 사람들에게 인정을 받고 이런 것 저런 것으로 만족을 얻고 어떤 문제가 있을 때 도움을 받고 사랑을 받는 경우는 신앙생활에서 얻는 부산물이긴 하나 우리가 믿는 복음의 진수는 아닙니다.

그리스도인의 출발은 예수 그리스도를 세상적인 관점에서 보지 않고 하나님의 아들이라고 하는 관점에서 보기 시작하는 것입니다. 예수 그리스도에 대하여 이렇게 보는 각도가 바뀌지 않으면 "나는 교회에 나온 지 오래된 사람입니다."하여도 소용없습니다. 예수 믿고 크게 새 사람으로 변화된 사람이 바로 바울입니다.

2. 예수 믿고 새 사람

예수 안에 있어서 새 사람이 된 이들이 많이 있습니다. 미국의 페니(J. C. Penny) 백화점은 대중적이면서도 곳곳에 있는 백화점입니다.

백화점 사업의 성공자인 페니는 나이 40대에 이르러 수백만 장자가 되는 번영을 이룩한 사람입니다. 그러나 1929년의 경제공황이 전 미국을 휩쓸었을 때 그는 무일푼의 사람으로 완전히 파산해 버렸습니다.

실망과 패배감에 정복된 페니는 병이 들어 병원에 입원하게 되었으나 이번에는 병원비마저 제대로 낼 수 없는 처지에 이르고 말았습니다. 페니는 자기가 그 밤을 못 넘기고 죽을 것으로 생각하여 부인과 자녀들에게 간단한 고별의 편지를 써놓고 잠들게 되었습니다. 그 다음날 일어났을 때에 병원 복도의 저 끝에서 잘 알려진 찬송소리가 들려왔습니다. "너 근심걱정 말아라. 주 너를 지키리." 페니는 자기도 모르게 복도의 맨 끝에 있는 작은 예배실까지 갔고, 그는 진심으로 기도하기 시작하였습니다. 그가 어릴 때 교회에서 기도하던 생각을 떠올리며 "하나님, 내 능력으로는 도저히 어찌할 수가 없습니다. 예수님, 이 사정을 돌보아주시기를 바랍니다." 그는 후일에 고백하기를 이 기도 후에 자기의 마음을 누르던 무거운 짐이 다 떠나버렸다고 하였습니다.

그때부터 페니는 그리스도 예수를 섬기는 크리스천이 된 것입니다. 얼마 안 되어 페니의 사업은 전보다 더 좋게 회복이 되었고, 하나님께 감사드리며 살게 되었습니다. 진실로 그는 예수 믿고 새 사람이 되었습니다. 독자 여러부도 아직 불신자라면 예수님을 믿고 새사람이 되어 변화된 삶을 사시기를 바랍니다.

의롭다고 인정

우리가 사회생활을 하면서 남에게 인정을 받는다는 것은 매우 기쁜 일입니다. 자기에게 맡겨진 일만 감당해서는 칭찬받지 못할 때가 있습니다. 책임자의 마음에 들기도 어려울 것입니다. 매사가 성실해야 하고 유능해야 되고 노고를 아끼지 않아야 인정을 받게 됩니다. '사람이 잔재주를 부린다, 꾀를 부린다, 시간이나 때운다, 적당히 한다, 눈치나 본다.' 하는 정도가 되는 사람은 좋은 인정을 받지 못합니다.

구약 시대에 노아라는 분이 살았습니다. 그는 아주 악한 세대에서 바르고 옳게 살아서 하나님께로부터 의인이라는 인정을 받은 사람입니다. 하나님의 눈에는 달도 광명한 것이 아니며, 별도 깨끗한 것이 못 될 정도이기 때문입니다. 그럼에도 노아는 하나님 앞에서까지 그 의로움을 인정을 받고 또 칭송을 받을 정도였으니 노아의 신앙이나 그 인품을 알아볼 만하지요.

세상이 선하고 온통 의인으로 가득 차 있다면 거기에 휩쓸려 같이 의인의 반열에 설 수도 있으련만, 노아의 시대는 온통 악 뿐이었습니다. 그런 속에서 노아만은 하나님의 의롭다 인정을 받았어요. 인간이 하나님께로부터 의롭다 인정받는 것이 어디 보통일입니까? 노아 시대는 너무 타락하여서 주정뱅이, 노름꾼, 건달, 부랑자, 성 폭행자, 불륜아, 깡패, 창녀, 점쟁이, 무당, 사기꾼, 네바다이, 강도; 갖은 못된 인간이 득실거리고 판을 치는데 노아만은 하나님께서 "네가 이 세대에 내 앞에서 의로움을 내가 보았노라" 하였습니다.

사람이 남에게 인정을 받으려는 것도 중요한 일이지만 보다 더 중요한 것은 하나님께로부터 인정을 받으면서 살려고 힘쓰는 것입니다.

감격스러운 구원

사람의 속을 들여다 보는 투시의 은사를 받았다는 사람 앞에서 여러 사람이 벌벌 떨었다는 이야기를 들은 일이 있습니다. 사람의 속을 좀 들여다 본다고 해도 이렇게 두려워 떠는데, 머리털 하나까지 다 세시는 하나님께서 나를 살펴보신다면 얼마나 두렵겠습니까? 우리가 곰곰이 생각해 볼 때 내가 노력을 해서 구원받는다는 것은 불가능한 일입니다. 그런데 하나님께서 구원받는 길을 열어주셨습니다.

로마서 3:25절을 보면 하나님께서 사람들이 지은 과거의 죄를 너그럽게 보아 넘겨주심으로 예수님을 믿는 사람들이 구원을 받게 하셨다는 것입니다.

우리가 한국에 비행기를 타고 갈 때 비행기 표만 있으면 비행기를 탑니다. 한국 사람이냐? 외국 사람이냐? 남자냐? 여자냐? 젊었느냐? 노인이냐? 그런 것 안 봅니다. 다만 비행기 티켓뿐입니다. 아마 믿음을 이 티켓에 비유할 수 있겠는지요? 예수님을 믿으면 어느 나라 사람이냐? 성별이 뭐냐? 묻지 않습니다. 하나님의 은혜로, 우리는 값을 치르지 않고, 값없이 의롭다 함을 얻게 하신 것을 분명히 기억하세요.

이 은혜는 생각하면 생각할수록 감격스러운 은총입니다. 우리가 이 사실을 믿고 받아들이면 그는 분명히 바로 믿는 사람입니다. 그러므로 값없이 주시는 그 은혜를 바로 깨달을 때에 너무 감격스러워서 기도도 하고 헌금도 드리고 성경도 보고 봉사도 하고 전도도 하게 되는 것입니다. 이것은 보답을 목적함이 아니라 은혜에 대한 감사의 표시인 것뿐입니다.

하나님의 아들, 예수 그리스도는 나를 위하여 피흘려주셨으니 이 넘치는 은혜를 믿으며 감격하고 감사하며 구원의 큰 소망을 갖기 바랍니다.

중간에 막힌 담

이런 조크가 있습니다. 하나님이 미국, 러시아 그리고 이스라엘 수상 등 세 사람에게 질문 한가지씩을 허용했답니다. 먼저 러시아 수상이 질문했습니다. "하나님, 소련과 미국의 중간에 막힌 담이 무너질 날이 있을 까요?" 그러자 하나님은 "네가 살아 있는 동안은 안 될 것이다."라고 대답하셨다는 것입니다. 다음은 미국 대통령이 질문했습니다. "세계에서 흑인과 백인 중간에 막힌 담이 완전히 무너지고 화목하게 살아갈 날이 올까요?" 그러자 그 대답 역시 "네가 살아있는 동안에는 그런 날이 오지 않을 것이다."라고 대답하셨다는 것입니다. 마지막으로 이스라엘 수상이 질문했습니다. "유대인과 아랍인의 중간에 막힌 담이 무너지고 정답게 살아갈 날이 올까요?" 그런데 이번에는 대답 내용이 조금 달랐습니다. "내가 살아있는 동안에는 그런 날이 오지 않을 것이다." 하나님은 영원하시니까 유태인과 아랍인의 평화는 영원히 오지 않을 것이라는 조크입니다.

세계 제 2차 대전 후에 세 개의 큰 장벽이 생겼습니다. 월남, 독일 그리고 한국인데 둘은 무너지고 한국만은 그 장벽이 남아 있어서 오늘도 분단의 아픔을 안은 채 살아가고 있습니다. 그러나 중간에 막힌 담은 우리가 살아가는 주변에서 얼마든지 볼 수 있습니다. 이 세상에서 막힌 담 중에서 어떤 담이 제일 무섭다고 생각을 합니까? 이웃집과 막힌 담입니까? 친구 간에 막힌 담입니까? 아닙니다. 그것은 하나님과 우리 인간 사이에 막힌 담입니다. 예수님 자신이 육체적인 죽음으로 막힌 담을 허셔서 하나님과 화해시키신 것입니다. 이 예수님을 믿으면 나와 하나님 사이 중간에 막힌 담을 헐었기 때문에 누구든지 구원을 받습니다.

하실 수 있거든

신약성경 막 9:14-29절을 보면 예수님께서 산 위에 계실 때 산 아래에 9제자들만 남아있었습니다. 그때에 어떤 아버지가 간질병에 걸린 아들을 데리고 와서 고쳐주기를 부탁하여 다른 제자들이 고치려고 애를 썼지만 고치지 못하여 입장이 난처한 형편에 있었습니다. 못 고쳐서 난처해 있는 제자들에게 오신 예수님은 19절에 내게로 데려오라고 하십니다.

예수님이 없는 곳은 언제나 실패로 돌아가고 실망을 줍니다. 이 아이의 상태는 물과 불에 자주 넘어지며 거품을 흘리고 이를 갈기도 하는 상태입니다. 22절을 보면 "무엇을 하실 수 있거든 우리를 불쌍히 여기사 도와주옵소서." 이 아버지는 예수님, 고칠 수 있으면 더욱 좋고, 못 고쳐도 할 수 없는 줄 압니다."하는 태도입니다. 즉 "하실 수 있거든…" 하는 이 말은 아주 전부를 부정하는 것은 아닙니다. 하실 수 있거든 하는 신앙은 신앙인인 듯하면서 온전한 신앙인은 아닙니다.

오늘 우리 중에 이 수준에서 머무르고 있는 신자들이 있지 않습니까? 23-24절에 전적으로 의탁하는 신앙이 나옵니다. "예수께서 이르시되 할 수 있거든이 무슨 말이냐? 믿는 자에게는 능치 못 할 일이 없느니라. 하시니 곧 아이의 아비가 큰 소리로 내가 믿나이다. 내가 믿음 없는 것을 도와주소서!" 하였습니다.

러시아에서 한 선교사가 통역관을 내세우고 100여명의 사람들 앞에서 열심히 복음을 증거하는 데 갑자기 경찰 두 사람이 나타나 통역관을 끌고 갔습니다. 그러나 이 선교사는 "주여 도우소서!"하고 계속 영어로 설교하는데 듣는 러시아 사람들에게 러시아 말로 들렸다는 것입니다. 선교사는 "하나님은 인간의 힘으로 할 수 없는 거기에서 믿음으로 의탁할 때 도와주시는 것을 체험하였다."고 하였습니다. 인간의 가능성이 막힌 그런 순간에 하나님은 역사를 하십니다.

바른 믿음

지난 번 호에 말씀을 생각하여 보면 사람이 바른 믿음을 갖는다는 것이 결코 쉬운 일은 아닌 줄 압니다. 어떤 사람들은 "신앙이란 노년층에 있는 사람들이 살 날이 얼마 남지 않았다 생각하여 죽음 저편을 생각하는 공상의 산물이 아닌가?" 또 다른 사람들은 "신앙이란 결국 약자, 눌린 자, 가난한 자의 억울함과 멸시와 고통을 잊어버리게 하는 마취제 아닌가?" 또 "손뼉을 치고 찬송하고 목소리를 높이며 몸을 흔들고 눈물을 흘리며 기도하는 것은 자기들의 삶의 고충을 일시적으로나마 잊어버리려고 하는 것이 아닌가?" "더욱이 교회란 곳은 교제하기 쉽고 끼리끼리 뜻이 맞는 친구간의 만남도 갖고, 이성 간에 만나기도 쉽고, 회포도 풀어보는 기회를 만드는데 불과하지 않느냐?"하는 정도로 신앙을 이해하는 사람은 사실 전적으로 바른 믿음을 갖기가 어렵습니다.

또 어떤 사람은 예수님이 "믿는 자에게는 능치 못한 일이 없느니라." 했는데 기독교는 만능의 종교란 말인가? 하고 저항을 합니다. 그래서 "만일 그렇다면 왜 믿는 사람에게도 불행이 닥쳐오고, 왜 믿는 사람의 가족도 죽고, 왜 가난하게 살기도 하고, 왜 천대와 멸시를 받으며 살기도 하는가?" 합니다.

예수님의 말씀은 과학과 같이 병행해서 하시는 말씀은 아닙니다. 아이를 데리고 온 아버지는 자기의 믿음이 없다는 사실을 시인하고 그 믿음의 주인 되시는 분에게 "내 믿음 없는 것을 도와주소서!" 하는 이 간절한 요구에서 바른 믿음을 가질 수 있다는 뜻입니다. 형식적이 아니라 믿음을 위한 그 믿음으로 온전히 의탁할 때에 주님의 말씀이 믿음으로 이루어집니다. 사람은 약하나 강하신 주님께서는 하실 수 있기 때문입니다. 바른 믿음을 갖기 위해서는 전적으로 예수님께 매달려 믿음의 도움을 얻어 항상 바른 믿음을 가지고 살아가시기 바랍니다.

1. 그리스도인의 소득

'그리스도인은 무엇을 얻는가?' 즉 '예수 믿으면 무슨 소득이 있는가?' 하는 문제는 생각해 볼만한 문제입니다. 보통 사람들이 말하기를 "예수를 왜 믿나?" 좀 깊이 말하면 "예수를 믿어서 무슨 유익이 있는가?"라고 말합니다. 예수를 믿는 사람이란 어떤 사람입니까? 예수를 믿는 사람이란 예수를 하나님의 아들로, 자기를 죄악에서 구원할 능력이 있는 분이라고 믿는 사람입니다. 그는 자기가 죄인임을 인정하고 예수의 교훈대로 행하고자 하는 사람이요, 주의 계명을 지키고자 힘쓰는 사람입니다.

요한복음 14:15에 보면 "너희가 나를 사랑하면 나의 계명을 지키라"고 하였습니다. 예수를 진정으로 사랑하는 사람은 예수의 계명을 지키려고 합니다. 일반적으로 사람들은 평소에도 사랑하고 존경하는 사람을 만나면 그가 말하는 것은 금언같이 생각하고 잘 지키려는 이들이 있습니다. 이렇게 예수의 말씀을 잘 듣고 행하고 예수의 초청을 받아들이고 한 걸음 더 나아가 세상의 모든 염려가 자기에게 닥칠 때에 그분에게 맡기는 사람입니다.

그리고 마태복음 11:28-29절을 읽고 예수를 자기 개인의 구주로 받고 그의 온유하고 겸손한 마음을 배우고 평안한 마음으로 자기의 의무를 이행하는 사람입니다. 그런데 예수에게서 다른 것을 얻으려고, 다른 것을 찾으려고 하는 사람이 있습니다. 대부분 그런데만 관심을 갖는 사람들은 불행히도 낙오자가 되고 맙니다.

유대인과 바리세인과 많은 사람들이 예수를 찾아왔으나 그들은 예수를 통하여 오는 유익이 무엇인지 잘 알지 못해서 예수를 비난하고 욕하고 가버렸습니다. 그러나 예수를 바로 알고 믿는 사람은 떠날 수가 없습니다. 예수는 빵을 얻어 먹고 떠나는 사람들이 있을 때 제자들에게 너희도 가려느냐? 하니 베드로는 "영생의 말씀이 있는데 어디를 갑니까?" 라고 하였습니다.

2. 그리스도인의 소득

〈전호 계속〉 오늘날 우리가 살고 있는 세상은 몹시도 불안정한 세상입니다. 어디를 가나 안전함을 찾을 수가 없습니다. 무엇을 하나 튼튼한 보증을 가질 수가 없습니다. 우리는 많은 사람들과 함께 협력하고 도모하고 살면서도 오히려 외롭고 의지할 데 없이 허전함을 느끼게 되는 것이 오늘의 형편입니다.

그러나 예수 믿는 사람에게는 보증이 있습니다. 히브리 6:17-18에 보면 "하나님은 약속을 기업으로 받는 자들에게 변치 못할 사실을 인하여 앞에 있는 소망을 얻으려고 우리로 큰 안위를 받게 하려 하심이라"고 하였습니다. 이 말씀은 이 세상 것으로 만족하는 것이 아니라 영원한 나라의 큰 소망을 바라는 것이라는 말씀입니다. 예수를 바로 믿는 이는 언제나 예수께서 자기와 함께 계시마하신 허락을 믿는 가운데 어디를 가나 어떠한 처지에 있든지 외로움이 없이 담대히 살 수가 있습니다.

진실한 신앙인들은 세상의 율법보다도 하늘의 율법 즉 그 양심의 용납함을 따라 행합니다. 양심의 자유를 무겁게 여깁니다. 이런 그리스도인은 비록 경제적으로는 빈한한 생활을 할지도 모르나 영적 생활에 있어서는 부유함을 누리고 만족한 생활을 계속합니다. 실로 그리스도인의 즐거움은 그 물질이나 권력보다도 다만 하늘의 원칙을 따라 그 양심의 원하는 바를 실천하는데 있습니다. 이것이 바로 그리스도인이 세상에서 얻고자 하는 소득이며, 또한 하늘에까지 가지고 갈 무엇보다도 값진 이른바 그리스도인의 품성인 것입니다.

우리는 모름지기 딤후 4:7-8절의 사도 바울처럼 "내가 선한 싸움을 싸우고 나의 달려갈 길을 마치고 믿음을 지켰으니 이제 후로는 나를 위하여 의의 면류관이 예비 되었다."고 하는 간증을 우리의 생애에도 나타낼 수 있어서 예수님을 통하여 얻는 이것이 그리스도인의 소득임을 알아야 하겠습니다.

인간이 하나님께 할 일

인간과 하나님의 관계는 끊을 수 없는 관계에 놓여있습니다. 그러면 인간이 하나님께 해야 할 일은 무엇이겠습니까? 믿는 이들은 이것을 잘 알아야 합니다. 물론 할 일이 한두 가지가 아니겠지만 반드시 해야 할 중요한 일 몇 가지만 설명하려고 합니다.

(1) 안심하고 신뢰할 것입니다. 하나님이 혼자 하신다고 해서 결코 어떤

독재자에게 대해 갖는 그런 불안한 마음을 가질 필요가 없습니다. 왜냐하면 하나님은 완전히 의로우시며 전능하시고 사랑이시기 때문입니다. 하나님은 불의하신 것이 없습니다. 우주의 운행하시는 것을 보면 사시 사계절의 변화가 일정하며 모든 별들이 궤도를 운행하심에 큰 변화가 없습니다. 그러므로 전적으로 안심하고 믿고 의지해야 하는 것입니다.

(2) 기쁨으로 복종할 것입니다. 인간의 지능으로 무한하신 하나님의 하시는 모든 일을 낱낱이 다 이해할 수는 없습니다. 그러나 한 가지 분명한 사실은 하나님께서는 "모든 것이 합력하여 선을 이루도록 섭리하신다."는 사실입니다. 하나님은 인간의 깊은 마음속까지도 다 아시는 분이기 때문에 인간이 해야 할 모든 일을 잘 이끌어 나가시는 분입니다. 그러므로 인간은 기꺼이 복종해야 마땅합니다. (3) 복종할 뿐만 아니라 홀로 하나님께만 영광을 돌릴 것입니다. 그런고로 하나님께서 하신 일에 대하여 하나님께서만 영광을 받으시는 것은 당연한 일입니다. 이사야 48:11 "내가 나를 위하여 이룰 것이라, 어찌 내 이름을 욕되게 하리요 내 영광을 다른 자에게 주지 아니하리라" 우리는 하나님의 독자적인 창조를 바라보며, 하나님의 그 심오성을 깨달으며, 모든 것을 의뢰하며, 기쁨으로 순종하고, 하나님께 영광을 돌리는 것만이 인간이 하나님께 대하여 마땅히 해야 할 최상의 길이며 의무이기도 합니다.

실패하였습니까?

어느덧 한 해의 마지막 달이 되었습니다. 한 해의 실패나 불행했던 일에 대해서 지나친 미련을 갖지 않아야 합니다. 그러나 과거의 모든 경험을 통해서 도움이 되는 것은 지속적으로 유지해 나가야 합니다. 어떻게 실패를 했던 또는 어느 정도의 비참한 실패를 했던 낙심하지 않아야 합니다. 실패 속에서 성공을 이끌어 내는 아이디어를 찾아내야 합니다. 과거의 경험에서 이번에는 실패하지 않고 성공할 수 있는 방법을 모색하겠다는 결심을 가져야 합니다.

사람들 중에는 상대방의 잘못은 지적하면서 자신의 잘못은 인정하지 않는 경우가 있습니다. 항상 안일하게 하루하루를 보내서는 안 됩니다. 크거나 작거나 어떤 장애물에 쉽게 포기하면 안 됩니다. 기발한 아이디어를 등한히 하거나 기회가 와도 실행하지 않는다면 무슨 소용이 있겠습니까? 사람들 중에는 환상의 꿈만 가지고 실천을 하려하지 않는 이들이 있습니다. 다시 말하면 노력하는 것보다 일확천금을 꿈꾼다는 말입니다. 보다 나은 미래를 위해 투자하기보다는 지금의 생활에 안주하는 것은 아주 위험한 일입니다.

타인의 시선이나 비난이 두려워 앞에 나서서 활동을 하지 않는다면 그는 항상 실패할 수밖에 없습니다. 어떤 것을 비록 잃을 지라도 보람 있는 인생을 살아야 하겠습니다. 그리고 정도(正道)를 걸으면 최후의 승리자가 될 것을 확신하고 바른 길을 걸어가야 합니다. 그런데 바른 길의 표준은 어디에서 찾을 수 있습니까? 하나님의 말씀에서 기준을 잡아야 합니다. 딤후 3:16절에는 "모든 성경은 하나님의 영감으로 된 것으로 교훈과 책망과 바르게 함과 의로 교육하기에 유익합니다."라고 하였고 잠언 14:12절에는 "사람의 눈에는 바른 길 같이 보이나, 마침내는 죽음에 이르는 길이 있다." 라고도 하였습니다.

성공을 원하십니까?

사람마다 성공은 다 원하고 있습니다. 정확한 목표없이 성공의 여행을 떠나는 자는 항상 실패한다는 것을 염두에 두어야 합니다. 목표없이 일을 진행하는 사람은 기회가 와도 그 기회를 모르고 준비가 안 되어 있어서 실행할 수 없습니다. 잘못된 목표의 설정은 성공해도 성취감을 못 느낍니다.

과거의 생각에 너무 집착하면 안 됩니다. 한 인간이 평생을 살아가는 동안에 숱한 고난과 시련 속에서 실패를 맛보게 됩니다.

에이브라함 매슬로우(Abraham Maslow)라는 심리학자가 있습니다. 정치 경제 학문 종교 등의 각 분야에서 고도의 성숙에 이른 분들의 심리를 특별히 연구한 사람입니다. 그가 다음 같이 쓴 글이 있습니다. "그 사람이 얼마나 성공하느냐는 그가 얼마나 많은 고난과 실패를 이겨 왔느냐와 비례한다."고 하였습니다. 그런 점에서 우리는 고난과 실패 없이 성공하게 된 사람을 생각하기 어렵습니다.

개인만 그러한 것이 아닙니다. 한 나라와 민족 역시 마찬가지입니다. 왜 인간은 고난과 실패를 통하여 성숙되어지며 역사는 비상하는 것일까요? 그런 가운데서 하나님께서 친히 동참하시고 역사하시기 때문일 것입니다. 성경이 우리들에게 가르쳐 주는 것은 하나님은 우리가 당하는 고난과 실패에 방관자가 아니라 직접 동참하시는 분이심을 일러 줍니다. 우리와 함께 고난과 실패 속에 동참하시고 고난을 부활의 승리로 바꾸시는 하나님을 발견케 될 때에 새로운 삶에의 지평이 열리게 됩니다.

사도 바울은 감옥에 갇힌 자리에서 빌립보서를 기록했고, 존 번연도 긴긴 옥살이에서 『천로역정』을 지었으며, 죤 밀톤은 눈이 멀게 된 후에야 영적인 눈이 열려 『실락원』을 썼습니다. 성공을 진정으로 원한다면 하나님을 모시는 가운데 이루는 성공이 영원으로 이어진다는 사실을 분명히 믿기 바랍니다.

나를 깨트릴 때

태국의 방콕에서 멀지 않은 강가에서 상당히 크고 무거운 콘크리트 불상이 발견되었습니다. 그것을 발견한 승려는 그 불상을 갖다 둘 절을 지었습니다. 아주 무겁고 거대한 불상을 옮기기 위해 크레인을 동원해 불상을 로프에 매어 들어 올리게 되었습니다. 그런데 그 불상을 얼마쯤 올리다가 그만 로프가 끊어지는 바람에 불상이 땅에 떨어져 깨져 버렸습니다. "아이고 머니나!" 하고 승려는 외쳤습니다. 다음날 깨진 불상을 주워 모아 붙여보려고 하였습니다. 깨진 조각을 다시 붙여서 위에 놓고 거기서 복을 받으려니 어떻게 생각하면 웃습지요.

불상은 사람이 만든 작품입니다. 교회도 그 건물 자체가 구원을 주는 것은 물론 아니지요. 아침에 나가보니 깨진 부분 속에서 아침 햇살에 광채가 나타났습니다. 깨진 곳마다 누런 광채가 났습니다. 그는 깨져 나간 콘크리트를 모두 깨트려 보았습니다. 그랬더니 콘크리트 속에서 사람이 만든 황금 덩어리 불상이 나타났습니다. 그 불상은 1295년에 샴왕이 만든 불상이었습니다. 샴왕이 순금 불상을 만들어 세우려고 할 때에 버마가 전쟁을 일으켜 공격해 오게 되었습니다. 그래서 이 순금 불상을 감추기 위하여 순금 위에 그대로 콘크리트로 덧씌워서 보통 불상처럼 크게 다시 만든 것이었습니다. 침공을 받았던 그 지역 태국인들이 모두 죽자 그것이 황금 불상인 줄 아무도 모르고 많은 세월이 지난 후 발견되었던 것입니다.

잘 들으세요. 모든 사람은 죄인이지만 자기가 죄에 완전히 쌓여서 죄인인 줄을 모릅니다. 그러므로 예수님은 인간의 죄를 사하여 주기 위해서 십자가에서 죽으셨습니다. 인간은 누구나 죄로 덧쌓인 자신의 자아가 하나님 앞에서 회개를 통해 깨트려 질 때 하나님의 형상으로 회복되고, 하나님의 자녀다운 권세로 소망 중에 다시 살게 되는 것입니다.

은혜를 보답하는 사람

사람은 이 세상을 살면서 남에게 신세를 지기도 하고 또 남을 도와주기도 합니다. 그러나 받은 은혜를 잘 보답한다는 것은 아주 소중한 일입니다. 세상에는 은혜를 원수로 갚은 사람이 있습니다.

나는 이런 이야기를 들은 일이 있습니다. 누구든지 미국에 처음 오면 생소하지 않습니까? 그래서 먼저 온 이들의 도움을 받는 경우가 많습니다. 이민 온 이 중에 미처 차를 사지 못해서 먼저 이민을 와서 자리를 잡은 한 분이 시장에 갈 때 태워다 주기도 하고, 아이들을 학교에 자기 아이들과 함께 태워가기도 했습니다. 그런데 한 번은 같이 타고 가다가 사고가 났습니다. 큰 사고는 아니었는데 이웃 사람들이 이런 때에 돈을 받아내야 한다고 부추겨서 결국 얼마를 안 주면 고소하겠다고 하여 은혜를 원수로 갚았다는 이야기 입니다.

대부분의 사람들은 다 은혜를 갚기를 원하는 줄을 압니다. 그러나 모든 사람이 가장 큰 은혜를 입고도 잘 알지 못하는 것이 있습니다. 그것은 하나님께서 우리 인간에게 베풀어주신 은혜입니다. 이 은혜는 너무 커서 사람들이 알지 못하고 지나갑니다. 예를 들면 하나님이 주신 공기 같은 것은 안 마시면 일시도 못 사는데 그런 은혜를 고마운 줄 모르고 살아가고 있습니다. 하나님이 베풀어 주신 온갖 은혜를 어떻게 일일이 다 말할 수 있겠습니까? 사람이 그 큰 하나님의 은혜를 갚을 수 없지만 하나님은 갚을 수 있는 길을 하나 열어주셨습니다.

신약성경 에베소 2:8-9절을 보면 "너희가 그 은혜를 인하여 믿음으로 말미암아 구원을 얻었나니 이것이 너희에게서 난 것이 아니요 하나님의 선물이라 행위에서 난 것이 아니니 이는 누구든지 자랑치 못하게 함이니라."라고 하였습니다. 은혜를 보답하는 유일한 길은 하나님의 은혜를 깨달고 그 분이 보내신 예수님을 믿는 것이 은혜를 보답하는 가장 귀하고 값진 감사의 생활을 하는 것입니다.

1. 과분한 은총

오늘은 다윗 왕에 대한 사건을 살펴보고자 합니다. 다윗 왕은 이웃 나라와 전쟁을 하게 되었는데 부하 장군이 잘 싸워주어서 마침내 랍바성을 점령하고 적국인 암몬 왕의 면류관을 받아쓰게 되었습니다. 보석으로 꾸며진 적국 왕의 면류관은 그 중량이 금 한 달란트에 해당하리만큼 값비싼 것이었지마는, 다윗의 감격은 "면류관이 이렇게 값나간다."하는 물질적 가치에 있는 것이 아니라 정신적인 의미에 있었습니다.

암몬 왕은 왜 망했을까요? 구약 사상으로 보아서 죄값이라고 대답해야 옳을 것입니다. 그래서 암몬 왕은 마침내 망하고 그의 면류관은 다윗의 머리로 돌아온 것입니다. 그렇다고 하면 "다윗에게는 죄가 없다는 말입니까?" "그렇다"고 말할 수는 없습니다. 우선 암몬 왕과 전쟁을 하고 있는 동안에 유부녀를 농락하고 충성스러운 군인 남편 우리아를 살해했으니 말입니다. 그럼에도 불구하고 암몬 왕의 면류관이 다윗 왕에게로 돌아왔으니 이야말로 과분한 은총이 아니겠습니까?

우리들이 생각할 때에 어떤 사람은 실패하는데 나는 성공하며, 어떤 사람은 병약하여 골골하는데 나는 건강하며, 혹자는 가난한데 나는 부유하고 잘사는 경우가 있을 수 있습니다. 이러한 경우에 나의 성공과 형통이 그만한 혜택을 입지 못한 다른 사람보다 선하고 의롭기 때문이라는 자만한 마음은 아예 생각지 말아야 합니다.

그러므로 누가복음 18:11절처럼 행여 병들고 가난하고 외롭고 불행한 이웃을 멸시하며 바리새인처럼 저만 잘한다는 생각을 버려야 합니다. 요한 번연의 말대로 하나님의 도우시는 은총이 아니었다면 저 감옥소의 죄수와 입원실의 환자는 바로 다름 아닌 나 자신이었을 것이기 때문입니다. 특별히 믿는 이들은 항상 하나님의 과분한 은총임을 알고 살아갑시다.

2. 과분한 은총

사실 우리가 세상을 살다가 보면 어떤 일에 대해서 불평도 하고 "겨우 이거야"하고 불만스러운 보상으로 받아들이는 일들이 있습니다. 그러나 하나님의 일에는 그래서는 안 됩니다. 항상 우리는 "인자가 무엇이관데 저를 생각하시나이까?" 하고 송구스러워해야 마땅합니다.

한국에서 어떤 예수 잘 믿는 분이 도둑을 맞았습니다. 며칠 후 그 범인을 붙들었다고 조사하게 오라고 해서 가보니까 잘 아는 이웃 사람입니다. 사정하고 호소해서 그 사람을 나오게 한 후 찾아가서 다시 그렇게 하지 말라 하고 상당액의 금일봉을 주니 목놓아 울더라고 합니다. 과분한 은총 때문인 줄 압니다.

우리는 과분한 은총을 입고 살아가는 사람들입니다. 우리가 하나님께 영광을 돌려야 합니다. 우리가 무엇을 한다는 것이 하나님께 충족한 보답이 될 수는 없지만 우리의 힘이 미치는데 까지 하나님께 기쁨을 드리고 존귀와 영광을 돌려야 합니다. 만일 나의 형통함이 나 개인을 위한 것으로 그친다면 과분한 은총에 배은망덕한 죄가 될 것입니다. 이 시대에 있어서 모든 사람들보다 나은 것이 없는데, 이 넓은 미국까지 보내 주시고, 하나님께서 도와주시고, 구원의 길로 붙들어 주시는 과분한 은총에 그저 감사 감격하면서 살아가야 하는 것입니다.

죄 값으로 죽어야 마땅할 우리들인데 하나님께서는 여전히 사랑해 주시고 구원받는 은혜를 입게 하시며 이렇게 살아가게 하시니 우리는 그저 고마울 뿐입니다. 과분한 은총을 찾을 줄 아는 것이 중요합니다. 우리는 하나님과 교회를 위해서 이렇다 할 만한 충성을 바치지도 못하였건만 하나님께로부터 분에 넘치는 사랑과 대접을 받기도 합니다. 인생에 있어서 가장 과분한 은총은 하나님을 믿게 되어 구원을 받게 되었다는 사실임을 알아야 합니다.

삶의 준비

감춰진 보화

옛날에 유대나라는 작은 나라이어서 인접한 나라들에게 자주 침략을 받았습니다. 그런 관계로 보물을 그냥 집에다 두면 도적떼가 와서 빼앗아가는 일이 많고 그렇다고 그때는 믿을 만한 은행도 없었습니다. 또 주권자가 바뀔 때마다 부자나 재산이 있다고 인정되는 사람들에게는 가혹한 세금을 징수하다가 내지 않으면 집을 뒤지기도 했습니다. 어떤 때는 적군과 싸우게 되면 마구 들어가 재물을 뺏어가기 때문에 이런 위험을 미리 생각한 재산가들은 일부러 보물을 은밀하게 몰래 감추려 할 때 가장 안전하다는 방법으로 집 주변이나 자기 밭의 땅속에 파묻어 두었습니다.

예수님은 이런 비유를 말했습니다. "한 농부가 남의 밭을 갈아주다가 땅속에 보물항아리를 발견하였다. 그러나 이 땅은 남의 땅이어서 그것을 소유하기 위하여 자기 전답을 팔아 그 땅을 샀다. 그때 많은 사람들은 그 농부를 어리석다고 빈정거렸다. 그러나 후에 보물을 캐내는 것을 본 사람들은 '아 저 보물을 보고 그랬는데 우리가 몰랐구나!' 하고 부러워하였다. 이 보물을 발견한 사람이 자기의 완전한 소유가 될 때까지 어떤 장애라도 물리치고 끝까지 애를 써서 자기 것을 만들었다."고 비유로 설명하였습니다.

그 농부의 비유는 한 번 확실하게 하늘의 보화를 발견한 사람은 그 진리의 보물을 자기 소유로 하기 위해서 어떤 희생, 어떤 괴로움도 잘 참았습니다. 모든 수속을 마친 후에 비웃고 조롱하던 사람들 앞에서 보물을 꺼내 보일 때 놀라는 것처럼, 예수님 다시 오시는 어느 날엔가는 조롱하던 그 사람들이 예수님 앞에서 크게 가슴 치며 탄식하고 '우리가 너무 몰랐구나!'하고 후회할 날이 있습니다. 반드시 한 번은 조소하던 그 사람들이 깊은 시름 속에서 영원한 후회할 날이 있음을 분명히 알고 예수님을 믿기 바랍니다.

무엇을 남겨야 합니까?

알제리 출생인 프랑스의 실존주의 작가 까뮤(Camus Albert)는 많은 작품을 쓰는 가운데 소설 '전락'을 발표하여 1957년 노벨 문학상을 받았는데 그 받은 돈으로 자기 개인 별장을 샀습니다. 영국 빅토리아 여왕시대에 쇼우드(General Showood)라는 장군이 있었는데 많은 사람들에게 전쟁의 영웅으로 존경을 받는 사람이었으며 그는 진실한 크리스천이었습니다. 그가 큰 전쟁에서 승리하고 돌아왔을 때 빅토리아 여왕은 그를 존경하고 사랑하고 감격한 나머지 순금으로 특별히 크게 메달을 만들어 거기에 쇼우드 장군의 이름을 새겨서 메달을 그의 목에 달아주었습니다. 사양하고 사양했지만 여왕의 간곡한 부탁으로 받고 물러나왔습니다.

그 후 순례의 인생길을 다 끝내고 죽은 다음에 가족들이 그 여왕으로부터 받은 메달을 찾는데 찾을 수가 없었어요. 그런데 얼마 지나서 그의 일기장 속에 "내게 준 그 명예, 좋지만 내가 이것들을 녹여가지고 가난하고 어렵고 비천한 사람들이 먹고 살 수 있는 양식으로 바꾸어 주련다. 그래서 나는 나의 이름이 새겨져있는 메달을 녹여서 나누어주었다."라고 일기에 남기고 세상을 떠났습니다. 후에 빅토리아 여왕이 그 말을 듣고 이런 유명한 이야기를 했다고 해요. "쇼우드가 승리한 날보다 그가 죽은 날이 그에게는 훨씬 더 영광이 되었을 것이다." 라고 말입니다.

크리스천인 그가 주님 앞에 서는 날 그에게는 얼마나 영광이 되었겠습니까? 조금 전에 말한 까뮤는 자기를 위해서 산 별장에서 돌아오다가 어느 날 아침 자동차 사고로 죽었습니다. 이 두 사람은 아주 대조를 이루었지요? 가장 크게 존경을 받는 사람은 하나님을 믿으며 영원한 것을 이 땅에 남기는 것입니다. 인생이 장차 영원한 멸망을 향해 가는데 그 영혼을 위하여 하늘에 보물을 쌓는 것은 존귀한 것을 남기는 것입니다.

1. 나이가 들 때

오늘은 나이가 들면 꼭 해야 할 내용들을 살펴보려고 합니다.

1) 나이 들면 누워있지 말고 끊임없이 움직여야 좋습니다. 이런 말이 있습니다. "움직이면 살고 누우면 죽는다."는 말입니다.
2) 하루에 하나씩 즐거운 일을 만들어 보십시오. 왜냐하면 하루가 즐거우면 평생이 즐겁기 때문입니다.
3) 마음에 들지 않아도 웃으며 받아들이는 여유를 가지십시오. 이 세상 모든 사람, 모든 일이 내 뜻대로 되는 것은 아닙니다.
4) 젊은이들과 어울려 보십시오. 젊은 기분이 유입되면 활력이 생겨납니다.
5) 한 번 한 말은 두 번 이상하지 말아야 합니다. 말이 많으면 따돌림을 받기 쉽습니다.
6) 모여서 남을 흉보지 마십시오. 나이 값하는 어른만이 존경을 받게 되어 있습니다.
7) 지혜롭게 처신하여야 합니다. 섣불리 행동하면 노망으로 오해를 받기도 합니다.
8) 항상 성질을 느긋하게 가져보십시오. 조급한 사람이 언제나 세상을 먼저 갑니다.
9) 자주 목욕으로 몸을 깨끗이 하십시오. 그래야만 곁에서 사람이 피하지 않습니다.
10) 돈이 재산이 아니라 사람이 재산입니다. 돈 때문에 사람을 잃어서는

안 됩니다.

11) 술 담배를 하는 분은 끊거나 줄여야 합니다. 내 나라 내가 지키듯 내 생명 내가 지켜야 하지 않습니까?

12) 좋은 책을 읽고 또 읽어 보십시오. 마음이 풍요해지고 치매가 예방 됩니다.

13) 대우받으려고 하지 마십시오. 세상은 어제 다르고 오늘이 다르게 변 합니다.

14) 먼저 모범을 보여주십시오. 그래야 젊은이들이 본을 받고 존경하게 됩니다.

15) 주는데 인색하지 마십시오. 되로 주면 말로 돌아오는 일이 많습니다.

16) 하루에 10분씩만 웃어보십시오. 수명이 연장되고 인자한 어른으로 기억됩니다.

17) 급할 때만 하나님을 찾는 사람이 있는데 그러지 마십시오. 평소에 하 나님을 찾아야 합니다.

2. 나이가 들 때 (전호 계속)

18) 남의 잘못을 보며 괴로워하지 말고 잘하는 점만을 보며 기뻐하십시오.

19) 병을 두려워 마십시오. 잔 병 있는 이가 전혀 병이 없다는 사람보다 오래 산다고 합니다.

20) 세상을 비관적으로 보지 마십시오. 이왕이면 매사를 밝은 눈으로 바 라보면 유익합니다.

21) 아파트나 집 관리에만 신경쓰지 마십시오. 자기를 관리하는데 신경을 써야 합니다.

22) 좋건 나쁘건 지난날은 무효입니다. 소용없는 지난 일에 집착하지 말아야 합니다.

23) 고마웠던 기억만을 간직하십시오. 괴로웠던 기억은 깨끗이 지워버려야 합니다.

24) 지혜로운 사람과 어울리는 것이 좋습니다. 바보와 어울리면 어느새 자기도 바보가 되어갑니다.

25) 그 날에 있었던 좋은 일만 기록하십시오. 그것이 행복 노트가 됩니다.

26) 작은 것도 크게 기뻐하십시오. 기뻐할 일이 자꾸 늘어납니다.

27) 유서를 작성하고 다니라는 말도 있습니다. 그것은 자기 삶의 결산서이기 때문입니다.

28) 나이를 상관하지 말고 배움에 힘쓰십시오. 나이가 많다고 배움을 주저하는 것은 어둔 밤길을 자초하는 것과 같습니다.

29) 칭찬을 많이 하십시오. 언제인가는 그 칭찬이 내게 돌아옵니다.

30) 적게 먹고 많이 움직여 보십시오. 몸도 가벼워지고 몸에도 건강이 옵니다.

31) 나이 들어도 가슴을 펴십시오. 점차로 건강이 보이게 되어 있습니다.

32) 스트레스를 받으면 방에 있지 말고 나가서 자연을 바라보십시오. 스트레스는 가능한 한 그날에 해소시켜야 합니다.

33) 내가 가지고 떠날 것은 없습니다. 무엇을 남기고 갈 것인가를 생각하면서 살아야 합니다.

34) 바른 신앙을 가지십시오. 하나님은 우주의 주인이시며 인간의 생사 화복을 주장하시는 분입니다.

35) 외로울 때 성경을 읽어보십시오. 많은 사람들은 위로를 받으며 소망 가운데 살게 됩니다.

인간 개조

글렌 중령이 우주를 돌아오고 또 미국의 아폴로 11호가 달나라에 다녀왔습니다. 그리고 계속해서 우주를 정복한다고 우주선을 발사하고 우주를 탐험하여 달뿐만 아니라 화성에도 갔다 왔습니다. 그래서 우주시대라고 할 수 있게 되었습니다. 인간의 지식은 점점 확대되고 새로워져 나가고 있습니다. 전자에서 원자로, 또 핵으로 나가고 있습니다. 이 모든 것을 잘 이용하면 축복이요, 잘못 사용하면 전멸을 당할 수밖에 없는 것입니다.

한 면에는 희망의 광명이 있고, 다른 면에는 절망의 흑암이 도사리고 있습니다. 이렇게 볼 때 인간은 광명과 흑암의 백척간두에 서있습니다. 이러한 시대의 위기를 따라 해결할 수 있는 초점이 "어디에 있는가?" 할 때에 인간의 마음 자체에 있습니다. 인간의 머리는 변하고 발전하고 변혁이 되었지마는 마음은 그대로 조금도 달라짐이 없습니다. 과학은 발달했으나 사람은 그대로 있습니다. 말하자면 죄인 그대로 있습니다.

이 근래의 새 사람 즉 〈인간개조〉란 말이 흔히 나옵니다. 인간개조가 무엇입니까? 바울은 새로운 피조물의 인간을 말하였습니다. 인간의 마음이 다시 지음 받는 것입니다. 그러면 새 사람 되는 길은 무엇입니까? 인간 개조하는 방법은 한 길 밖에 없습니다. 즉 사람을 만든 하나님께로 돌아오는 것만이 새 사람으로 인간개조가 될 수 있습니다.

이와 같이 하나님의 아들 예수 그리스도는 인간을 모든 죄와 허물로 낡아버린 사람의 마음을 새로운 마음으로 개조하고 창조할 수 있다는 사실을 의심해서는 안 됩니다. 고린도 후 5:17에 "그런즉 누구든지 그리스도 안에 있으면 새로운 피조물이라 이전 것은 지나갔으니 보라 새 것이 되었도다." 이 말은 예수 안에 살면 누구나 새 사람 즉 인간 개조가 된다는 진리를 말씀하고 있습니다.

이런 마음으로 살면

말을 한 마디 해도 세상에 때묻지 않은 사람인 듯 신선한 사람이 되면 좋을 것입니다. 사람이 순수하다 못해 여린 마음을 가진 듯 비쳐져서 내 마음까지도 맑아질 것 같은 사람이 되는 것 말입니다. 또 마음이 비단결 같이 곱고 아름다워서 바라만 보아도 기쁠 것같은 사람이 되는 것입니다.

세상이 거짓되고 모순투성이 일지라도 내가 사귀는 그 사람만은 진실되고 믿음이 가는 그런 사람과 세상사는 이야기도 나누고 싶은 것입니다. 상대방이 모든 것 털어놓을 수 있는 그런 사람이 되는 것은 참으로 바람직한 일입니다. 눈빛이 너무 맑고 그윽한 빛이어서 다가가서 속마음을 주어도 될 그런 사람이 되는 것은 누구나 원하는 일입니다.

만나서 지루하지 않고 설레임의 마음을 가져다주는 사람이어서 긴긴 이야기꽃을 피울 수 있는 사람이 되면 얼마나 좋겠습니까? 대화할 때 희망의 마음을 가져다주는 사람이어서 내 마음에 화사함으로 다가오는 사람이 되면 누구에게나 좋을 것입니다. 만났을 때 그리움이 밀려와서 악수하면서 얼른 손을 놓고 싶지 않을 만큼 반가워지는 사람이 되면 좋을 것입니다.

나 자신이 거울을 보며 활짝 웃어보세요. 거울 속의 사람도 나를 보고 웃지 않습니까? 너그러운 마음을 가지십시오. 사촌이 땅을 사면 기뻐하세요. 사촌이 잘 되어야 나도 잘 되게 마련입니다. 언제나 마음 밭에 사랑을 심으십시오. 그것이 자라나서 행운의 꽃이 핀다는 것을 알게 됩니다.

끊임없이 베푸는 마음은 필요합니다. 샘물은 퍼낼수록 나오게 마련입니다. 우리 가정을 위해 기도해야 합니다. 가정은 희망의 발원지요 행복의 중심지이기 때문입니다. 잠언 15장 3절에 "여호와의 눈은 어디서든지 악인과 선인을 감찰하시느니라." 하나님을 두려워하는 마음으로 살면 남은 생애를 복되게 살 수 있습니다.

사랑을 주는 사람

이 세상을 살아가면서 무엇보다 중요한 것은 사람의 마음이고 그 마음에는 사랑이 담겨 있어야 합니다. 그러므로 사랑은 상대적인 것이 아니라 절대적인 것입니다. 자녀가 10명이라고 애정을 10분의 1씩 나눠

주는 부모는 없습니다. 부모는 모든 자식에게 100% 이상의 애정을 골고루 주는 법입니다. 그래서 사랑은 절대적이라는 것입니다. 사람이 사랑한 만큼 사랑의 보답을 그대로 기대한다면 그 사랑은 투자에 불과합니다. 참사랑은 한없이 주고 또 주는 지고한 사랑이며 자신이 희생할 때에 사랑의 진가가 보이는 것입니다.

사랑이 적은 마음은 무관심입니다. 이웃의 고뇌를 도와야 할 상황에서 동정하지 않으면 존귀한 사람이라고 할 수 없습니다. 일반적으로 사랑하면 사랑을 받습니다. 사랑을 주면 사랑을 되받게 됩니다. 사람이 믿으면 믿음을 받게 됩니다. 미워하면 미움을 받습니다. 의심하면 의심을 받습니다. 스스로를 매우 사랑하는 사람은 이미 행복의 반을 얻은 것과 같다고 합니다. 이제 나머지 반은 주위에 있는 모든 것을 사랑하면 됩니다.

가족이 건강하다는 것은 복된 상태를 말하는 것입니다. 가족 중 한 사람이 아플 때에 그것으로 인해 가족들이 얼마나 큰 관심을 가지며 사랑으로 돕고 긍휼한 마음으로 쾌유를 위해 기도합니까? 사람이 사람을 싫어하는 이유는 좋지 않은 면을 너무 잘 알고 있기 때문입니다. 그러나 상대방의 사고방식이나 인간성 더 나아가 가족관계까지 좋은 면을 알게 되면 생각이 아주 달라집니다.

참으로 사랑하면 세상에 미워할 사람은 없을 것입니다. 예수님은 사랑을 주기 위하여 이 세상에 오셨습니다. 그래서 예수님은 이 세상에 섬기러 오셨다고 하였습니다. 마침내 예수님은 모든 사람에게 그 끔찍한 십자가를 지면서까지 만민을 위하여 사랑을 베푸신 분이십니다.

진취적인 정신

앨빈 토플러(Alvin Toffler) 박사는 세계가 알아주는 미래학자입니다. 그가 2007년 4월 서울을 방문하였을 때에 국내 언론과의 인터뷰에서 다음과 같은 발언을 하였습니다. "한국은 그 특유의 기백(氣魄)과 역동성, 신명(神明)으로 무에서 유를 창조한 나라인데, 최근 그것을 상실해 가고 있는 것이 문제입니다." 참석한 이들이 옳은 지적이었다고 말했습니다.

우리가 무엇으로 경제발전을 이루어 나왔습니까? 어떻게 올림픽을 개최할 수 있었습니까? "우리도 한 번 잘 살아 보자" "우리도 할 수 있다."는 긍정적이고 진취적인 정신과 자신감을 바탕으로 이루어 낸 역사라고 할 수 있습니다. 좁고도 좁은 국내시장에서 세계시장으로 과감히 뻗어나간 용기와 기백이 낳은 결실입니다. 그러나 안타깝게도 우리의 그 소중한 자산이라고 할 수 있는 긍정적 정신과 기백이 그 동안에 많이 사그라지고 있습니다. 오늘에 있어서 이를 되살려내는 것이 가장 큰 투자입니다. 그런 진취적인 정신이 사그라졌기에 나라가 우왕좌왕하고 앞으로 나가지를 못하고 있습니다.

그러므로 한국정부가 하여야 할 최우선 과제가 진취적이며 도전적인 정신과 용기를 국민들 사이에 불러일으키는 것이요, 또한 현대 교육이 도모하여야 할 최고의 목표이며 큰 과제입니다. 진취적인 생각을 갖는 집단은 언제나 '안' 보다는 '밖'을 보고, '과거' 보다는 '미래'를 바라보는 것입니다. 이런 나라는 비현실적 이상주의 보다 현실적인 실용주의를 택하고, 폐쇄적인 배타주의 보다 개방적인 포용주의로 나가게 됩니다. 이런 정신은 어느 시대에나 참으로 필요한 것입니다. 하나님은 방황하고 주저하는 사람보다 앞을 내다보며 끊임없이 기도와 간구로 하나님의 도우심을 구하는 사람에게 항상 함께 하시고 도와주심을 믿고 진취적인 결단을 가지고 나가야 합니다.

과학이 주는 현대생활

21세기 현상 중에 가장 많아지는 것이 기계의 발전입니다. 컴퓨터 시대에 들어서면서 지금은 인터넷을 중심해서 많은 정보가 오고가므로 얼마나 큰 변화를 가져오는지 모릅니다. 이렇게 과학의 발전과 공업의 진도(進度)를 따라 인류생활에 가져오는 변천은 너무도 큰 것입니다. 그래서 세계인구 70억이 살고 있는 이 어마어마한 세계이지만 이웃같이 여겨지게 되었습니다.

그러므로 오늘에는 지구촌 소리를 합니다. 한 마을처럼 잘 알게 되었다는 말입니다. 그 전에는 전부 담을 쌓은 것처럼 막혀서 문물을 주고받지 못했지만 지금은 이웃나라 사이에 무역은 대단한 발전을 하였습니다. 어디서 어떤 사건이 일어나면 전 세계가 다 알고 또 관심을 갖습니다. 큰 일은 몇 분 후면 온 세계가 다 알 수 있는 시대가 되었습니다. 아주 작은 일까지 알 만큼 세계가 좁아지고 한 집안속처럼 되었습니다.

며칠 전에 어떤 신문을 보니까 영국의 윈저궁에 있는 엘리자베스 여왕의 창고에 좀도둑이 들었다는 소식까지 알아볼 만큼 알게 되고, 수만리 밖에 있는 외국의 왕자가 세례 받는 일까지도 알게 되었습니다. 국제적인 중요한 문제는 세계가 관심을 가지고 관계를 합니다. 그래서 U. N. 같은 기구도 생겨났습니다.

이러한 현상을 관망할 때에 두 가지 사실이 나타납니다. 첫째는 세계의 문화교류를 잘 하므로 인간생활이 유용하게 잘 될 수 있는 가능성과, 둘째는 잘못해서 크게 전쟁하면 참혹한 현상으로 보다 속히 종말의 종지부를 찍을 수 있다는 것입니다. 그러므로 인간은 하나님의 크신 능력의 손을 의지하고 사랑과 평화를 원하시는 하나님을 믿고 선한 방향으로 나가야 합니다. 인간이 하나님께 교만 방자한 행동으로 나가면 세계의 멸망은 그만큼 빠르게 파멸에 이르는 것을 알아야 합니다.

충고의 소중성

인간은 사회적 동물이라고 하듯이 혼자 사는 것이 아니므로 언제나 대인 관계가 매우 중요합니다. 대인관계가 잘 못 되므로 친하던 사이가 하루아침에 원수로 바뀔 수도 있고 오랫동안 좋지 않던 사이가 도움의 말로 평생의 친분을 쌓게도 되는 것이므로 좋은 충고를 참작하는 것은 매우 소중한 일이라고 여겨집니다.

당신이 없을 때 다른 사람이 여러 사람들 앞에서 당신을 비웃는 이야기 한 것을 나중에 당신이 알게 될 때에 원한 관계를 맺게 되기 쉽습니다. 모든 사람들과 대화할 때에 당신만 계속 말한다면 곁에 사람들에게 좋은 인상을 받지 못하는 것을 항상 염두에 두어야 합니다.

성경 잠언에는 좋은 충고의 말이 많이 있습니다. 잠 10:19절에 "말이 많으면 죄를 짓기 쉬우니 말을 삼가는 사람이 지혜로운 자이다." 잠 14:29절에 "좀처럼 성을 내지 않는 사람은 매우 명철한 사람이지만, 성미가 급한 사람은 어리석음만을 드러낸다." 잠 11:22절에 "아름다운 여인이 삼가지 아니하는 것은 돼지코에 금고리를 다는 격이다."

잠 15:1절에 "부드러운 대답은 분노를 가라앉혀도 과격한 말은 분노를 일으키게 한다." 상대방의 마음을 존중히 여기며 마음 깊이 우러나오는 사랑으로 좋은 충고를 해준다면 오해를 하지 않을 것입니다. 그러나 진심으로 사랑하는 마음이 없으면서 자기가 잘나서 충고하는 것을 알게 되면 기분상으로도 잘 받아들이지 않습니다. 예수님의 진정한 사랑을 가지고 진심으로 충고하면 어느 누구도 거절하지 않을 뿐만 아니라 순수한 그 속마음을 알기 때문에 받아들일 것입니다.

일일이 열거할 수 없이 좋은 충고의 말씀이 성경에 많이 있습니다. 모쪼록 성경을 읽으면서 이 세상 살아가는 동안 좋은 충고를 가슴에 담고 하나님을 의지하며 바르게 살아 나가기를 바랍니다.

자신의 성장을 위해

사람은 독창성을 기르는 것이 중요합니다. 그러기 위하여 이제까지 가진 고정관념을 버려야 합니다. 백지상태로 받아들이는 것입니다. 어떤 일이 생겼을 때 먼저 '왜, 어떻게? 이런 일이 일어났을까?' 반문해보고 언제나 자신을 객관적으로 보아야 합니다. 늘 목표를 확인하고 끈기를 가지고 나가보십시오. 일을 만났을 때 눈치를 보거나 위축되지 말고 자유로운 마음을 가지고 나가야 합니다.

언제나 시대의 흐름을 보려고 힘쓰십시오. 그리고 다양한 정보를 얻을 수 있는 데까지 얻도록 노력해야 합니다. 때로는 소설이나 예술 분야에서 영감이나 힌트를 얻으면 좋습니다. 할 수 있는 대로 만남의 폭을 넓혀가야 합니다.

특별히 날마다 정기적으로 생각하는 시간을 가져보십시오. 먼저 긍정적인 정신자세를 보여야 합니다. 이기적인 생활에서 남을 위한 의미 있는 일을 찾아보세요. 삶의 기준을 정하고 불의와 타협하지 말아야 합니다. 장기적이거나, 단기적인 목표를 구체적으로 세워보십시오. 그 방면에 노련한 일인자를 찾으면 더 좋습니다. 물론 능력에 맞는 계획을 세워야 합니다. 할 일과 생각나는 것을 시각화하는 습관을 기르십시오. 내일 일에 대해 자기 전에 우선순위를 정해 메모해 두면 아주 필요한 때 활용할 수 있습니다.

어떤 절망 앞에도 희망을 버리지 말아야 합니다. 자신의 발전을 위하여 노력해야 합니다. 성장을 계속하도록 힘써야 합니다. 새로운 만남, 새로운 취미, 새로운 책을 가까이 하면 계속 성장합니다. 넓은 마음을 가지고 때로는 나보다 젊은 사람들을 통하여서도 자극을 받아들여야 합니다. 사람마다 칭찬은 좋아하는데 충고는 별로 반가워하지 않는 사람이 많습니다. 하나님께서는 겸허한 마음으로 충고를 바로 받을 줄 아는 사람을 사랑하시며 이런 사람이 자신의 성장을 기대할 수 있습니다.

1. 아름다운 덕목

사람은 연세가 높아갈수록 자기의 고집과 주장을 너무 내세우지 말고 '내가 하는 일이나 말이 하나님 보시기에 합당한 일인가? 아닌가?'를 잘 살펴서 지혜롭게 사는 것이 중요합니다.

우리의 생활환경 속에는 하지 말 것과 해야 할 것이 있습니다. 원망을 하지 말아야 합니다. 언제나 원망은 마음을 상하게 하고, 가슴속에 응어리져 건강을 해치며, 결국은 자기에게 손해만 남게 됩니다. 가급적 궁상을 부리지 말아야 합니다. '내 처지가 이런데, 일어날 수 있도록 날 봐주겠지'라는 마음에 위로 받을 생각은 아예 하지 말아야 합니다. 특히 죽겠다는 소리는 입 밖에도 내지 말아야 합니다. 믿는 사람은 하나님을 의지할 지언정 사람을 의지하지 말아야 합니다.

언제나 매사에 조급해 하지 마십시오. 조급해서 얻을 수 있는 것은 실수뿐이라는 것을 알아야 합니다. 중요한 것은 자신을 바로 아는 것입니다. 내가 어쩌다가 여기까지 왔나를 냉정하게 생각해볼 필요가 있습니다. 자책이 아니라 어디까지나 반성을 말합니다.

나는 기독교인이기 때문에 가톨릭의 고 김수환 추기경에 대하여 별로 많이들은 것이 없었습니다. 그런데 한 지인이 나에게 그 분의 좋은 글을 보내주어서 의미 있게 잘 읽었습니다. 정말 훌륭한 지혜의 덕목을 가진 분이라고 여겨졌습니다. 이 번과 다음 회에 걸쳐 고 김수환 추기경의 좋은 글을 그대로 소개합니다. 이미 읽었어도 한 번 더 음미하십시오.

〈말(言)〉 말을 많이 하면 필요 없는 말이 나온다. 양 귀로 많이 들으며, 입은 세 번 생각하고 열라.

〈책(讀書)〉 수입의 1%는 책을 사는데 투자하라. 옷이 해지면 입을 수 없어 버리지만 책은 시간이 지나도 그 위대한 진가를 품고 있다. (다음 회에 계속)

2. 아름다운 덕목

(지난 회에 이어서) 노점상 할머니(한국의 경우) 등 〈노점상에서 물건을 살 때 깎지 말라〉 그냥 돈을 주면 나태함을 키우지만 부르는대로 주고 사면 희망과 건강을 선물하는 것이다.

〈웃음(笑)〉 웃는 연습을 생활화하라. 웃음은 만병의 예방약이며 치료약이며 노인을 젊게 하고 젊은이를 동자(童子)로 만든다.

〈TV 바보상자〉 텔레비전과 많은 시간을 동거하지 말라. 술에 취하면 정신을 잃고, 마약에 취하면 이성을 잃지만, 텔레비전에 취하면 모든 게 마비되어 바보가 된다.

〈성냄(禍)〉 화내는 사람이 언제나 손해를 본다. 화내는 사람은 자기를 죽이고 남을 죽이며 아무도 가깝게 오지 않아서 늘 외롭고 쓸쓸하다.

〈기도(祈禱)〉 기도는 녹슨 쇳덩이도 녹이며, 천년 암흑 동굴의 어둠을 없애는 한줄기 빛이다. 주먹을 불끈 쥐기보다 두 손을 모으고 하나님께 기도하는 자가 더 강하다. 기도는 자기 자신을 살피게 하며 만생을 유익하게 하는 하나의 묘약이다.

〈이웃(隣)〉 이웃과 절대로 등지지 말라. 이웃은 나의 모습을 비추어 보는 큰 거울이다. 이웃이 나를 마주할 때 외면하거나 미소를 보내지 않으면 목욕하고 바르게 앉아 자신을 곰곰이 되돌아 봐야 한다.

〈사랑(慈愛)〉 머리와 입으로 하는 사랑에는 향기가 없다. 진정한 사랑은 이해, 관용, 포용, 동화 등 자기 낮춤이 선행된다. 고 김수환 추기경이 평생 자신에 대하여 "사랑이 머리에서 가슴으로 내려오는데 70년 걸렸다."고 하였다.

〈멈춤(止觀)〉 가끔은 칠흑같은 어두운 방에서 자신을 바라보라. 마음의 눈으로 마음의 가슴으로 주인공이 되어 '나는 누구인가? 어디서 왔나? 어디로 가나?' 조급함이 사라지고 삶에 대한 여유로움이 생기난다.

여기까지가 고 김수환 추기경의 아름답고 덕스러운 말입니다. 덕스러운 말은 자주 들어야 합니다.

1. 경건 생활의 연습

'어떻게 하면 매사를 건전하고 바르게 장기적으로 잘 살아갈 수 있을까?' 하는 마음은 누구에게나 필요한 것입니다. 더욱이 믿는 사람은 평소의 생활 속에서 하나님과 만나기를 자주 연습해야 합니다.

디모데 전서 4:7 "망령되고 허탄한 신화를 버리고 오직 경건에 이르기를 연습하라." 경건에 이르기를 연습하는 것이 중요합니다. Charles R. Swindal 목사님은 미국 기독교 방송 설교가로서 낭랑한 음성으로 은혜롭게 말씀을 전하여 미국의 많은 사람들에게 잘 알려진 분입니다. 그의 "가면을 벗어라"라는 책 속에 그분 자신의 이런 이야기가 나옵니다. 신형의 흰색 폭스바겐 차를 사서 기분좋게 타고 다녔는데 어느 날 자기에게 편지가 왔습니다. 그 내용을 간추리면

"존경하는 찰스 목사님께,

안녕하세요. 먼저 목사님의 설교에 크게 은혜받고 있음을 감사드립니다. 목사님께서 지난 주일 들려주신 스스로 택하라"는 설교가 특히 격려되었습니다. 우리 교회 학교 몇 사람들은 매주 수요일 아침 7시에 풀러톤에 모여서 많은 선택 문제들을 기독교인의 입장에서 토의하고 기도합니다. 목사님의 설교를 듣고 많은 도움을 얻었습니다. 매주 수요일에 모이는데 어느 날 그만 시간이 늦었습니다. 부지런히 가는데 신호가 바뀌어 빨간 불이 들어 왔습니다. 모임에 늦겠다는 생각을 하면서 초조하게 신호등이 바뀌기를 기다리고 있었습니다. 그때 우리는 언뜻 하얀 차를 보게 되었습니다. 그런데 놀랍게도 그 차안에서 낯익은 얼굴이 보였습니다. 갑자기 그 차의 운전기사의 머리가 창밖으로 나오더니 백미러를 통하여 좌우를 두리번거리고 나서는 붕- 하고 나갔습니다. 빨간 신호등을 무시하고 달린 것입니다. 목사님, 빨간 불을 무시하고 달린 사람이 목사님 같으신데 목사님이 우리라면 어떻게 해야 합니까?(계속)

(전회 계속) 이 사건을 자세히 기록해서 월간 무디지, 크리스처니티, 투데이, 리더쉽, 데디스 온리 등의 잡지에 투고할까요? 만일 이것을 보내면 “현관” “울고 있는 아내” “법률 상담” 등 나가시는 TV 프로에 영향이 클 것이라 망설이고 있습니다. 그런데 우리 아침 모임 후 8시에 식사를 하는데 그 하얀 차를 운전하던 장본인이 11월 25일 수요일이나 12월 2일 수요일 아침 8시 랜디스 커피숍에 나타나 식사를 한다면 매스컴에 폭로하는 일을 포기할 수도 있습니다. 만일 나타나지 않으면 이 자료는 12월 3일 아침 9시에 방송될 것입니다. 나오신다면 신분을 밝히고 식사를 대접할 것입니다. 스스로 택하십시오!” 편지는 익명.

신호 위반으로 걸려든 것입니다. 가기로 결심을 하고 11월 25일 아침 7시 45분 약속 장소에 나갔습니다. 별지에 “고소한대로 유죄임”하고 붙이고 가니 종업원이 이상하게 봅니다. 아가씨에게 테이블 안내를 받으면서 바리새인 몇 사람 보러 왔다고 정확하게 8시에 그들에게 나타났습니다. 모두들 셔츠에 써붙인 글을 보고 웃고 있을 때 그것을 살짝 뒤집어 놓았습니다. 그 뒷쪽에는 “죄 없는 자가 먼저 돌로 치라”고 쓰여 있었습니다.

그의 끝 이야기입니다. “나는 100살을 산다고 하여도 그 일을 잊지 않을 것입니다. 그 후 신호를 무시하고 싶은 유혹을 받을 때마다 그 편지가 생각나서 나를 가로막습니다.”하는 내용을 나는 읽고 평소의 경건생활이 얼마나 중요한가를 다시 생각해 보았습니다.

우리는 어느 한 때만 잘할 것이 아니라 평소 일상생활에서 경건에 이르는 연습을 해야 한다고 느꼈습니다. 날마다, 어제도, 오늘도 경건에 이르는 연습을 잘하는 사람은 하나님과 항상 사귈 수 있으며, 하나님의 주시는 영원한 소망 가운데 은혜로 날마다 기쁘게 살게 될 것입니다.

하나님을 가까이

신약성경 야고보서 4:8을 보면 "하나님을 가까이하라, 그리하면 너희를 가까이하시리라. 죄인들아 손을 깨끗이 하라. 두 마음을 품은 자들아 마음을 성결케 하라"는 말씀이 나옵니다. 우리가 하나님을 가까이 하면 하나님께서도 우리를 가까이 하시는데 먼저 손을 깨끗이 하라, 즉 죄를 회개하라는 것입니다.

하나님은 죄를 미워하십니다. 독생자 예수가 인류의 죄를 십자가 위에서 걸머지실 때 하나님께서 잠시 동안 얼굴을 돌리셨습니다. 하나님께서 아무리 가깝게 하시려고 하여도 죄를 그대로 가지고 있는 사람은 가까이 하실 수가 없습니다. 정리할 것을 정리하고 끊을 것을 끊고 갚을 것을 갚고 버릴 것은 버리고 고칠 것은 고치고 하나님 보시기에 잘못된 것은 전부 통회 자복해서 회개해야 합니다. 그래야만 하나님이 가까이 하십니다.

열왕기 상 18:21을 보면 구약의 선지자 엘리야는 모든 백성에게 가까이 나아가 말하기를 "여호와가 만일 너희 하나님이면 그를 좇고, 바알이 만일 너희 신이면 그를 좇을지니라."하고 그들에게 분명히 하나님이 참 하나님 되심을 보여주면서 두 마음을 갖지 말고 하나님만 가까이 하라고 하였습니다.

우리가 바쁜 생활을 하다 보면 하나님을 깊이 생각하지 못할 때가 많습니다. 한날을 보내고 잠자리에 누우면서 '오늘은 내가 얼마나 하나님을 생각하고 사모하였나?' 하고 반성의 기회를 갖는 것은 신앙인으로서 참으로 옳은 일입니다. 사람은 아무리 학문이 많고 타고난 성품이 온유하고 매사에 봉사심이 많은 사람이라 할지라도, 연세가 아주 많은 분이라 할지라도 하나님 앞에서는 회개하지 않으면 절대로 하나님을 가까이 할 수가 없습니다.

이렇게 개심한 후에 생각을 자주, 그리고 깊이 대화하려는 마음을 가지고 나가면 자연히 하나님이 가까이 하십니다.

바르게 사는 삶

산길을 가다가 보면 어떤 나무가 다른 큰 나무 때문에 바로 뻗지 못하고 굽은 것을 볼 때가 있습니다. 바르게 살지 못하는 사람들의 변이 "세상이 불의해서 어쩔 수 없다."고 합니다. 그러므로 바르게 살려고 할 때에 고난과 시련도 따르게 됩니다. 그런데 어떻게 사는 것이 바르게 사는 것입니까? 무엇에 기준을 두어야 바르게 삽니까?

모든 초점, 기준을 하나님의 말씀에 갔다대야 바로 살 수 있습니다.

그렇지 않고는 바르게 살 수 있는지를 알 수가 없습니다. 내가 흰 종이 위에다 볼펜으로 꼿꼿하게 줄을 긋습니다. 아주 곧은 것 같습니다. 그러나 자를 갖다 대어보면 여기 저기 굽은 것을 보게 됩니다. 그러므로 하나님의 말씀을 따라 살면 바로 살 수 있습니다.

전에 한국의 한경직 목사님이 받은 템플턴상을 그 다음 해에는 미국인 찰스 콜슨씨가 받았는데 그가 어떤 사람이냐 하면 닉슨 대통령 때 워터게이트 사건으로 감옥에 갔던 사람입니다. 그때 물론 불신자였습니다. 그가 감옥에서 예수 믿으라는 전도를 받고 하나님의 말씀을 많이 읽고 새사람이 되었습니다. 그 후 그가 출감해서 감옥소 전도를 여러 해 하고 열심히 모금해서 죄수들이 감화 받고 새사람 되게 해서 결국 그이가 템플턴상을 받았습니다.

그가 하나님의 말씀을 읽으면서 생각해보니 "나는 내가 사는 것이 바르게 사는 줄 알았는데 성경 말씀을 비추어 보니 내가 바르게 살지 못했구나!"하는 것을 알게 되었다고 고백했습니다. 오늘날도 하나님은 다른 것을 보시기 전에 공의롭게 사는 것을 원하시고 바라십니다. 정의를 위해서 사는 것을 원하십니다. 세상은 악하고 불의하고 그릇되게 산다 할지라도 하나님의 말씀을 읽거나 들은 사람들은 하나님을 기쁘시게 하며 바르게 살아가야 합니다. 바로 믿는 사람은 자연히 하나님의 말씀을 따라 살게 되어있습니다.

자신감을 갖는 사람

우리가 살아가면서 가끔 마음속으로 자신이 성공하는 모습을 그려보면서 자신감을 갖는 것은 아주 중요합니다. 그리고 그 모습이 지워지지 않도록 깊이 새겨두어 보세요. 자신의 결심이 약화되거든 이기기 위해 적극적인 생각을 소리 내어 외쳐보십시오. 장애물을 두려워하지 말고 침착하게 나가야 합니다. 문제를 해결하는 데는 항상 어려운 난관이 있게 마련입니다. 따라서 그 어려운 점이 무엇인가 잘 검토하여 제거하기를 힘써보십시오.

타인의 위엄에 눌려 일을 두려워하지 마세요. 자신을 이해해주는 유능한 조언자를 찾는 것은 필요합니다. 자신의 실제 능력을 평가한 다음 그보다 10%는 더 높이 끌어올리는 것이 효율적일 때가 많습니다. 하나님이 나와 함께 하시니 어떤 일도 나 자신을 굴복시키지 못한다는 사실을 명심하면 더욱 큰 힘을 얻습니다. 이런 자신감이 늘 요구됩니다. 나에게는 훌륭한 인생을 구축할 능력이 있다는 생각을 갖는 것입니다. 그래서 나는 절대로 중도에서 그만두지 않겠다는 끈기를 가져야 합니다. 무엇이든지 내가 마음속으로 간절히 원하는 것은 실현될 것이라고 확신하는 소신을 가지십시오.

인생의 목표를 명확하게 종이에 쓰는 것도 한 방법입니다. 그리고 한 걸음 한 걸음 자신감을 가지고 전진해 가는 것입니다. 그런데 중요한 것은 먼저 나 자신의 겸손한 처세가 중요합니다. 처음 만나는 사람의 마음을 아주 편안하게 해주는 동시에 이기적인 모습의 양상을 보이면 안 됩니다. 믿는 사람은 두 가지 면에서 자신감을 가질 수 있습니다. 하나는 내 마음의 자신감과 다른 하나는 하나님을 의지하는 영적 신앙의 자신감입니다. 사 41:10절에 "두려워하지 말라 내가 너와 함께 함이라 내가 너를 굳세게 하리라 참으로 너를 도와주리라." 하나님의 다짐입니다.

마음

뜻을 돌이키신 사람들

구약 성경 요나서에는 하나님께서 요나에게 “니느웨 도성에 죄악이 많아 40일 후면 멸망한다.”고 가서 전하라고 하였습니다. 그러나 요나는 원수인 니느웨가 40일 후 멸망을 바랐던 것입니다. 그래서 그는 니느웨로 가지 않고 반대 방향인 스페인의 무역항구인 다시스로 가다가 큰 풍랑을 만나 결국 그는 고생 끝에 니느웨로 갔습니다.

요나는 하나님의 말씀을 순종할 수밖에 없어서 니느웨 도시로 다니면서 힘없이 “앞으로 40일 후면 이 성이 멸망할 것이요.” 라면서 지나갔습니다. 그런데 뜻밖에도 니느웨 사람들은 이렇게 무성의하게 전하는 말을 듣고도 왕으로부터 전 국민이 마음에 충격을 받았습니다. 그러므로 왕은 온 백성에게 “모두 굵은 베옷을 입고 재를 무릅쓰고 회개하도록 하라”고 명령을 내렸습니다.

사람은 먼저 하나님의 뜻을 분별할 수 있어야 합니다. 로마서 12:2을 보면 “너희는 이 세대를 본받지 말고 오직 마음을 새롭게 함으로 변화를 받아 하나님의 선하시고 기뻐하시고 온전하신 뜻이 무엇인지 분별하도록 하라."고 했습니다. 하나님의 뜻을 분별하는 것이 중요합니다.

니느웨 사람들이 결국 하나님의 뜻을 분별하여 마음을 하나님께로 돌이키므로 하나님께서도 뜻을 돌이키셨습니다. 회개는 먼저 자기주장을 포기하는 것입니다. 그리고 하나님께로 마음을 돌이키는 것을 행동으로 나타내는 일입니다. 니느웨 백성이 40일이 지나면 그 도시가 멸망될 것이지만 그들은 말로만 "잘못했습니다."라고 한 것이 아니라 실제로 재를 무릅쓰고 삼베옷을 입고 금식을 하면서 눈물로 회개할 때에 하나님은 그 뜻을 돌이키셨습니다.

하나님의 뜻을 돌이키는 유일한 길은 오늘날도 회개해야만 하나님의 마음을 움직일 수 있습니다. 오늘, 이 시대를 살아가는 우리도 회개하고 하나님이 뜻을 돌이키실 수 있도록 결단하는 것이 중요합니다.

1. 삶의 걸림돌

인간이 살아가면서 깊은 생각없이 어떤 일을 행하다가 실수를 하는 일이 많이 있습니다. 아주 큰 경우라면 큰 관심을 가지고 잘 생각을 하지만 별로 큰 일이 아닌 것 같아서 쉽게 넘기다가 불행한 일이 오기도 하고 생각 밖의 큰 피해를 보기도 합니다. 다음은 우리 주위에서 흔히 볼 수 있는 것들이지만 주의하지 않으면 큰 낭패를 당하게 되는 것들입니다. 다음을 참고하면 도움이 될 것입니다.

먼저 [정]이라는 것입니다. 따뜻한 정이 오고갈 때 주의할 것은 냉철

한 이성을 가지고 전후를 살펴야 합니다.

[극찬]입니다. 칭찬은 좋은 것이지만 칭찬을 받을 때에 마음속으로 교만하지 말아야 합니다. 누구든지 우쭐하다가 실패를 하게 됩니다.

[오해]입니다. 오해로 인하여 후유증이 많이 일어나므로 반드시 먼저 진실을 확인해야 합니다.

[설마]하는 것입니다. 이것은 자기 생각을 기준해서 '그럴 리는 없을 것이야.'라고 단정하다가 결국 실패를 당하는 것입니다. 그러므로 미리 대비를 해야 합니다.

[뇌물]입니다. 선물은 받지만, 뇌물은 받지 말아야 합니다. 일시는 기분 좋은 것같지만 경우에 따라서는 토해내고 불명예를 안게 됩니다.

[차차]라는 것입니다. 오늘 할 일은 오늘 해내야 하는데 앞으로 '천천히 기회 있는 대로 차차하지'하고 내일로 미루지 말아야 합니다.

[호의]입니다. 호의에 담겨진 의미를 잘 파악하고, 진정한 호의라고 인정될 때 은혜로 값지게 받아드리는 것이 좋습니다. 진정한 호의를 무시해서는 안 되기 때문입니다.

[나중에]하는 것입니다. 일을 당하면 항상 지금 결단해서 해야 합니다. 자기를 잘 제어하는 총명은 내가 생각하는 것이 아니라 성경에서 바른 마음을 배워야 합니다.

성경에는 사람이 이르지 못하는 지혜를 하나님께서 사람들이 깨우치도록 여러 곳에 말씀해 주셨습니다.

2. 삶의 걸림돌

〈삶의 걸림돌〉이라는 지난호의 계속입니다. 우리가 살아가면서 깊은 생각이 없이 경솔하게 다루다가 피해를 보는 경우가 누구에게나 있습니다.

먼저 [괜찮겠지]하는 것입니다. 세상에는 일을 안이(安易)하게 넘기고 싶은 일들이 많습니다. 그래서 괜찮을 줄 알고 적당히 지나간 일들이 생각밖에 터지는 일이 있습니다.

[공짜]입니다. 모든 일에는 그만한 대가가 따르는 것인데 돈 안 들고 수고 안 하고 얻었다고 좋아하다가 나중에 큰 대가를 지불해야 하는 경우가 있습니다.

[고까짓 것]하는 것입니다. 사람들은 큰 일에는 큰 관심을 기울이지만 크게 보이지 않는 일에는 무시하고 쉽게 넘기다가 큰 어려움을 당합니다.

[별것 아니야]입니다. 모든 것은 소중한 것입니다. 어느 상황에서나 별것 아닌 것은 없습니다. 다 이유와 원인과 결과가 따르므로 항상 조심해야 합니다.

[조금만 기다려]입니다. 급하게 서둘러야 하는데 '조금 더 있다가 해야지' 하다가 마침내 크게 불행한 일을 당하고는 후회하는 것입니다.

[이번 한 번만]입니다. 앞으로 기회가 자꾸 올 것으로 예상하고 '이번 한 번만은 그냥 지나가지' 하다가 실패를 당하는 것입니다.

[남도 다하는데]입니다. '남이 하는데 나야 못하겠는가?'하는 마음

으로 따라하다가 큰 낭패를 당하는 것입니다. 세상 모든 사람이 다해도 나만은 하지 말아야 할일이 있습니다. 사람은 누구나 평소 승리하며 성공하기를 원합니다. 살아가면서 조금만 조심하고 신경을 쓰고 앞뒤를 생각하며 살아간다면 많은 난관을 잘 극복하고 복되게 살 수 있음을 잠언서는 말씀하고 있습니다.

고로 누구든지 예수님을 믿으면 그런 지식과 명철함을 깨닫게 하는 길을 열어주시기 때문입니다. 성경에는 일상생활에 유익한 교훈과 처세에 대한 값진 말씀이 많이 있으므로 항상 읽어야 합니다.

은혜를 아는 사람

세상에는 은혜를 아는 사람이 있고 은혜를 모르는 사람이 있습니다. 오히려 은혜를 원수로 갚는 사람도 있습니다. 사람은 반드시 은혜를 갚을 줄 알아야 합니다. 어떤 선교사가 임지로 가는 도중에 여자의 비명을 듣게 되었습니다. 무슨 소리인가 하고 가까이 가보니 아들이 노예로 끌려가는데 그 엄마가 주인을 보고 "주인님. 나도 아들과 함께 사주십시오. 저희 모자가 함께 가서 열심히 일하겠습니다."하며 애원했습니다. 그러나 그 주인은 "너는 약해서 안 돼. 일 못해." 하며 아들만 끌고 가는데 그 엄마는 생명을 내어 걸고 함께 사달라고 애원하는 것이었습니다. 엄마도 울고, 아들도 울고, 한 번 헤어지면 영원히 만나지 못한다는 것입니다.

이 광경을 보던 그 선교사는 주머니의 돈을 털어 후하게 주고 사서 갈 때가 없는 그 모자를 자기 선교지로 데리고 갔습니다. 엄마는 그 고마운 생각이 늘 마음에서 사라지지 않았습니다. 그리고 상당한 세월이 지난 후 어느 날 선교사가 풀밭에서 비명을 지르고 넘어졌습니다. 실신이 된 선교사의 뒷발에 독사의 이빨 자국이 나있는 것을 보자 엄마 노예가 얼른 입을 대어 독기를 빨아냈습니다. 얼마간의 시간이 지나 거의 죽었던 선교사가 일어나 보니 독기를 입으로 빨던 엄마 노예는 독기가 올라 그 사이 얼굴이 퉁퉁 부어 죽어 있었습니다. 엄마 노예는 자기를 사 준 그 고마운 선교사, 진정한 사랑을 베풀고 자유를 준 이 선교사를 항상 고맙게 생각하다가 그를 위하여 사망의 독을 입으로 빨았던 것입니다.

모든 사람은 영벌 받을 내 생명을 십자가에서 영원히 구원해 주시기 위하여 죽었다가 살아나신 예수님의 은혜를 기억하면서 살아야 합니다. 나 위하여 속죄의 죽음을 하신 예수님을 항상 기억하면서 은혜를 알고 소망을 갖고 살기 바랍니다.

생각하는 사람

사람은 생각하는 동물입니다. 그래서 파스칼은 사람은 약해서 동에서 바람이 불면 서로 기울고, 서에서 불면 동으로 기울어지는 나약함이 마치 갈대 같은 인간이지만 그러나 〈생각하는 갈대〉라고 하였습니다.

프랑스 작가 로댕은 〈생각하는 사람〉이란 주제로, 쪼그리고 앉아서 생각하고 있는 조각품을 만들어 놓은 것을 어느 박물관에서나 보신 일이 있을 것입니다. 사람은 생각하는 존재인데 "그 생각이 얼마나 높으며 얼마나 넓으며 얼마나 깊으냐?"하는 것입니다. 모든 사람은 다 생각하는 사람이 되어야 합니다.

가정을 깊이 생각해 보셨나요. 남편과 아내가 서로 대하는 상황이 지금 그대로 나가도 괜찮다고 생각합니까? 생각하면서 살아가야 합니다. 부모가 자녀에게, 자녀가 혹 아파트에 계신 부모님에게 자주 찾아가지 못하여 서운하실 것이라고 생각하지는 않으세요? 내가 친척들이나 이웃과 서로 지내는 것이 괜찮다고 생각하세요? 내가 교회에서 다른 교인들과 지내는 사이가 어떻다고 생각하십니까? 누구든지 아무렇게나 살지 말고 생각하며 삽시다.

예수님은 한 가지 일을 할 때마다 하나님을 생각하며 행하신 모습을 4복음서에서 찾아볼 수 있습니다. 우리도 생각하는 사람으로서 최고의 대상인 하나님을 먼저 생각한다는 것은 값있는 일입니다. 예수님은 겟세마네 동산에서 쓴잔을 놓고 얼마나 하나님과 우리 인류의 중간에서 생각하신 분이지 모릅니다. "이 쓴잔을 내게서 지나가게 하옵소서! 그러나 내 원대로 하지 마옵시고 아버지의 원대로 하옵소서!" 얼마나 생각이 많고 깊으신 분입니까?

예수님은 우리를 생각하신 나머지 십자가의 길을 걸어가신 것입니다. 우리도 매사를 만날 때마다 예수님을 생각하며 항상 예수님께서 우리를 얼마나 생각하시는지 다시 생각하며 살아갑시다.

남의 관심, 나의 관심

이 세상에는 일반적으로 남의 관심보다는 나의 관심을 더 많이 갖습니다. 몇 해 전 한국에서 목회하다가 은퇴하고 잠시 딸네 집을 방문한 목회자를 만났습니다. 만나서 이야기하는 중에 자기가 암에 걸려서 치료를 받는 중이라고 하였습니다. 암이라는 무서운 병의 소리를 들으면서 속으로 참으로 안 되었다는 생각이 들었습니다. '어쩌다가 그 무서운 암이 걸렸을까?'하면서 위로하고 싶은 마음으로 며칠 후 점심을 대접하였습니다. 그러면서 그저 긍휼의 생각으로 안 되었다는 마음뿐이었습니다.

그런데 최근 내가 여러 날에 걸쳐 조직 검사와 3가지 스캔(Scan) 사진을 찍은 최종 결과로 두 가지 깊은 암이라는 판정이 났을 때 처음에는 어이가 없어서 담담한 심정으로 머뭇거렸습니다. '그 많은 사람 중에서 비교적 건강하게 지낸다는 내가 암이라니…'하면서 멈칫하였습니다.

그러나 곧 정신을 차리고 '내가 2002년도 폐렴으로 병원에서 6일간을 혼수상태(Coma)로 있어서 모든 이들이 그때 하나님이 부르신다고 했는데 심장박동과 열이 내리며 차차 안정이 되어서 12일 만에 다시 살아났기 때문에 그동안 〈외치는 소리〉 방송도 8년이나 하고, 지금도 시애틀의 중앙일보와 한국일보에 〈칼럼〉도 쓰고 있어서 이제 부르셔도 하나님께 감사할 뿐입니다. 그리고 나를 위해서 형제교회 중보기도 팀과 또 아는 분들이 기도해주어서 좀 더 오래 살 것도 같은 생각이 듭니다.

그런데 우리 사람들은 남의 관심보다 나의 관심을 중요하게 생각하는데, 우리 예수님은 예수님 자신의 관심보다 전적으로 남의 관심뿐이셨습니다. 그러기에 십자가에서 그 어려운 고난을 받으며 우리들의 죄를 씻기 위하여 피 한 방울까지 남기지 않으시고 다 쏟으시며 죽으시고 다시 살아나셨습니다. 오직 예수님은 나의 관심보다 남의 관심 때문에 십자가를 지셨음을 알아야 합니다.

친절하게 삽시다

우리는 어떻게 살아갑니까? 세상에는 살아가는 양상이 여러 가지 있습니다. 정상적으로 살아가는 사람들 외에 도박을 즐기며 살아가는 사람들, 마약에 취해 사는 사람들, 총이나 칼을 들이대고 강도질을 하고 사는 사람들, 이 사람들은 장차 어떻게 되겠습니까? 사람으로서 아무런 흠이 없는 사람, 그야말로 완전무결한 사람은 없습니다. 아무리 훌륭한 인격을 가진 사람이라도 지내보면 어느 면이든지 흠과 약점이 쏟아져 나오게 마련입니다.

차분하고 세밀한 성격의 사람은 사고(事故)는 적게 내서 좋으나 속이 좁아서 오해를 잘 해요. 활발한 성격의 사람은 큰일을 해치워서 좋은데 전 후 사리를 분별 못해 마구 덤벼 실수를 잘해요. 착하다는 사람은 남에게 피해를 주지 않아서 좋으나 속기를 잘 해요. 싹싹하다는 사람은 우물거리지 않아서 좋은데 경솔한 면이 많아요. 듬직하다는 사람은 믿음성은 있는데 미련스러워요. 경우가 밝다는 사람은 똑똑해서 좋은데 야박해서 탈입니다.

사람은 누구나 장점이 있으면 그 이면에는 단점이 있게 마련입니다. 그래서 얼른 생각하면 한 솥에 볶는 콩이요 한 그릇 속에 있는 곡물과 같다는 것입니다. 야고보 3:2에 보면 "우리가 다 실수가 많으니 말에 실수가 없는 자면 곧 온전한 사람이라"고 하였습니다.

적어도 우리가 할 수 있는 것 중에 대인관계에서 친절한 말을 하는 것은 값진 것입니다. 잠15:2에 "유순한 대답은 분노를 쉬게 하여도 과격한 말은 노를 격동하느니라."고 했습니다. 한두 마디의 친절한 말이 다른 사람의 마음을 유쾌하게 합니다. 부부 사이, 친구 사이에 유순한 대답은 화기가 넘치며 인정을 감돌게 할 것입니다. 친절은 쉬운듯하면서도 사실은 어렵습니다. 하나님은 냉정하고 무정한 사람보다 친절함으로 사랑을 나타내는 사람을 기뻐하십니다.

고향을 그리워하는 마음

이스라엘을 통치하던 사울 왕이 죽은 뒤에 이스라엘의 만조백관이 열석(列席)한 가운데 기름을 부어 다윗이 왕이 된 후의 일입니다. 그가 왕이 된지 얼마 안 되어 이스라엘은 블레셋과 싸웠으나 이기지 못하고 패하였습니다. 이스라엘은 본영에서 쫓겨나서 아둘람 굴 곁에 산성이 있는데 거기에 일시 머물게 되었습니다. 블레셋은 의기양양하여 르바임 골짜기에 진을 치고 더욱이 블레셋 사람의 주둔군은 베들레헴에 있었습니다.

아무리 생각해 보아도 조상 대대로 내려 온 베들레헴을 블레셋 사람에게 빼앗기고 있다는 것은 가슴 아픈 일이 아닐 수 없었습니다. 자고 나면 바라보고 기회만 있으면 베들레헴을 생각해 본 나머지 다윗은 베들레헴에 대하여 그리워하는 마음으로 병이 날 지경이었습니다. 그는 베들레헴을 사모하는 심정으로 '누가 베들레헴 성문 곁에 있는 물을 길어 와서 내가 마실 수 있겠는가?' 하고 향수 심을 털어놓았습니다. 다윗이 본향을 그리워하는 마음으로 "베들레헴 성문 곁에 있는 우물물이 마시고 싶어 못 견디겠구나! 누가 그 물을 좀 길어올 사람이 없는가?" 하였습니다.

이러한 심정은 그 시대 다윗에게만 있었던 것은 아닙니다. 오늘도 북한에서 고향을 등지고 가족을 떠나 남한으로 와서 사는 이의 심정 또한 마찬가지일 것입니다. 심히 사모하는 심정으로 "아! 대동강 기슭의 흐르는 그 물줄기여" 생각하며 시를 쓴 사람이 있습니다. 두고 온 산하의 고향을 그리워하는 마음은 인간에게 있어서 너무도 중요한 것입니다.

그러므로 남북한 이산 상봉의 소식은 우리들의 마음의 눈시울을 뜨겁게 합니다. 어서 통일이 되어야 할 것입니다. 그런데 우리 믿는 이들은 하나님이 준비하신 영원한 고향이 있음을 알아야 합니다. 그곳에 가기 위하여서는 길이 되신 예수님을 믿어야 합니다.

충성하는 마음

지난 호에 베들레헴 물을 그리워하는 다윗 왕의 마음을 알게 될 때에 거기에 특별히 세 사람의 용사가 있었습니다. 그들은 생각하였습니다. "어떻게 하면 우리가 섬기는 다윗왕의 마음을 기쁘게 할까?" 생각해 보았습니다. 그들은 그 시대에 신하로서 할 일은 왕에게 충성이라는 것을 알았습니다. 그래서 생명을 걸고 베들레헴에 물을 길으러 가기로 작정하였습니다.

이것이야말로 가장 큰 모험이 아닐 수 없습니다. 험한 길을 헤치고 생명을 노리는 적진을 향해 가야 하는 것이지요. 적진 안에 들어가 우물물을 길어 온다는 것은 사실 생명을 내거는 일이나 마찬가지였지요. 구약 성경 역대기 상 11:18절을 보면 "이 세 사람이 블레셋 군대를 충돌하고 지나갔다"고 하였습니다. 그리고 이 세 사람은 결국 물을 길어서 왕에게 가져왔습니다.

우리나라 역사 가운데서 정몽주 선생은 그 당시 국세가 기울어졌는데 고려를 위하여 목숨을 바쳤습니다. 성삼문과 그 외에 다섯 충신도 한 왕에게 충정을 바친다고 하다가 처참하게 죽었습니다. 오늘날 생각하면 잘 이해가 안 되지요. 한국의 정치인들의 경우를 보면 오늘은 이 당, 이익이 돌아오면 내일은 저 당으로 가는 이가 있지 않아요.

그러나 그 시대의 충성은 변할 수 없고 소홀히 할 수 없었던 것을 봅니다. 이렇게 그 시대에는 왕을 위하여 충성을 다하였는데 우리 믿는 성도들은 예수님을 위하여 충성을 다해야 하는 것입니다. 왕 같은 사람을 위하여 하는 충성은 그 시대로 막을 내리지만 우리 주님을 위하여 하는 충성은 영원토록 빛나는 것입니다. 다윗의 세 용사는 생명을 죽음길에 걸어 놓고 블레셋 진지로 물을 길러 베들레헴을 향하는 이 충정이 왕을 생각하는 마음이듯이, 믿는 성도는 이렇게 복음을 증거하며 주님을 위하여 값지게 살아야 하는 것입니다.

덕을 세우며 삽시다

사람이 살아가면서 덕을 세우며 살아간다는 것은 참으로 의미있는 일입니다. 두 사람 사이에 친절이 식어지면 곧 싸움을 잘 해요. 처음에는 서로 선생님 선생님, 그러다가 좀 언짢아지면 선생 선생 그러지요 그러다가 조금 감정이 나면 당신 당신, 그러다가 조금 더 나빠지면 이놈 저놈, 그 다음에는 이 개0끼 하고 주먹다짐이 오고 가요. 밑천 들지 않는 것이지만 덕을 세우며 친절을 베풀고 산다는 것은 귀한 것입니다.

모임이나 회의에서도 친절한 말이 오고 갈 때 좋은 결과가 나타납니다. 신약성경 에베소서 4:29절을 보면 덕을 세우는 말을 하라고 하였습니다. "더러운 말은 너희 입 밖에도 내지 말고 오직 덕을 세우는데 소용되는 대로 선한 말을 하여 듣는 자들에게 은혜를 끼치게 하라." 사람은 말로써 덕을 세워야 하고 말로 감화를 주어야 합니다.

많은 사람들 가운데 몇 가지 유형으로 생활태도를 나누어 볼 수 있습니다. 그저 하는 일마다 남에게 해를 주는 사람이 있습니다. 또 오랫동안 살아오면서 해도 주지 않고 유익도 못 주는 사람이 있습니다. 어떤 의미에서 보면 이런 사람은 있으나 마나 한 종류의 사람입니다. 그런데 언제나 다른 사람에게 도움을 주고, 말을 해도 덕이 되는 말을 하는 사람이 있습니다. 이런 사람은 생활주변에 꼭 있어야 할 사람입니다. 상대의 단점 보다는 장점을 발견해 부드러운 분위기를 만들고 비판보다는 칭찬을 잘 하는 사람입니다. 내가 밝게 살려고 해야 주위도 밝아져서 근심이 살아지게 됩니다.

하나님을 믿는 사람은 헐뜯는 말보다는 덮어주는 말을 해야 하고, 남의 약점을 들추기 보다는 사랑을 베푸는 후덕한 말을 하는 사람입니다. 말하는 내용을 들어보면 저 사람이 예수님을 믿는 사람이 아닌가 하고 알게 되는 때가 있어서 덕을 세우며 살아야 합니다.

쉽게 살려는 사람

우리에겐 머리와 손과 발을 움직여 일할 일거리가 있고 건강한 힘으로 얻은 땀과 수고의 대가를 받을 수 있는 사실에 우리 모두는 감사해야 합니다. 항상 정직하고 부지런하게 맡겨진 자신의 일에 최선을 다하는 때에 알찬 하루하루가 될 수 있습니다.

하나님은 한 번도 '네가 원하는 것은 이렇게 아주 쉽게 할 수 있는 것이다' 하고 보여주시고 말씀하신 적이 없습니다. 그것은 아마도 나로 하여금 깨닫게 하기 위해서 인줄 압니다. 쉽게 얻은 것은 오래 남지 못한다는 것을 항상 명심해야 합니다. 언제나 쉽게 얻은 기쁨은 빨리 사라지고, 힘겹게 얻은 것은 오래오래 남아있어서 훌륭한 교훈을 준다는 것을 잊어서는 안 됩니다.

그러므로 너무 쉽게 얻으려는 것이 늘 문제인줄 알아야 합니다. 쉽게 얻은 것을 행운이라 말하는 이가 있지만 그렇지 않습니다. 오히려 그것이 불행과 실패의 씨앗이 될 수 있습니다. 어렵게 얻은 것을 고생이라 말하지만 절대 고생만은 아닙니다. 정당한 대가와 시간을 들여야 더 큰 행복과 기쁨을 오래 안겨줄 수 있습니다. 사람의 재물도 마찬가지로 쉽게 얻은 것은 빨리 사라지는 것입니다. 편안한 것이 누구에게나 좋은 것은 아닙니다.

뉴질랜드의 새의 수는 자꾸 감소현상을 보인다고 합니다. 새의 천적이 되는 다른 동물들이 없기 때문에 새들은 굳이 힘들게 땅을 박차고 하늘로 날아오를 필요가 없게 된 것이라고 합니다. 나약한 새들이 맹수에게 잡혀 먹히는 것을 보지 못했기 때문에 그렇습니다. 평범함은 삶을 무기력하게 만들지만 위기는 새가 날도록 만드는 것과 같습니다.

하나님께서는 사람이 일하면서 정직하고 정당한 노력을 투자하고 살도록 하셨습니다. 사람은 누구든지 하나님께서 주시는 건강으로 성실하게 주어진 일에 최선을 다하고 하나님을 믿고 살아가면 하나님은 기뻐하시며 복을 주십니다.

1. 긍정적인 마음

다음과 같은 글을 읽은 일이 있습니다. 1975년 여름 어느 날, 박정희 대통령이 현대건설의 정주영 회장을 청와대로 급히 불렀습니다. "달러를 벌어들일 좋은 기회가 왔는데 일을 못하겠다는 작자들이 있습니다. 지금 당장 중동에 다녀오십시오. 만약 정사장도 안 된다고 하면 나도 포기(抛棄)하지요." 정 회장이 물었습니다. "무슨 얘기입니까?" "1973년도 석유파동으로 지금 중동국가들은 달러를 주체하지 못 하는데 돈으로 여러 가지 사회 인프라를 건설하고 싶은데, 너무 더운 나라라 선뜻 일하러 가는 나라가 없는 모양입니다.

우리나라에 일할 의사를 타진해 왔습니다. 관리들을 보냈더니, 2주 만에 돌아와서 하는 얘기가 너무 더워서 낮에는 일을 할 수 없고, 건설공사에 절대적으로 필요한 물이 없어 공사를 할 수 없는 나라라는 겁니다." "그래요, 오늘 당장 떠나 살펴보겠습니다." 정 주영 회장은 5일 만에 다시 청와대에 들어가 박정희 대통령을 만났습니다. 정 회장은 대뜸 "지성이면 감천이라더니 하늘이 우리나라를 돕는 것 같습니다." 박 대통령이 대꾸했습니다. "무슨 얘기요?" "중동은 이 세상에서 건설공사 하기에 제일 좋은 지역입니다." "뭐요!" "1년 12달 비가 오지 않으니 1년 내내 공사를 할 수 있고요." "또 뭐요?" "건설에 필요한 모래, 자갈이 현장에 있으니 자재 조달이 쉽고요" "물은?" "그거야 어디서 실어오면 되고요." "50도나 되는 더위는?" "천막을 치고 낮에는 자고 밤에 일하면 되고요."

박 대통령은 벨을 눌러 비서실장을 불렀습니다. "임자, 현대건설이 중동에 나가는데 정부가 지원할 수 있는 것은 모두 도와줘!" 정 회장 말대로 한국 사람들은 낮에는 자고, 밤에는 횃불을 들고 일을 했습니다. 이렇게 엄청나고 놀라운 일을 보고 온 세계가 놀랐습니다. (다음 호 계속)

2. 긍정적인 마음

(전회 계속) 그 역사 후에 달러가 부족했던 그 시절, 30만 명의 일꾼들이 중동으로 몰려나갔고 보잉 747 특별기편으로 달러를 싣고 들어왔습니다. 사막의 횃불은 긍정적인 횃불이었습니다. 긍정(肯定)은 모든 것을 가능하게 만듭니다. 긍정적인 정신은 천하를 얻고, 부정적인 정신은 깡통을 찬다고 누가 말했습니다. 좋은 열매는 긍정적인 마음을 가지고 부지런한 자기 훈련과 성실이 가져다주는 선물입니다.

하루를 아무런 계획 없이 시작하는 것보다 계획을 세우는 것이 효과적입니다. 오늘 할 일이 무엇인지 생각하고 그 목록을 적어보십시오. 오늘 무엇을 할 것인지, 생각한 대상의 목록을 적어놓고 바라보십시오. 구체적인 대상을 적으면 구체적인 생각이 떠오르게 됩니다. 또한 그런 일을 계획하고 적어 놓고 생각할 때면 그 일을 하기 전에 "왜"라는 질문을 자신에게 할 필요가 있습니다. 그것은 동기부여와 함께 자신이 하고자 하는 일에 가치를 부여할 수 있기 때문입니다.

행복은 요행이나 뜻밖의 행운으로 다가오지 않습니다. 자기 훈련과 성실이 필요합니다. 어느 조직, 어느 사회에서나 성공하는 사람들, 쓰임 받는 사람들에게는 그럴만한 이유가 있고 특성들이 있습니다. 어떤 일이든 실천하기 전에 먼저 철저한 계획과 모든 상황을 고려한 후 기획을 바탕으로 삼는 실천이어야 합니다.

그런데 하나님을 믿는 사람은 오랫동안 기도하고 생각하며 하나님이 주시는 지혜를 받으면서 앞날을 향해 나가는 것입니다. 잠 16:16절에

"지혜를 얻는 것이 금을 얻는 것보다 얼마나 나은 고! 명철을 얻는 것이 은을 얻는 것보다 더욱 나으니라." 그리고 시편 111:10절에는 "여호와를 경외함이 곧 지혜의 근본이라."이라고 하였습니다. 하나님의 지혜를 받으면서 긍정적인 삶을 살아서 승리하시기를 바랍니다.

억지와 자원

세상 모든 일에는 자원하는 마음과 억지로 하는 마음이 있습니다. 억지로 하는 일에는 능률이 없습니다. 같은 조건하에서, 같은 시간동안 일할 때 능률이 별로 나지 않습니다. 또 억지로 하는 일은 하나님께서 기뻐하시지 않습니다. 사람을 상대하여 하는 일에는 뒤로 흉을 보고 안 보는데서 별 비난을 다해도 그 당사자가 보는 앞에서 잘 하는 척하면 속아 넘어 가지만, 하나님의 일은 그렇지가 않습니다. 하나님의 일은 억지로 하면 아무 의미가 없습니다. 하나님의 일을 하는 데에는 언제나 마음에서 우러나야 합니다.

마음에 없는 일을 한다는 것이 본인도 괴로운 일이지만 하나님께서도 반가워하지 않으십니다. 바울은 빌레몬에게 편지하는 가운데 빌레몬서 1:14 "… 너의 선한 일이 억지같이 되지 아니하고 자의로 되게 하려 함이로다." 했습니다. 특별히 주 안에서는 억지로 하는 것은 좋지 않습니다. 자기 마음이 내켜서 기쁨으로 자원해서 해야 합니다.

그러므로 억지와 자원은 큰 차이가 있습니다. 부모에 끌려서 억지로 교회에 나오는 사람, 아내나 남편 때문에 형편상 나오는 사람, 직장인으로서 마음에 없으면서도 주인의 체면 때문에 나오는 사람이 있을 수 있겠습니다. 처음에는 억지로 나와도 됩니다. 그러나 곧 자원하는 믿음으로 변화되어야 합니다.

하나님께서는 언제나 자원하는 헌금, 자원하는 봉사를 기뻐하십니다. 나라의 군인은 의무적으로 싫든 좋든 하겠으나 하나님 나라의 정병은 언제나 지원병이라야 합니다. 하나님이 바라시는 이상적인 교회는 온 교인들이 교회의 일을 내 집의 일처럼 관심을 가지고 스스로 마음에서 우러나오는 기쁨으로 자기 분수를 잘 알아서 자원하는 마음으로 일하는 것입니다. 기왕에 주님의 일을 하기 원한다면 억지가 아니라 자원하는 마음으로 해야 합니다. 그러면 하늘의 상급이 크다는 것을 믿으시기 바랍니다.

아름다운 인간관계

사람이 살다보면 내가 남에게 도움을 받을 때도 있지만 다른 사람이 도움을 청하러 올 때에 그 청하는 손을 부끄럽게 그냥 돌려보내지 않도록 하는 것을 잊어서는 안 됩니다. 곁을 지나가는 사람을 다시 안 볼 것이라고 그를 욕되게 해서도 안 됩니다.

사람들 중에는 나보다 모든 면에 앞선 사람을 보면 은근히 기죽는 사람을 봅니다. 반대로 나만 아주 못한 사람을 보면 지나치게 거만스럽게 행동하는 사람도 있습니다. 내가 다른 사람에게 자랑할 만한 것이 없다고 하여 주눅이 들지 말고, 자랑할 만한 것이 많다고 너무 거들먹거

려도 안 됩니다. 사람을 대하면서 다른 사람의 약점을 가벼이 들추어 말하지 말고 오히려 좋은 점을 찾아 칭찬하는 것이 바람직한 일입니다.

어떤 일이 좀 좋은 것 같다고 경솔하게 금방 달려들어도 안 되고 또 내게 주어지는 일이 싫다고 해서 금방 달아나서도 안 됩니다. 어떤 일에나 멀리 있다고 해서 잊어버리나 소홀히 하지 말고 가까이 있는 것처럼 소중하게 다루어야 합니다.

이런 말이 있습니다. "악(惡)을 보거든 뱀을 본 듯 피하고, 선(善)을 보거든 꽃을 본 듯 반겨라" 하는 말입니다. 내가 저 사람보다 부자라고 해서 가난한 자를 얕잡아보지 말고 또 가난한 자는 부자를 아니꼽게 생각하지 말아야 합니다. 누가 나에게 좋은 뜻으로 은혜를 베풀거든 기쁘게 받아드리고 나도 은혜를 베풀 기회가 올 때에 다른 이에게 베푸는 것은 아름다운 모습입니다.

언제나 타인의 허물은 덮어서 다독거리고 나의 허물은 나 혼자 들춰서 다독거리고 고치는 것이 중요합니다. 사소한 일로 해서라도 원수 맺지 말고 이미 맺었거든 맺은 자가 먼저 풀어야 함을 성경은 우리에게 말씀해 줍니다. 하나님은 살벌한 세상을 서로 사랑함으로 언제나 아름다운 인간관계를 맺어나가기를 소원하고 계십니다.

도움을 주는 기쁨

우리에게 눈이 둘이 있음도 우연한 창조는 아닙니다. 우리가 나를 보고 또 남을 볼 수 있도록 두 개의 눈을 주었습니다. 우리에게 두 개의 귀를 주신 것도 남의 말도 듣고 내 말도 듣는 두 가지 뜻이 있다고 봅니다. 세상을 볼 때, 나 하나만을 중심하고 보면 우리는 두 눈은 있어도 애꾸눈의 소유자입니다. 남을 도울 줄 알고, 경우에 따라 남의 도움을 받을 줄 알 때 아름다운 사회를 이루어 나가는 것입니다.

어떤 날 영국 런던 다리에서 한 불쌍한 노인이 지나가는 행인들에게 동전 한 푼을 받아내려고 낡은 바이올린을 켜고 있었습니다. 수많은 사람들이 지나가지만 그의 모자에는 한 푼의 동전도 들어가 있지 않았습니다. 이 때 지나가던 외국 사람이 발을 멈추고 노인의 불쌍한 모습을 바라보다가 "바이올린을 잠깐 줄 수 있겠어요?" 하더니 받아서 낮은 곡조로 바이올린을 켜기 시작하였습니다. 지나가던 사람들이 바이올린의 곡조에 감동되어 노인의 모자에다 동전을 던졌습니다. 그리고 점점 사람들이 모여들기 시작하였습니다. 나중에는 은전인 실링이 던져지고 마침내는 1파운드 짜리 금화도 던져졌습니다.

그때 누군가가 "그는 파가니니다! 파가니니다" 하고 소리쳤습니다. 청중을 매혹시키고 있던 사람은 인류 역사에 위대한 바이올린의 천재인 파가니니였던 것입니다. 헌 바이올린 같은 내 초라한 마음이라도 그리스도의 손에 의탁하게 될 때 새로운 역사가 일어나는 것입니다.

예수님의 말씀, 그 사상, 그 선행, 그의 긍휼, 그의 능력을 통해서 변화를 받게 되는 것입니다. 현대를 살아가는 우리도 예수님을 믿고 그의 능력 안에서 모든 것을 할 수 있습니다. 자기만 생각하지 말고 또 나만의 이기심을 버리고 하나님의 말씀 안에서 바르게 산다면 그 어디나 천국이 될 것입니다.

1. 마음이 상처받을 때

사람은 살아가면서 항상 기쁘고 좋은 일만 있으면 얼마나 좋겠습니까? 그런데 생각지 않은 일로 마음이 상할 때가 많이 있습니다. 그런 때 상처받은 마음을 빨리 극복해야 합니다.

사람의 마음은 종이장과 같습니다. 종이는 한 번 구겨지면 다시 원상태로 돌리기가 쉽지 않습니다. 그래도 이 종이를 책으로 눌러놓거나 다리미로 다려서 펼 수는 있습니다. 물론 원상태로 펴기란 쉽지가 않아요. 그렇다고 우리의 마음을 구겨진 상태로 그대로 둘 수는 없지 않습니까? 우리가 구겨진 종이를 펴듯 우리의 마음을 펴야 할 것입니다. 상처받은 마음을 어떻게 극복해야 하겠습니까?

첫째. 마음에 상처를 입힌 당사자에게 섭섭하다는 내용을 정확히 알려주는 것도 좋은 방법입니다. 누구에게나 사람은 실수를 하게 되어 있습니다. 그러므로 또한 섭섭하다는 내용의 말을 해야 합니다. 그래야 빨리 풀어집니다. 내성적인 사람은 직접 말하기 어려우므로 편지로 하는 것도 좋은 방법입니다. 여유있게 생각하면서 쓰는 것이니까 편지가 오히려 설득력이 있을 수 있습니다. 그리고 상대방이 용서를 구하면 과감하게 용서하세요. 그리고 마음을 완전히 풀어야 합니다.

둘째. 상처받은 마음을 발산해야 합니다. 상처받은 마음을 그대로 가지고 있으면 병이 됩니다. 믿을만한 사람이나 존경하는 사람을 찾아가서 자문을 구하거나 불만을 마음껏 토로해 보세요. 그래서 불만이나 상처받은 마음을 잊어버리도록 노력을 해야 합니다. 담고 있는 시간만큼 정신적으로 스트레스를 받으므로 자신에게 해로운 것입니다.

그러나 가장 중요한 것은 어느 누구에게 말하는 것보다도 인격적이신 하나님께 솔직히 고백하며 기도하는 것은 아주 좋은 해결 방법입니다.

2. 마음이 상처받을 때

(전회 계속) 셋째. 반드시 상한 마음은 치료가 된다는 것을 확신하고 희망찬 날을 기대하십시오. 나는 목회할 때에 몇 사람이 모인 자리에서 한 사람이 나에게 크게 상처가 되는 말을 하였습니다. 그 사람이 그렇게 말하리라고는 상상도 못하였는데 갑자기 나에게 너무나 기분 상하게 하는 큰 충격의 말을 한 것입니다.

그 후에 마음의 상처는 쉽사리 가라앉지 않고 계속 불쾌함속에서 헤어날 수가 없었습니다. 하나님 앞에 엎드려 기도하기 시작하였습니다. "어떻게 하면 좋겠습니까?"하고 안타깝게 매달렸습니다. 이틀 후 마음에 답이 왔습니다. 그를 만나 허심탄회하게 자초지종을 말하여 사실이 아님을 밝히고 풀라는 것이었습니다.

그런데 공교롭게 그 때 한 자리에 있던 이들과 만나는 기회를 갖게 되었습니다. 하나님의 은혜인줄 압니다. 잘 참고 있다가 마지막 헤어지기 바로 전에 그가 나에게 했던 이야기를 꺼내며 그의 말이 잘 못 전달된 것임을 확인하려 하자 그가 그렇지 않아도 나중에 단 둘이 있을 때에 정중히 사과하려고 하였다고 합니다.

그래서 그때 함께 들은 이들이 있는데 말하는 것이 좋다고 하면서 용서하고 깨끗이 지우기로 하였습니다. 그 이후부터는 상처받은 마음을 치유받은 것으로 생각합니다. 마음이 상처받을 때 속히 해결해야 하는데 성경말씀으로 들어가면 참 좋습니다. 성경 베드로전서 5:7절에는 "너희 염려를 다 하나님께 맡겨 버리라 이는 하나님이 너희를 돌보심이니라"라고 하였습니다. 상처받은 마음의 문제는 본인이 해결해야 합니다. 어떤 상황이든지 살아계신 하나님께 매달려 간구해 보십시오.

하나님은 분명히 응답해주십니다. 어려운 일이 올 때에 좌절하거나 원망만하지 말고 하나님께 아뢰면 반드시 하나님께서 가장 좋은 방법으로 해결해 주십니다.

3. 마음이 상처받을 때

(전회 계속) 넷째. 마음을 상하게 한 당사자에게 가장 귀한 선물을 하는 것은 아주 의미 있는 일입니다. 사람이 원수같은 이에게 선물을 한다는 것은 죽음보다 싫고 어렵습니다. 그러나 사실 마음은 전혀 베풀고 싶지 않으나 반대 행동을 취하여 스스로 귀한 선물을 사서 자신이 전해주지 못하면 다른 사람을 시켜서라도 보내주어 보세요.

상대방과 본인은 생각하지 못할 만큼의 속도로 빠른 회복이 이루어질 것입니다. 성경 로마서 12:20절을 보면 "네 원수(怨讐)가 주리거든 먹이고 목마르거든 마시우라. 그리함으로 네가 숯불을 그 머리에 쌓아 놓으리라" 하였습니다.

다섯째. 잊어버리려고 노력하는 것입니다. 가슴속에 맺힌 원한과 분노와 모욕과 불쾌한 기억은 잊어버리는 것이 유익합니다. 누구나 인생길에는 어두운 응어리가 있고 괴로운 상처가 있습니다. 그것은 빨리 망각하는 것이 좋습니다. 이것이 나중에는 가시가 되어 나의 존재를 아프게 찔러 정신의 질병을 유발케 합니다.

몸의 병은 고치기 쉽지만 마음의 병은 고치기 어렵습니다. 과거에 불행했거나 불쾌했던 기억에서 벗어나지 못하고 오매불망 가슴 아파한다는 것은 정신위생상 좋은 일이 아닙니다. 잊을 것은 잊고 앞을 바라보며 밝게 살아야 합니다. 불행이나 불쾌한 기억을 가슴속에 오래 간직하면 성격이 어두워지고 얼굴에서 미소가 사라집니다.

인간의 눈이 앞에만 있고 뒤에 없는 것은 과거에 집착하지 말고 미래를 바라보라는 조물주의 깊은 뜻의 표현이라고 보아도 좋을 것입니다. 잠언 14:10절에 "마음의 고통은 자기가 알고 마음의 즐거움도 타인이 참여하지 못하느니라." 사람은 될 수 있는 대로 밝은 마음을 가지고 인생을 살아야 합니다. 고로 심신의 건강을 위해서도 마음의 상처를 잊고 하나님께 맡기고 사십시오.

적극적인 사람

마태복음 25:14-30절을 보면 어떤 주인이 먼 길을 떠나면서 자기 종들을 불러 재산을 맡겼습니다. 달란트라는 말은 당시 유대나라에서 쓰는 화폐의 단위입니다. 주인은 각 사람의 능력에 따라 한 사람에게는 다섯 달란트를, 다른 사람에게는 두 달란트를 그리고 또 한 사람에게는 한 달란트를 각각 맡기고 여행을 떠났습니다. 다섯 달란트 받은 사람과 두 달란트를 받은 사람은 곧 가서 그것으로 장사하여 각각 다섯 달란트와 두 달란트를 더 벌었습니다. 그러나 한 달란트 받은 사람은 가서 땅을 파서 맡긴 돈을 묻어 두었습니다.

그 후에 주인이 돌아와 그들과 함께 계산을 하게 되었습니다. 다섯 달란트 받은 사람이 다섯 달란트를, 그리고 두 달란트 받은 사람은 두 달란트를 남겼다고 할 때에 주인은 그들에게 "잘 하였다. 착하고 충성된 종아, 네가 작은 일에 충성하였으니 내가 많은 일을 맡기겠다. 주인의 기쁨에 참여하여라."고 말했습니다. 그들에게 똑같이 "잘 하였다."고 하였습니다.

그런데 한 달란트 받은 사람은 와서 "나는 그 달란트를 가지고 가서 땅에 감추어 두었습니다. 여기 그 돈이 그대로 있습니다."하고 내놓았습니다. 그때에 주인이 그 종에게 "악하고 게으른 종아" 하면서 심하게 책망을 하였습니다. 여기에서 소극적인 사람과 적극적인 사람을 보게 됩니다.

(1) 적극적인 사람이란 주인을 기쁘게 하는 사람을 말합니다. 믿는 사람들은 모든 것을 베풀어주신 하나님을 기쁘시게 해야 한다는 사실을 보여주는 것입니다.

(2) 적극적인 사람은 또한 모험심이 있는 사람입니다. 구약 성경에 나오는 아브라함, 노아, 모세 등 신앙인들의 얘기가 전부 모험담입니다. 고로 신앙생활을 잘 하려면 모험심도 따라야 합니다.

현대는 쥐어주는 대로 붙들고 있는 사람은 실패합니다. 받은 재능이나 학문이나 자기의 받는 것을 적극적으로 능력있게 활용할 줄 아는 사람을 주님은 기뻐하십니다.

실천하면 좋을 삶의 지표

사람이 이 세상을 좀더 보람있게 살려면 삶의 지표를 세우고 그것을 목표로 삼고 실천하면서 살면 보다 더 발전적인 미래를 향해 갈 수가 있다고 여겨집니다. 이것은 한정된 내용이지만 자신이 더 새로운 지표를 만들어 나가는 것은 아주 의미 있는 일입니다.

1) 힘차게 일어나십시오. 시작이 좋아야 끝도 좋습니다. 육상선수는 심판의 총소리에 모든 신경을 곤두세웁니다. 0.001초라도 빠르게 출발하기 위해서입니다. 1년에는 365번의 출발 기회가 있습니다. 빠르냐? 늦느냐?가 자신의 운명을 다르게 연출합니다. 시작은 빨라야 합니다. 아침에는 희망과 의욕으로 힘차게 일어나십시오.
2) 당당하게 걸으십시오. 인생이란 성공을 향한 끊임없는 행진입니다. 목표를 향하여 당당하게 걷는 사람의 미래는 밝게 비쳐지지만; 비실거리며 걷는 사람의 앞날은 암담하기 마련입니다. 값진 삶을 살려면 가슴을 펴고 자신있게 살아야 합니다.
3) 오늘 일은 오늘로 끝내십시오. 성공해야겠다는 의지가 있다면 미루는 습관에서 벗어나십시오. 우리가 살고 있는 것은 오늘 하루뿐입니

다. 내일 일은 내일 해가 뜨기 때문에 그것은 내일의 문제로 우리를 기다려 주는 것입니다. 미루지 마십시오. 미루는 것은 죽음에 이르는 병이라고도 합니다. 그 만큼 그 날의 일을 그 날로 매듭짓는 것은 중요하다는 말입니다.

4) 시간을 정해 놓고 책을 읽으십시오. 길이 없다고 헤매는 사람의 공통점은 책을 읽지 않는데 있습니다. 학교에서 책을 읽는 것은 점수 따기 위한 것이지만 사회생활에서 독서는 살아남는 문제입니다. 지혜가 가득한 책을 소화시키십시오.

성경은 누구에게나 인생의 바른 목표를 제시해주고 잠언서는 지혜를 더해 줍니다. 하나님께서는 성경을 읽어서 영적 양식을 삼고 사는 이에게 크게 축복해주십니다.

함정을 조심하십시오

사람들에게는 자기 스스로를 가두는 함정이 있습니다. 함정이란 빠져나올 수 없는 구덩이 즉 수렁을 말합니다. 함정에 빠지면 나오기가 어렵습니다. 자기 스스로가 만든 함정이기에 다른 사람들이 도와주기가 어렵습니다. 자기 자신이 나오려고 힘써야 나올 수 있습니다.

첫째는 불평의 함정입니다. 사람들은 자기도 모르게 불평의 함정에 빠집니다. 불평하는 사람들은 대부분 자기를 들여다보지 않기 때문에 다른 사람에 대하여 불평을 하게 되는 것입니다. 자기 생각은 항상 바른 줄 알고 자기 판단은 정확한 줄 알아서 "그 일을 왜 그렇게 하지!"하면서 불평을 하게 됩니다. 남이 하는 일이 못 마땅하여 자연히 불만이 일어나는 것입니다. 누구든지 이 함정에 빠지면 정신을 바로 차리지 못하고 남을 원망하기 시작합니다.

둘째는 비판의 함정입니다. 어느 사람이든지 인간은 단점이 있는가 하면 장점도 있기 마련입니다. 비난 받을 면이 있는가 하면 나름대로 칭찬들을 받을 면도 또한 있습니다. 그런데 어떤 사람은 다른 사람에 대하여 비난꺼리만을 찾아내어 험담을 하고 비판함에 열을 올립니다. 어느 사람이든 칭찬과 격려와 위로의 말을 들을 때에 힘이 납니다. 비판과 비난만 하게 되면 인간관계에서도 함정에 떨어지게 되는 것입니다.

셋째는 절망의 함정입니다. 사람들 중에는 세상만사를 항상 부정적으로만 보아서 그가 가는 곳에는 희망이 보이지 않습니다. 그런 사람들에게는 세상이 항상 부정적으로만 보여서 마침내 절망의 벽에 맞닿게 됩니다. 단테(Alighieri Dante 1265~1321)가 쓴 소설 『신곡(神曲)』에서는 지옥을 설명하기를 '소망이 사라진 곳'이라 표현하였습니다. 항상 절망을 품고 살아가기 때문에 하나님의 천국을 바라보지 못하고 마침내 지옥에서 살게 된다고 설명을 하였습니다.

아무리 지혜로운 사람이라도 자주 하나님 앞에 엎드려 기도하는 사람은 쉽게 함정에 빠지지 않으며 또 빠져도 빨리 나올 수 있는 지혜를 주십니다.

존경할 만한 사람

학자요, 정치가요, 목사요, 주한미국대사(1993-1997)였던 제임스 레이니는 임기를 마치고 귀국하여 에모리대학의 교수가 되었습니다. 건강을 위해서 매일 걸어서 출퇴근하던 어느 날, 쓸쓸하게 혼자 앉아 있는 노인을 만났습니다. 레이니 교수는 노인에게 다가가 다정하게 인사를 나누고 말벗이 되어 주었습니다. 그 후 그는 시간이 날 때마다 외로워 보이는 노인을 찾아가 잔디를 깎아주거나 커피를 함께 마시면서 2년여 동안 교제를 나누었다.

그러던 어느 날 출근길에서 노인을 만나지 못하자 그는 노인의 집을 방문하였고 노인이 전날 돌아가셨다는 것을 알게 되었습니다. 곧바로 장례식장을 찾아 조문하면서 노인이 바로 〈코카콜라 회장〉을 지낸 분임을 알고는 깜짝 놀랐습니다. 그때 한 유족이 다가와 "회장님께서 당신에게 남긴 유서가 있습니다." 라며 봉투를 건넸습니다. 유서의 내용을 보고 그는 너무나 놀랐습니다. "2 년여 동안 내 집 앞을 지나면서 나의 말벗이 되어 주고 우리 집 뜰의 잔디도 함께 깎아 주며 커피도 나누어 마셨던 나의 친구 레이니! 고마웠어요. 나는 당신에게 25억 달러와 코카콜라주식 5%를 유산으로 남깁니다."

너무 뜻밖의 유산을 받은 레이니교수! 그는 1. 전 세계적인 부자가 그렇게 검소하게 살았다는 것과!! 2. 자신이 코카콜라 회장이었음에도 자신의 신분을 밝히지 않았다는 것!! 3. 아무런 연고도 없는 사람에게 잠시 친절을 베풀었다는 이유만으로 그렇게 큰돈을 주었다는 사실에 놀랐습니다.

레이니교수는 받은 유산을 에모리대학 발전기금으로 내놓았습니다. 제임스 레이니가 노인에게 베푼 따뜻한 마음으로 엄청난 부가 굴러 들어왔지만 그는 그 부에 도취되어 정신을 잃지 않았습니다. 오히려 그 부를 학생과 학교를 위한 발전기금으로 내놓았을 때 그에게는 에모리대학의 총장이라는 명예가 주어졌습니다.

선교

선교사의 각오

여러 해 전 세계선교대회에서 선교사역을 보고하는 중 많은 사람들의 심금을 울렸던 파라과이에서 선교하는 강두호 선교사님 이야기를 하려고 합니다. 그는 그 당시 12년 전 파라과이 선교사로 떠날 때 속으로 '하나님! 이 종은 한 알의 밀알이 되게 하소서!' 하였답니다.

여기에서 한 사건만 소개하려고 합니다. 원주민 교회개척을 하는데 건축에 관심있는 한 가정의 이야기입니다. 24살의 실바나, 아이들 5살, 3살인데 교회 건축을 도울 터이니 취직시켜 달라고 하였는데 닭털 뜯는 공장에 취직을 했다는 것입니다. 10시간 일해 주고 80불을 받는 데 거의 다 교회 건축 헌금을 했다고 합니다. 그후 주인에게 인정받아 12시간 일을 했다는 것입니다. 그러지 말라고 하면 "언제 이 교회를 완성해요? 오늘은 고생해도 세워질 교회를 바라보는 마음으로 일해요." 한다는 것입니다.

어느 날 새벽에 남편이 전화로 "아내가 죽었으니 어서 오시오. 아마

일을 많이 하다가 교사고가 났나 봐요."하더라는 것입니다. 알고 보니 드럼통 같은데 뜨거운 물을 넣고 그 안에 날카로운 칼 같이 된 기계가 돌아가면서 닭털을 뜯게 되어 있다는 것입니다. 그런데 일을 끝내고 아주 식기 전 물을 다 빼고 그 안에 칼 같은데 끼워있는 닭털을 뜯어내야 그 다음 날에 일하기가 쉽답니다.

하루 12시간 일하고 피곤한데 다음 날 일을 쉽게 하려고 그 안에 들어가 닭털을 뜯어냈다는 것입니다. 그런데 그 다음 교대자가 아무도 없는 줄 알고 전기 스위치를 넣으니 그만 그것이 돌아가서 그 속에서 갈기갈기 찢겨 죽었다는 것입니다. 한 교회가 세워지기까지는 어려운 고비가 많았다는 선교사의 간증은 참으로 선교의 각오를 하지 않으면 할 수 없는 주의 큰 사역이었음을 알게 하였습니다.

선교의 수고

구약 성경 시편 126편 5절과 6절을 보면 "눈물을 흘리며 씨를 뿌리는 자는 기쁨으로 거두리로다. 울며 씨를 뿌리러 나가는 자는 정녕 기쁨으로 그 단을 가지고 돌아오리로다." 이 간단한 말씀 중에 선교사들이 복음의 씨를 뿌리는 내용을 함축하였다고 보면 좋을 것입니다. 씨를 뿌린다는 것은 얼마나 힘이 들고 고생스럽고 어려운 일입니까? 씨 뿌리는 일로 모든 것이 끝나는 것은 아닙니다. 수고를 드리는 일이기 때문에 시인은 "눈물을 흘리며 씨를 뿌린다."라고 하였습니다.

여기 눈물을 흘리면서 씨를 뿌린다고 하는 것은 아주 큰 의미가 있습니다. 선교사는 참으로 눈물을 흘리며 씨를 뿌리는 사람입니다. 씨를 뿌리면 많이 나는 것을 봅니다. 그러나 복음의 씨는 뿌렸다고 다 나는 것이 아닙니다. 한 영혼을 구원시킨다는 것은 너무 어렵다는 말입니다. 나던 안 나던 씨는 심어야 합니다. 눈물을 흘리면서라도 심는 원리를 알 때 우리는 선교사의 모습을 보게 됩니다. 그리스도의 복음을 잘 전하는 사람은 남을 사랑하는 마음이 있어야 하고, 사랑하는 마음이 있어야 예수님도 잘 믿을 수 있습니다.

예수님은 원수도 사랑하라고 하신 것을 보면 사랑이 없이는 영혼 살리는 일을 못합니다. 선교사들이 우리 한국에 처음으로 와서 많이 고생한 이야기를 듣게 됩니다. 그 시대에 문화가 다르고 언어가 다르고 생활습관이 다른 한국에 와서 얼마나 어려움이 많았을까를 상상해 봅니다. 그 분들이 눈물을 흘리며 씨를 뿌린 덕택으로 한국의 기독교가 잘 성장하고 있음을 생각하면서 감사하고 계속 복음의 씨앗은 뿌려지도록 기도해야 할 것입니다.

선교사의 마음과 열매

중앙아프리카에서 선교를 하던 젊은 선교사 조지 애틀리는 맹수를 만날 것을 생각하여 항상 권총을 소지하고 있었습니다. 그는 어느 날 원주민들의 습격을 받아 창과 몽둥이에 맞아 죽어가게 되면서도 그의 손에 있는 영국제 윈체스터 연발총의 방아쇠를 끝까지 당기지 않았습니다. 그 총을 쏘면 저들을 죽이고 자기는 살 수가 있었습니다. 그러나

이 젊은 선교사는 두 가지 의미에서 방아쇠를 당기지 못하였습니다.

하나는 원수를 사랑하라는 주님의 말씀을 따르기 위해서이고 또 한 가지는 선교의 길을 막지 않기 위해서입니다. 그 사람들을 죽이게 되면 이 마을에서 하나님의 선교는 영영 끝장이 나고 말지 않겠습니까? "남을 죽인 자가 전하는 예수를 누가 믿으려 하겠느냐?"는 것입니다. 그래서 그는 끝까지 방아쇠를 당기지 않고 권총을 가진 채 그대로 개처럼 끌려가서 사지를 찢기며 비참하게 죽었습니다.

그가 죽은 다음에 보니 그에게는 원주민의 언어로 쓰여진 전도지와 늘 지니고 있는 유서가 있었고, 연발 권총이 있었습니다. 전도지는 예수를 믿으면 구원을 받는다는 것이었고, 유서는 내가 씨를 뿌리니 후일에 와서 열매를 거두라는 것이었습니다. 그래서 자기를 죽이러 오는 사람들인 줄 알면서도 "예수 믿고 구원받으시오"하고 외치면서 끝까지 총을 쏘지 않았습니다.

그런 연발 권총이 있었고 탄환도 열 발이나 남아 있었는데 자기들을 쏘지 않은 뜨거운 사랑을 그들은 늦게 알았습니다. 이것을 알게 된 원주민들은 뒤늦게나마 회개하고 그리스도를 영접하게 되었습니다. 이것이 선교사의 마음이며 참 사랑으로 씨를 뿌리면 언젠가는 열매를 거두게 된다는 깊은 뜻을 입증하는 사실입니다.

때가 되면 너를 맞으리

아프리카에서 일하던 Joy A. Steave 선교사님은 여러 해 동안 수많은 열정을 쏟았음에도 불구하고 선교의 열매를 별로 거두지 못 하고 가족을 잃은 채 귀국을 하였습니다. 그가 고향으로 돌아오는 배에는 휴가를 얻어 아프리카에서 사냥을 하고 돌아오는 미국의 대통령이 타고 있었습니다. 배가 샌프란시스코 항에 도착되었을 때 군악대들의 은은하게 울리는 군악 소리와 또 예포소리와 함께 휴가를 갔다 오는 대통령을 맞이하기 위하여 수많은 사람들이 부둣가에 나와 있었습니다. 배에서 대통령이 내려올 때 거기에는 붉은 주단이 깔렸고 많은 사람들이 대통령을 맞이하였습니다. 대통령이 지나가자 붉은 주단은 걷히고 군악대의 나팔소리도 멎었습니다.

그 뒤를 이어 조금 후에 선교사는 고독하게 내려왔습니다. '사냥을 갔다 오는 대통령은 저렇게 환영을 받는데, 큰 아들과 둘째 아들 그리고 부인마저 잃고 선교를 하다가 돌아오는 나를 맞이하는 환영객은 아무도 없구나!'하는 생각으로, 고독감과 실패감을 느끼면서 정신없이 거리를 걷고 있을 때였습니다.

그때 한 음성이 분명하게 들려왔습니다. "내 아들아! 네가 아직 고향에 돌아오지 않았다. 네가 고향에 돌아오는 날 군악대의 나팔 소리보다 더 큰 하늘의 천군 천사의 나팔 소리와 함께 내가 맞이해주마. 붉은 주단이 대단하냐? 그보다 더 좋은 황금의 길을 깔고 내가 친히 너를 마중 나오마. 사랑하는 아들아, 끝까지 충성하라!"

이 말씀을 들은 선교사는 그동안 이렇게까지 생각해주시는 하나님을 깨닫지 못했던 것과 충성을 하노라고 했지만 불평했던 죄를 회개하고, 다시 아프리카로 돌아가 충성을 다하다가 거기서 부름을 받았습니다. 오늘도 하나님의 역군들은 후일에 주님께서 영광 중에 맞아주시는 날까지 묵묵히 일하는 사역자가 되어야 합니다.

1. 생명의 소중성

김길복 집사님이란 분이 쓴 전도 간증집 〈천국, 혼자 갈 순 없잖아요?〉 제 1부에 "전도는 나도 살고 남도 살리는 생명 운동이에요."라는 내용이 있습니다. 이 소제목의 간증한 내용을 요약해 소개합니다. 김길복 집사님은 이웃을 전도하기 위해서 그들을 기쁜 마음으로 초청하고 집에서 음식 대접하는 일부터 하였다고 합니다. 참으로 효과적인 전도라고 생각을 하면서 그 일을 계속하였습니다.

그런데 한 번은 음식을 같이 나누어 먹은 이웃 중에 젊은 부부가 있었습니다. 그들 역시 김 집사님의 전도 대상자였습니다. 그러나 김 집사님은 그들의 마음의 문이 열릴 때까지 기다리며 "예수 믿으시오"라는 말을 참아왔습니다. 젊은이들이고 해서 역효과가 날까봐 좀 천천히 전도해도 되겠다고 생각을 한 것입니다. 그래서 다른 사람들에게 먼저 전도해서 교회에 등록을 시키고 있었습니다.

그런데 어느 날 그 젊은 부부 중, 남편이 높은 산에 올라가서 약을 먹고 자살했다는 소식을 듣게 되었습니다. 이때 김 집사님은 큰 충격을 받았고, 교회로 달려가서 울부짖으며 회개의 기도를 하기 시작했습니다. 전도해야 할 그 순간을 놓치고 태만하였음을 회개하면서, 몸부림치고 있을 때, 갑자기 비몽사몽간에 그 죽은 젊은이가 나타났습니다.

그 젊은이는 눈에 시퍼런 불은 켜고 김 집사에게 항변했습니다. "수현 엄마! 당신이 곰국 한 그릇, 김치깍두기 갖다 주면서 나에게 '예수 믿으세요.' 이 한 마디만 전해 주었어도 나는 자살하지 않았어요. 그랬더라면 이 무서운 곳에 떨어지지 않았을 텐데, 당신 때문에, 당신이 말 한마디 전해주지 않아서 나는 참지 못할 고통중에 있어요. 수현이 엄마! 어서 당신이 책임져요." 했다는 이야기입니다. 다음 내용에 계속 하겠습니다.

2. 생명의 소중성

지난 시간에 전도할 기회를 잃었던 김길복 집사님의 이야기를 계속 합니다. 비몽사몽간에 그 죽은 젊은이가 나타나서 "수현이 엄마! 어서 당신이 책임져요." 했다는 말까지 하였습니다. 그러자 김 집사는 다시 회개의 기도를 하기를 "하나님, 이 젊은이가 이렇게 갑자기 죽을 줄 모르고 전도하지 못했습니다.

그러나 젊은이의 부인과 자식들에게는 이번 영결식 때에 가서 주님의 이름으로 위로하고 복음을 전하겠사오니 저 무서운 형상이 제발 사라지게 해주세요." 이 때 그 젊은이의 무서운 형상이 감쪽같이 사라졌다는 것입니다.

그후 영결식이 끝나자 김 집사님은 지체하지 않고 그 집을 찾아가서 전도하였더니 그들이 예수 믿기로 작정하고 교회에 나오게 되었다는 간증입니다. 이때부터 김 집사님은 디모데후서 4장 2절에 "너는 말씀을 전파하라 때를 얻든지 못 얻든지 항상 힘쓰라"라는 말씀을 생각하면서 전도에 더욱 열심을 내게 되었습니다. 마침내 그는 2천명이 넘는 사람들에게 전도하였고, 또 800여 차례에 걸쳐 전도 간증 집회를 인도하였다고 합니다. 그리고 그가 쓴 책 맨 마지막에 이런 말로 결론을 맺습니다.

"전도는 주님이 함께 하시지 않으면 얼마나 고독하고 힘겨운 싸움인지 모른다. 그러나 늘 주님께 부르짖고 성령의 추천을 받아 나서면 얼마나 보람 있고 즐거운 일인지, 안 해본 사람은 결코 모를 것이다. 한 생명을 잉태하는 만족감 말이다." 그는 또 말하기를 "전도는 하면 할수록 생기를 얻게 하고 실제 생활에도 복이 넘치게 한다."고 하였습니다.

이 한 해는 영혼을 구원하는 전도에 관심을 가져보십시오. 너무나 절박하기 때문입니다. 성경은 "전하는 자가 없으면 어찌 듣겠느냐?" 고 하였습니다. 생명의 소중성을 깊이 살피시기 바랍니다.

선교사들의 헌신

한국교회사 초기에 별로 알려지지 않은 헤론이라는 의사가 있었습니다. 그의 이름을 아는 이는 많지 않지만 그가 한국교회 성장에 미친 영향은 지대합니다. 그래서 그의 생애에 관한 이야기는 듣는 이의 마음에 언제나 신선한 감동을 줍니다. 헤론은 미국 테네시 의과대학이 생긴 이래 가장 우수한 성적을 올린 수재로서 그 대학의 교수직을 사양하고 1885년에 내한하여 의료선교사로 헌신했습니다.

그는 한국에 온지 5년 뒤인 1890년 여름에 각종 전염병이 창궐하여 많은 사람들이 목숨을 잃고 고통을 당하고 있을 때 다른 선교사들은 휴가를 떠났지만 그는 폭염 속에서도 환자 치료에 최선을 다했습니다. 그러다가 더위와 과로에 지쳐 결국 자신도 이질에 걸려 3주간 앓다가 젊은 아내와 두 딸을 남겨놓고 선교지 한국에서 그의 짧은 생을 마쳐 한국교회 성장에 큰 밑거름이 되었습니다.

오늘 날 한국교회는 세계 교회사에 유례없는 부흥을 한 때 가져오는 축복을 받았습니다. 물론 한국교회가 부흥과 성장을 위해 그동안 많은 노력을 기울인 것은 사실이지만 우리가 알지 못한 곳에서 이처럼 땀 흘리고 순교한 많은 선교사들과 믿음의 선진들의 헌신을 망각해서는 안 될 것입니다. 왜냐하면 그들의 삶이 한 알의 밀알이 되어 부흥의 원동력이 되었기 때문입니다.

그래서 예수님께서도 요12:24 "한 알의 밀알이 땅에 떨어져 죽지 아니하면 한 알 그대로 있고 죽으면 많은 열매를 맺느니라."고 말씀하였습니다. 생명의 성장과 전파의 역사는 반드시 한 알의 밀알부터 시작된다는 것을 알게 됩니다. 이렇게 자기 나라도 아닌 다른 나라에 와서 예수님의 사랑의 마음을 전해 주려고 헌신하는 선교사들의 숭고한 믿음의 열매가 오늘의 한국 복음화를 일으킨 줄을 압니다.

복음 전파의 사명

사람이 죽을 때 남기는 말을 무엇이라고 합니까? 유언이라고 하지요?

유언은 아주 꼭 요긴한 말만 비교적 짧게 말하는 것입니다. 예수님은 승천하시기 바로 전에 사랑하는 제자들에게 꼭 남겨주고 싶은 말씀이 많이 있었습니다. 그 중에서도 꼭 해야 할 말씀이 있었는데 그것이 〈복음 전파의 사명〉입니다.

제자들은 예수님이 떠나가신 후에 그들의 전 생애를 바쳐서 복음을 전파했습니다. 바울 사도는 디모데 후서 4:1에서 "하나님 앞과 예수 그리스도 앞에서 엄히 명하노니 너는 말씀을 전파하라 때를 얻든지 못 얻든지 항상 힘쓰라"고 했습니다. 복음 전파가 그렇게도 중요할까요? 어떤 사람이 복음을 전파할 수 있습니까?

영혼을 사랑할 줄 아는 사람이라야 복음을 전할 수 있습니다. 그리고 실력이 있어야 합니다. 세상살이를 보면 어떤 사람이나 사업을 하려고 할 때 자금이 있어야 합니다. 자금을 끌어낼 수 있는 신용(Credit)이라도 있어야 합니다. 대학교 교수를 하려는 사람이라면 학벌과 실력이 있어야 할 것입니다. 정치하는 사람이라면 정치적 식견과 수완이 있어야 할 것입니다.

복음을 전파하는데 가장 기본적이고 필수적인 요건이 있는데 그것이 무엇인지 아세요? "다른 사람의 영혼을 얼마나 사랑하느냐?" 하는 관심입니다. 안 믿는 영혼을 볼 때 '저 영혼이 장차 예수님을 믿지 않으면 구원을 못 받고, 구원을 못 받으면 갈 곳이 딱 한 곳 분명한데… 어떻게 하나?' 이렇게 사랑하는 간절한 생각이 들어야 합니다. 이런 마음이 속에서 솟구치는 사람이어야 국내이든, 국외이든 전도나 선교를 할 수 있습니다.

누구든지 이런 뜨거운 마음이 없으면 절대로 복음전파를 바로 할 수 없습니다. 이것은 먼저 믿는 사람이 반드시 해야 할 사명이며 의무이므로 최선을 다해 복음을 전파해야 합니다.

1. 복음 전파의 중요성

예수님이 이 땅에 오셔서 주로 하신 일도 복음을 전파하신 일이요, 제자를 뽑아 3년간 훈련시킨 일도 다시 생각하면 복음을 전파하기 위한 준비 작업이었습니다. 예수님께서 70인씩 전도를 보내신 그 훈련이 훗날에 세계 각처로 복음을 전파하는 원동력의 상징이 되었습니다.

전하는 바에 의하면 의심 많던 도마는 인도에 가서 선교했는데 지금도 그의 순교기념비가 있다고 합니다. 주님의 명령이기 때문에 바울이나 기타 사람들이 생명을 내대고 복음을 전하였습니다. 복음을 전하다가 매를 맞기도 했고 짐승에 찢겨 죽기도 했고 온갖 시련과 고초를 겪었습니다. 주님이 오늘의 교회를 향해서 꼭 한마디 하실 말씀이 있다면 오늘도 역시 "복음을 전파하라"는 명령을 다시 내리실 것입니다.

그러므로 먼저 예수를 믿는 사람은 누구나 다 같이 복음을 전해야 합니다. 누구에게 복음 전파를 해야 합니까? 주님은 사도행전 1:8에서 "오직 성령이 너희에게 임하시면 너희가 권능을 받고 예루살렘과 유대와 사마리아와 땅 끝까지 이르러 내 증인이 되리라" 이 말씀은 두 가지 의미를 가지고 있는데 ①가까운 데서부터 먼데로 전하라는 뜻과 ②또 모든 사람에게 골고루 전해야 한다는 뜻이 있습니다.

세상에는 나라의 종류도 많고, 피부의 색깔도 다양하고, 문화의 배경도 모두 다릅니다. 그러나 하나님의 형상을 닮았다는 영적 존재의 가치는 똑같습니다. 공산주의 국가에 사는 사람이기 때문에 무관한 것이 아니고, 아프리카 산지에 살기 때문에 방임할 것이 아니며, 나와 가까운 사이가 아니기 때문에 상관없는 것이 아닙니다. 사람은 다 귀한 존재이므로 복음을 받아야 합니다. 그러므로 오늘도 많은 선교사들이 생명을 바쳐가며 선교하고 교회마다 복음전파의 중요성 때문에 최선을 다하여 선교하는 것입니다.

2. 복음 전파의 중요성

(전편 계속) 내가 소속한 교단에는 시대가 자꾸 발전해 가는데 목사들이 계속 공부 안하면 낙오자가 된다고 Continual Education, 즉 〈계속교육〉을 1년에 한 번씩 받게 합니다. 샌프란시스코 신학교에서 계속 교육 받을 때 과목 중에 〈인디안 역사〉가 한 시간 있었습니다. 그때 애리조나 주에 있는 인디안 교수가 강의를 했습니다.

한국인이 인디안과 비슷해서인지 친근감이 간다고 해요. 그의 말에 의하면 한 때 미국 의회에서 백인들이 "인디언을 사람으로 취급해야 하느냐? 원숭이처럼 사람이하로 취급해야 하느냐?"하는 논란이 있었다고 합니다. 여러 날 토의가 계속됐는데 처음에는 "인간으로 취급할 것이 없고 인간의 대우도 할 수 없다"고 나오다가 며칠 후 결국 "인간으로 대우해야 된다."고 결론이 내려진 때가 있었다고 합니다.

그후에 자기에게 시민권을 받아가라고 연락이 왔더래요. 그래서 백인들 중심인 지역 의회 앞에 가서 "아니 내가 당신들에게 시민권을 주어야지, 본토인인 내가 왜 당신들에게 시민권을 받아야 하는 것이요?" 하고 항의했다고 합니다. 사실 말이 되지요. 그 때 인디안 교수가 분해서 울분을 터뜨리며 말하는 것을 보았습니다. 이제는 인디안 촌에도 복음이 많이 전해졌습니다. 복음은 먼저 내가 아는 사람, 내 이웃에게서부터 전파해야 합니다. 그리고 끊임없이 기도하면서 전해야 합니다.

사실 미국에서 선교사들이 한국에 왔기 때문에 한국도 예수를 믿게 된 것이 아니겠습니까? 이제는 그 선교의 고마움을 갚아야지요. 그것은 세계 각처에 나가서 선교하는 것입니다. 심지어 파키스탄, 네팔 등 기독교를 전혀 받아들이지 않는 나라에도 가서 전하고 있습니다. 이것은 주님께서 "만민에게 복음을 전파하라"는 복음 전파의 중요한 명령이 있기 때문입니다.

삶에 보람을 느끼는 사람

세상에는 여러 가지 형태의 생활 속에서 자기 나름대로의 보람을 느끼며 살아가고 있습니다. 어떤 사람은 자기가 가지고 있는 금력으로 세상을 자기 소원하는대로 움직이며 생활의 보람을 느끼는 사람들이 있습니다. 어떤 사람은 술을 잔뜩 마시고 취해서 몸을 흔들면서 거나한 속에서 복잡하고 시끄럽고 어두운 생활면에서의 격리된 감을 일시 기분 내면서 보람을 느끼는 이도 있습니다.

사람에 따라서 영리하고 총명한 자녀를 키우면서 그들의 장래가 유망해 보이므로 여기에서 보람을 느끼면서 사는 이들도 있습니다. 사업을 하는 이들이 생각한 것보다 빨리 번영하고 확장되는 것을 보면서 보람을 느끼면서 살기도 합니다. 또 어떤 이들은 쾌락의 즐거움이나 육신생활의 편안함으로 삶의 보람을 느끼며 살아갑니다.

그러나 사실은 다른 사람들을 위한 봉사야말로 보람있는 삶의 진정한 비결입니다. 미시간 주에 사는 데이비슨(Davidson)이라는 젊은 의사가 자기의 번창해가는 성업을 버리고 해외 의료 선교사로 나갔습니다. 그의 아버지는 자기 아들을 방문하고 어려운 수술을 집도하는 것을 몇 번 구경한 일이 있었습니다.

어떤 때는 수술이 여러 시간 걸렸습니다. 그의 아버지는 묻기를 "얘야, 너는 미국에 있을 때에 1회의 수술비로 얼마를 받았니?" 젊은 의사는 "많이 받았지요. 그런데 저는 여기서는 누구를 고쳐 주었다는 기억 외에는 받는 것이 없습니다. 아버지, 그러나 제가 지금 하는 일이 예수를 믿는 나에게 얼마나 큰 보람이 있는지 모르겠어요." 라고 대답을 하였습니다.

우리는 다 같이 이민자들입니다. (한국에 계신 독자들께서는 이해하시기 바랍니다.) 벌어서 먹는 것만으로 자족하기 쉬우나 하나님의 형상을 닮은 우리 인생은 예수 안에서 남을 위해서 보람있는 생활을 하면서 멀리 내다보며 소망 가운데 살아가기 바랍니다.

웃음 시리즈

웃기를 힘쓰세요

오늘부터 〈웃음 시리즈〉를 여러 차례에 걸쳐서 하려고 합니다. 미소를 짓는 데는 돈이 한 푼도 들지 않지만 미소의 가치는 값으로 따질 수 없을 정도로 큽니다. 미소는 미소를 짓는 자신을 풍요롭게 해줍니다. 그러나 미소짓지 못하는 자에게는 메마르고 거센 모습을 느끼게 합니다.

웃음을 잃고도 행복하게 살아갈 수 있을 만큼 마음이 풍요로운 사람은 많지 않으며, 또 이웃에게 웃음을 나누어 주지 못할 만큼 영혼이 메마른 사람도 없습니다. 웃음은 가정에서 행복을 낳게 하고 사업에서 좋은 일을 가져오게 해줍니다. 왜냐하면 웃음은 "나는 당신을 좋아하고 당신은 나에게 기쁨을 주고 있습니다."라고 무언으로 말하기 때문입니다.

다음 이야기는 이요셉 씨라는 분이 쓴 글에서 읽은 내용입니다. 한국 한 호텔에 한 여직원이 있었습니다. 그 여직원의 얼굴 표정이 항상 밝은 겁니다. 사람들에게 늘 친절하게 인사하고 표정을 밝게 하는 그 모습이 너무너무 참 아름답고 미소가 예뻤다는 것입니다. 고객 중에 흑인 신사 한분 있었습니다. 그 흑인을 만날 때마다 항상 모든 사람에게 했던 것처럼 이렇게 미소 지으며 반갑게 인사하고 표정을 밝게 했다고 합니다.

그런데 그 흑인 신사가 며칠이 지나고 난 다음에 호텔을 나갈 때 체크아웃을 하면서 그 사람에게 너무나 표정이 밝은 그 마음이 고마워서 메모를 남겼다고 합니다. "당신의 웃는 표정이 너무 아름다웠고 너무 고마웠고 당신의 친절에 너무 감사했습니다." 라고 편지와 함께 조그마한 봉투가 한 개 주어졌는데 본인이 그 봉투를 열어봤더니 2천만 원이 들어 있더라고 합니다.

우리가 짓는 미소나 웃음이라는 것은 상대를 사랑하고 평안하게 하는 표정이므로 이것이 하나님께서 주시는 근본적인 자세입니다.

웃어야 합니다

성경에 아브라함이 백 세에 아들을 낳았다는 내용이 있습니다. 아마 백 세에 아들을 낳았을 때 그 이삭을 보면서 동네 사람들이 "저거 웃기네." 그랬을 것입니다. 백 세에 낳은 그 아들을 보면서 다 웃었을 것입니다. 100세에 아들을 낳는다는 것이 세상에서 보편적으로 있을 수 있는 일은 아니지 않습니까?

하나님은 모든 것을 하신다는 말입니다. 믿지 않는 이들은 신앙인들을 볼 때에 어떤 생각을 할까요? 세상 사람들은 예수 믿는 이들을 보면서 종종 그런 생각을 할 것입니다. '저 사람들은 무슨 맛으로 예수를 믿나?' 그런데 반대로 예수 믿는 이들은 '저 사람들은 무슨 맛으로 세상을 살까?' 그렇게 생각합니다.

믿음이라는 것은 다른 것이 아닙니다. 빼앗겨버린 인간의 모든 불행을 다시 하나님의 은혜로 회복한다는 사실을 믿는 것입니다. 그런데 이런 믿음이 쉽게 오는 것은 아닙니다. 하나님이 그런 믿음을 주셔야 되는 것입니다. 그런 의미에서 하나님이 믿음으로 주시는 웃음도 받아야 웃을 수 있는 것입니다.

우리가 기쁨을 인간 내면세계의 표현이라고 말한다면 즐거움은 외면세계에서 오는 것이라고 말할 수 있습니다. 찬송가에 "두려움이 변하여 내 기도 되었고 전날의 한숨 변하여 내 노래되었네." 하는 찬송이 있습니다. 웃고 살아야 할 많은 사람들이 울고 살아가고 있다는 것이 비극이며 이것은 마귀가 인간에게 가져다 준 불행입니다. 그래서 우리는 어떤 모양으로든지 마귀에게서 해방을 얻기 위하여 웃어야 합니다. 하나님을 향해서 웃으면 마귀는 왔다가 물러갑니다.

그래서 참 믿음은 하나님을 향해서 웃는 믿음을 얻는 것입니다. 웃는 집에 만복이 깃든다고 한 것처럼 웃으면 행복이 찾아옵니다. 웃으면 장수합니다. 동의보감에 "웃음은 보약보다도 좋다"고 했습니다. 하나님은 우리에게 웃음을 주셨으므로 언제나 우리가 웃는 것을 기뻐하십니다.

웃는 생활의 유익

미국 프로야구 L. A. 다저스 팀의 명투수였던 토미 라소다가 어렸을 때 그의 집안은 매우 곤궁했습니다. 그런데도 그의 아버지는 항상 웃으면서 "나는 세상에서 가장 행복한 사람이야!"라고 말하곤 했습니다. 어느 날 이를 못마땅히 여긴 라소다는 아버지에게 투덜댔습니다. "그게 무슨 말씀이세요. 아빠는 채석장에서 트럭을 모는 고된 일을 하셔야 하고, 엄마는 관절염으로 병원에 다니시고, 먹이고 입혀야 할 애들이 다섯이나 있어 늘 어려운 형편인데…"

그런 때에 예수 믿는 라소다의 아버지는 웃으면서 대답했습니다. "얘야, 왜 웃는지 알고 싶니? 빈털터리였던 내게 지금은 멋진 아내와 다섯 명의 착한 아이들이 있고, 가꿔야 할 집도 있고 고물이지만 몰고 다닐 수 있는 차까지 있잖니? 난 세상에서 가장 복이 있는 사람이야. 얘야. 네게 웃음이 없다면 내 웃음이라도 빌려가거라." 하였다는 것입니다.

하나님께서는 사람만이 웃을 줄 알게 하셨으므로 웃는 이들을 기뻐하십니다. 아시는 대로 〈소문만복래〉(笑門萬福來) 즉 웃는 집 문안에 많은 복이 들어온다는 옛 말이 있지 않습니까? 웃음에는 긴장을 풀어주는 효과가 있습니다. 또 상대방의 경계심을 풀어 줍니다. 세계 미인대회 때 한국의 대표들이 가장 어색한 모습으로 웃는 표정을 짓는 다고 합니다. 하나님은 사랑하는 자에게 웃음을 주실 뿐만 아니라 복까지 주셔서 유익하게 하십니다.

우리는 웃되 하나님과 함께 웃어야 합니다. 사도 바울이 감옥에 있으면서도 감옥 밖에 있는 이들에게 빌립보 4:4 "주 안에서 항상 기뻐하라 내가 다시 말하노니 기뻐하라"고 했는데 그 기쁨이 하나님을 대면한 믿음에서 얻는 기쁨이었던 것입니다. 우리 모두 웃으면서 사십시다. 나 그리고 나와 함께 있는 사람들과 모든 공동체에도 웃으면서 그리고 말하면서 살면 유익한 일이 생겨날 것이기 때문입니다.

웃고 삽시다

영국의 홀든이라는 정신과 의사의 "웃음 건강법" 이라는 것이 있습니다. 흔히 웃길 때 "뱃살을 쥐게 한다."고 하는 폭소는 상체운동이 되고, 긴장을 완화시키고, 혈압을 낮추고, 혈액순환을 도와준다는 것입니다. 어린이는 하루 90회 정도 미소를 짓는데, 성인은 하루 8회 정도 폭소를 하고, 15회 정도 미소를 짓기 때문에 웃음의 절대량이 모자란다고 합니다.

정신과 의사인 홀든은 다음과 같은 말을 하였습니다.

100번 정도 상체를 움직이며 폭소를 터뜨리면

1) 10분정도 조깅이나 노젓기를 한 것과 같은 효과가 난다.

2) 건강에 문제를 일으키는 스트레스와 연관이 있는 호르몬을 줄인다.

3) 통증을 이겨낼 수 있는 엔돌핀을 생성한다.

4) 혈압을 낮춘다.

5) 몸속에 장기를 자극함으로 그 기능은 더욱 왕성하게 해준다.

6) 자가 면역 체계를 강화한다.

7) 근육의 긴장을 풀어주고 신경을 안정시킨다.

그러므로 웃는 것은 언제, 어디서나 항상 소중한 것입니다. 잠언 17장 22절에 "마음의 즐거움은 양약이라도 심령의 근심은 뼈로 마르게 하느니라." 우리 속담에 〈웃으면 복이 온다.〉는 말이 있고 또 〈일소 일소 일노 일노〉 (一笑 一少 一怒 一老)라 하여 〈웃는 만큼 젊어지고 화낸 만큼 늙어진다.〉고 하지 않았습니까! 우리는 웃는 것이 얼마나 그 사람의 가치를 더욱더 빛나게 한다는 것인지 주위의 많은 사람들을 보면서 느껴왔을 것입니다.

우리의 현실 속에서 웃을 일이란 별로 없을지 모릅니다. 그러나 하나님을 바라보며 웃으면서 사는 사람은 복을 받을 사람입니다. 분명히 웃는 생활은 먼저 하나님께서 우리에게 기쁨을 주시고 나와 내 주변에도 좋은 일이 오는 것을 분명히 명심하여 화내고 사는 것보다 웃으면서 살기를 바랍니다. 이렇게 웃으며 사는 것은 언제, 누구에게나 필요한 것이며 앞으로 길이 열리는 축복의 문인 것입니다.

웃음은 값진 것

하나님을 믿으면서 복 받은 증거는 뭘 많이 가진 것이 아니라 많이 웃으면서 사는 것입니다. 웃으면서 사업하고, 웃으면서 가정생활 하고, 웃으면서 예배하는 것이 복받은 증거입니다. 어느 교회 여 집사님이 이런 간증을 하였습니다. 자기는 남편의 구원을 위해서 금식기도도 하고, 울면서 기도도 하고, 남편에게 별별 방법을 다 써봤지만 남편으로부터 교회 오겠다는 응답이 없었습니다. 그런데 어느 날 새벽에 남편 구두를 가지고 교회 강대상 밑에 놓고 기도하기를 "주님, 제 남편 구두가 먼저 왔습니다. 구두 주인도 속히 따라 나오게 하옵소서." 하고 웃으면서 기도했답니다.

그 기도를 하면서 얼마나 웃었는지 다른 기도는 제대로 못하고 웃기만 하다가 집에 왔습니다. 다음날 아침 남편이 출근할 때 남편 구두를 챙겨주면서 또 웃었습니다. 속으로 '구두 주인 양반 잘 다녀오십시오.' 하면서 또 웃었습니다. 남편이 웃는 아내 얼굴을 보더니 "오늘 따라 당신 웃는 얼굴이 유난히 아름답네." 하고 말하니까 아내가 은혜 받아서 그런다고 했습니다. 그때 남편이 "사업도 안 되고 세상 살기도 힘든데 당신 따라 교회나 갈까?" 하면서 교회에 꼭 간다고 하더랍니다.

그 부인의 간증의 결론이 하나님을 한바탕 웃겼더니 기도 응답이 빨리 왔었다는 것입니다. 인생에 있어서 가장 중요한 것은 믿는 사람들일수록 죽음을 앞에 놓고 "최후로 웃는 자가 승리한 자다." 라는 것입니다. 즉, 마지막 내가 인생을 마칠 때 웃고 죽을 수 있는 사람이 승리자인데 그가 바로 성경 사도행전에 나오는 순교자 스데반이었습니다.

최후에 웃는 사람, 하늘나라 소망 중에 웃을 수 있는 사람이 된다는 것은 최고의 영광입니다. 이 은혜가 진정한 그리스도인들에게 가장 소중하고 값진 웃음입니다. 후일 스데반처럼 주안에서 영원히 웃음으로 주님께 가기를 소원합니다.

웃음의 필요성

이요셉 씨는 직업적으로 웃음을 훈련시키는 사람인데 한 번은 fun과 웃음의 세계최고 전문가인 진수테리를 만난 적이 있었다고 합니다. 어떤 방송초청으로 그분을 만나게 되었었는데 같이 강의를 진행하면서 만나게 되었다고 합니다. 그 진수테리가 참 재미있는 이야기를 하더랍니다.

그분도 처음에는 거의 웃지 않고 살았다고 합니다. 미국에 이민을 와서 열심히 일하고 있는데 하루는 CEO가 부르더래요. "진수테리 씨 회사를 그만뒀으면 좋겠습니다." 라고 말을 하더랍니다. 충격이었대요. "아니, 왜 제가 회사를 그만 둡니까?" 라고 진수테리가 반문했답니다. CEO가 이렇게 말하더랍니다. 뭐라고 말을 하느냐 하면 "당신은 너무 웃지 않기 때문에, 너무 재미가 없어서 다른 부하직원들이 당신을 따르지 않습니다." 그렇게 잘라버리더라는 것입니다.

이 진수테리가 집에 가자마자 제일 먼저 했던 것은 거울을 보았다는 것입니다. 거울을 봤더니 자신의 얼굴이 무섭더래요. 그래서 그때부터 웃는 연습을 하기 시작했답니다. 거울을 보면서 웃는 거죠. 웃고, 또 웃고. 또 웃고. 그래서 웃기 연습을 하면서 또 재미있는 사람을 찾아다니기 시작하면서 이 사람이 fun과 웃음을 연구하기 시작했다는 것입니다.

이 진수테리가 열심히 연구를 하는 가운데 20년이 지난 후에 그 분야에 최고의 전문가가 되었다는 것입니다. 출연료가 상상할 수 없이 엄청나게 많다는 것입니다. 그 분이 자기에게 "요셉 씨 당신은 표정이 참 너무너무 밝아요. 그 밝은 표정이라는 것이 얼마나 중요한 가치가 있는가를 잘 알아야 합니다."라고 하더랍니다. 우리가 아는대로 웃을 수 있다는 것은 하나님이 인간에게 주신 가장 큰 특혜입니다. 하나님이 주신 이 자본을 잘 활용해서 사는 것은 큰 복입니다.

1. 웃는 사람

효자는 부모님을 웃게 만들어 주는 것입니다. 옛날 가난한 부부가 "어떻게 하면 한 분 어머니를 기쁘게 해드릴 수 있을까?" 의논하다가 옷 저고리를 돌려 입고 부부가 어머니 앞에서 어설픈 춤을 추었다고 합니다. 그랬더니 늙은 어머니가 그것을 보고 어이가 없다는 듯이 웃더랍니다. 아마 "너희들 나를 웃기는 구나!" 그런 뜻이겠지요.

부모의 가슴에서 눈물을 뺀다든지, 탄식하게 만드는 것은 불효자입니다. 한국민족의 새로운 민족 개조론을 부르짖었던 도산 안창호 선생이 말년에 평양에서 오십 리 떨어진 태보산에 조그마한 산장을 짓고 살았습니다. 그는 산장 입구에 문을 세우고 "빙그레, 벙그레, 방그레"라고 써붙였습니다. 그리고 "누구든지 어린 아이는 방그레, 청년들은 빙그레, 노인들은 벙그레 웃어서 웃는 민족으로 웃는 얼굴로 새 민족을 이루자고 호소했습니다.

이런 글이 있습니다. "사람이 웃을 수 있으면 그는 가난하지 않다. 네가 웃을 때 온 세상이 너와 같이 웃는다. 한 번도 웃지 않은 날은 완전히 잃어버린 날이다. 웃으면 세상이 너와 함께 웃고, 울면 너 혼자 운다."라는 이 말은 웃지 않는 이에게 슬픈 이야기입니다.

최근에 발행된 프랑스 보건지 "쌍떼"라는 잡지에 따르면 프랑스 의사들이 뽑는 가장 좋은 약은 '웃음'이라고 했습니다. 웃으면 엔돌핀이 생기고 따라서 우리 몸에 침입해 들어오려는 모든 암의 병균들을 물리쳐 준다는 것입니다. 웃음은 건강의 특효약이고 최근에는 웃음 요법으로 병을 고치는 내적 치유를 개발하고 있습니다.

웃음은 돈으로 살 수도 없고 팔 수도 없고, 벌 수도 없고, 꿀 수도 없고, 훔쳐갈 수도 없습니다. 그러므로 이것은 성공과 행복을 위한 비밀의 보화입니다. 행복하게 살려면 웃으며 살아야 합니다. 하나님께서는 슬퍼하며 우는 사람보다 웃으며 사는 사람을 기뻐하십니다.

2. 웃는 사람

앞으로 어깨를 펴고 의도적으로라도 표정을 밝게 해보고 한 번 미소를 짓고 웃어보십시오. 나부터도 웃고 살기가 쉽지는 않습니다. 그러나 노력을 하려고 합니다. 분노하고 화내는 모습보다 미소 짓고 웃으며 사는 사람을 하나님은 더 기뻐하십니다. 사람은 일생동안 살면서 자기감정을 표현하면서 삽니다. 우리가 살아있다는 것은 감정이 살아있는 것과 같습니다.

우리는 〈희, 노, 애, 락〉의 감정을 표현하면서 살아갑니다. 웃기도 하고, 분노하기도 하고, 때로는 슬퍼하고 애통해 하기도 하고, 때로는 즐거워하면서 살아갑니다. 많이 웃으면서 산 사람은 복받은 사람이요, 웃지 못하고 탄식하며 사는 사람은 그 반대입니다. 어떤 의미에서 웃음을 잃어버렸다는 것은 불행한 인생이라고 할 수 있습니다.

웃음에는 여러 가지가 있습니다. 마귀가 주는 웃음이 있습니다. 이것은 남을 비웃고, 멸시하는 웃음입니다. 거짓된 웃음이 있습니다. 가룟 유다와 같이 속에는 살인적 마음을 품었으면서도 겉으로는 웃는 웃음입니다. 독재자의 웃음이 있습니다. 속에 무서운 악을 품고 있으면서도 겉으로 웃는 스탈린, 히틀러와 같이 웃는 웃음입니다. 이것은 소름끼치는 웃음이지요. 인간이 주는 웃음이 있습니다. 코미디언들이 억지로 웃기는 웃음입니다.

그러나 하나님이 주시는 웃음이 있습니다. 성도가 은혜로 웃는 웃음인데 우리는 이 은혜를 받아야 합니다. 독일의 신학자 몰트만은 "웃음은 영혼의 해방이요, 우리 마음을 결박하고 있는 죄에서 구원받은 자의 기쁨의 표현이다"라고 했습니다. 우리가 과거에 억울하게 많은 상처를 입고 성장해 왔을 경우라도 이제는 하나님이 나의 아버지가 되셨으니 하나님을 모신 아버지의 자녀처럼 웃으면서 삽시다. 하나님께서는 사람만이 웃을 줄 알게 하셨음을 알아야 합니다.

웃음의 소중성

몇 해 전에 홍콩의 한 항공사 승무원들은 회사측과 임금 협상에 난항을 겪자 "웃음 짓는 서비스만 파업하겠다."고 협박성 경고를 했다고 합니다. 깍듯한 인사와 따뜻한 미소로 고객 한 사람 한 사람과 일일이 접촉하는 것이 항공사 승무원들의 가장 큰 임무인데 '웃지 않겠다.'면 서비스를 않겠다는 것과 다를 바 없겠지요.

만약 그 비행기를 타고 여행을 한다고 가정해 보세요. 탑승할 때부터 무뚝뚝하고 싸늘한 얼굴로 비행기 트랩에서 고개 숙여 인사하는 승무원들을 보면 불안한 마음으로 비행기에 오르게 될 것이 분명합니다. 비행기가 이륙해서 식사 때가 되어 나오는 음식이 아무리 비싸고 일류 호텔 음식을 방불케 한들 표정없는 얼굴로 가져다주는 그 음식이 맛있을 리 없을 것입니다. 이처럼 승무원 몇 명의 미소 없는 싸늘한 표정만으로 비행기 전체의 분위기가 살벌하고 긴장감으로 뒤덮이게 될 뿐 아니라 그 회사 전체에 막대한 부정적 영향을 미치게 될 것이라고 추측한다는 것입니다.

내가 아는 이들과 함께 한국인이 경영하지 않는 어느 아시아 식당에 점심을 먹으러 들어간 일이 있습니다. 그런데 식당의 종업원이 너무 쌀쌀하고 전혀 미소를 짓지 않는 젊은 여자입니다. 음식은 그런대로 좋은 편인데 냉기가 도는 여종업원 때문인지 아주 넓고 돈을 많이 들여서 시설도 새로 잘 해놓은 식당인데 손님이 없습니다. 주인이 미소없는 종업원으로 인해 사업이 안 되는 것을 알았으면 좋겠다는 생각이 들었습니다. 물론 나도 그 후에는 그 식당을 안 갔습니다.

웃음에 대해 연구하는 학자들은 웃음을 발전시켜서 지대한 영향을 주는 것으로 본다고 합니다. 그렇기에 세계적으로 유명한 일류 기업들은 유머 감각이 풍부하고 잘 웃는 사람을 1순위로 선호한다고 합니다.

웃음이 가지고 있는 능률과 웃음이 없음의 폐해(弊害)를 잘 알고 있기 때문에 실제로 잘 웃는 사람들이 그렇지 않은 사람들보다 업무 능력이나 실적에서 탁월하게 앞선다고 합니다.

웃음의 효율성

미국에서 슈퍼마켓의 강도들을 대상으로 설문조사를 했답니다. 도둑이 슈퍼마켓에 들어갔을 때 어떤 곳에서 강도질을 하는가?라는 질문인데 놀라운 대답은 일하는 종업원이 많이 웃는 곳에서는 총이나 칼을 꺼내지 않게 되더라는 겁니다. 그 이유는 종업원이 많이 웃고 있으면 저 사람과 나는 친하다는 생각이 든다는 것입니다. 그런데 종업원이 웃지 않고 무표정하면 나와 아무런 관계없다는 생각으로 강도질을 한다는 것입니다.

캐나다에서 유명한 웃음 컨설턴트인 캔트리 페닉이 이런 말을 했다고 합니다. 일터에서나 어떤 기업체에서 웃음이 늘어나면 무기력증이 예방된다는 것입니다. 그리고 사기가 올라가게 되고 커뮤니케이션이 원활해지기 시작하고 창의력까지 증진되면서 자신감까지 갖게 되고 그걸 통해서 좋은 인간관계를 만들게 되고 마침내는 이것을 통해서 생산성이 올라간다는 것입니다.

일본에서도 많은 백화점에서는 웃음이라는 부분을 경영이나 또 고객 만족의 서비스에 도입되고 있는 이유가 바로 이런 이유라는 것입니다. 유명한 대학의 하나인 캐나다 멕길 대학에서 참 재미있는 실험을 하나 했답니다. 그 실험은 노인들을 대상으로 15년 정도의 시간을 두면서 뇌기능 테스트를 하게 했다고 합니다. 재미있는 내용이 나오는데 자신감 있는 노인들이 자신감이 없는 사람들에 비해서 뇌의 기능이나 뇌의 크기가 20%정도 더 크다는 사실을 발견하게 되었다는 것입니다. 뇌가 20%정도 큰 사람들은 또 학습 능력이나 기억력도 훨씬 더 뛰어났다는 것입니다. 많은 사람들이 자신감과 웃음이라는 부분이 함께 움직인다는 사실을 모르고 있다는 것입니다. 결론은 하나님을 믿으면서 많이 웃는 사람들이 자신감이 넘치고 힘있게 일을 잘 한다는 것입니다.

웃어 보세요

한 젊은이가 신입사원으로 들어갔는데 자기를 괴롭히는 상사가 있었다고 합니다. 이 상사의 머리가 대머리였다고 해요. 그 상사가 너무 괴롭혔기 때문에 나중에는 대머리 불안감이 왔습니다. 드디어 열심히 일하는 중에 우연히 다른 부서로 옮겼다고 합니다. 그런데 공교롭게도 그 상사는 더 자신을 괴롭히는 사람이었는데 그 사람도 또 대머리였다는 겁니다. 나중에는 대머리 공포증이 오기 시작한 것입니다. 보기만 하면 두렵기도 하고 떨리기도 하더라는 것이지요.

그래서 이 사람이 이것을 해결하기 위해서 여러 가지 치료도 받고 고민도 많이 하다가 우연찮게 어떤 책을 보게 되었는데 그 책 내용에서 이런 내용이 나왔다고 합니다. "웃음은 무의식적으로 저 깊은 곳에 있는 두려움까지 내쫓는다."라는 것입니다. 그래서 이 젊은이는 웃음에 관련된 책을 다 사기 시작했답니다. 그 중에 한 책 내용 중에 웃음이라는 부분을 실질적으로 쉽게 할 수 있는 방법이 적혀 있더라는 것입니다.

젊은이가 그 책을 보고 혼자 웃기 시작을 했대요. 집에 가서 책을 보자마자 웃는 것이지요. 이렇게 웃고 저렇게 웃고 계속 웃다 보니까 일주일의 시간이 지나고 10일의 시간이 지나면서부터 그 두려움의 공포가 점점 작아지기 시작하더라는 것입니다. 한 달 정도가 지나니까 두려움이 거의 없어지기 시작하는데 놀라운 일이 또 벌어졌다는 것입니다.

그것은 그가 하나님을 믿기 때문에 상사가 두려운 대상이 아니라 자기도 모르게 내면에서부터 좋아지기 시작하더라는 것입니다. 성경에서 말하는 사랑의 힘으로 그 웃음이라는 부분이 긍정적이고 좋고 행복했던 그런 마인드와 경험들이 함께 같이 입력이 되더라는 것입니다. 그래서 웃기를 시작한 이후에 하나님께 기도하면서 모든 것이 행복으로 바뀐 것입니다.

웃음의 중요성

웃음이라는 활동이 두려움과 근심 걱정을 쫓아 버리는 정말 최고의 방법이라는 말도 있습니다. 그래서 옛날 장군들은 적장을 보자마자 이렇게 말을 먼저 한다는 것입니다. "우하하하하! 가소롭도다!" 이렇게 먼저 웃음을 짓는 것은 그 사람 마음에서부터 큰 자신감과 용기와 큰 힘을 끌어내는 최고의 방법이 바로 웃음이라는 것이기 때문입니다.

그래서 어깨를 펴고 표정을 밝게 하고 의도적으로 웃음을 짓기 시작할 때부터 내 마음속에 있는 두려움들, 걱정들, 근심들은 정말 빛이 오면 어둠이 도망가는 것처럼 가장 빠르게 사라지게 한다는 사실을 알아야 합니다.

웃음에는 두 종류가 있습니다. 하나는 심리학자 기욤 뒤센이 처음 발견한 '뒤센 웃음' 입니다. 이 웃음은 마음에서 우러나온 진짜 웃음입니다. 그러므로 마음에서 우러나오지 않는 가짜 웃음도 있다는 말입니다.

캘리포니아 버클리대학교의 켈트너와 하커 교수가 1960년 대학의 졸업생 141명을 대상으로 실시한 연구가 있답니다. 졸업 앨범에서 3명을 제외한 모든 여학생이 웃고 있었고, 그 중에 뒤센 웃음(진짜 웃음)을 하고 있는 사람은 절반 정도였습니다. 이 여학생들이 27살, 43살 그리고 52살이 될 때마다 결혼과 생활 만족도를 조사했습니다. 놀라운 사실은 뒤센 웃음을 짓고 있던 여학생들은 대개 30년 동안 행복하게 결혼 생활을 유지하고 있었습니다. 더구나 개인적인 건강상태도 더 잘 유지하고 있었다는 것입니다. 진짜 웃음을 짓는 사람이 행복한 결혼 생활을 할 가능성이 높다는 것을 확인한 실험입니다.

신앙생활 하는 이들의 공통적인 사실은 긍정적인 정서와 사고가 가지는 기쁨과 환희, 만족감과 행복을 잘 찾고 누린다는 것입니다. 고로 이렇게 웃음의 중요성을 기억하며 하나님이 주신 웃음을 잃지 않고 살기를 바랍니다.

웃음의 금언

[웃음 10계명]이란 글을 먼저 소개합니다.

① 크게 웃어라. 크게 웃는 웃음은 최고의 운동이며 매일 1분 웃으면 8일 더 오래 산다.

② 억지로라도 웃어라. 병은 무서워서 도망간다.

③ 일어나자마자 웃어라. 아침에 처음 웃는 웃음이 보약 중 보약이다.

④ 시간을 정해 놓고 웃어라. 병원과는 결별이다.

⑤ 마음껏 웃어라, 얼굴 표정보다 마음 표정이 더 중요하다.

⑥ 즐거운 생각을 하며 웃어라. 즐거운 웃음은 즐거운 일을 창조한다.

⑦ 함께 웃어라. 혼자 웃는 것보다 10배 이상 효과가 있다.

⑧ 힘들 때 더 웃어라. 진정한 웃음은 힘들 때 웃는 것이다.

⑨ 한 번 웃고 또 웃어라. 웃지 않고 하루를 보낸 사람은 그날을 낭비한 것이다.

⑩ 꿈을 이루었을 때를 상상하며 웃어라. 꿈과 웃음은 한 집에 산다.

다음은 웃음에 대하여 유명한 사람들의 글을 옮겨 봅니다.

"웃는 사람은 실제적으로 웃지 않는 사람보다 더 오래 산다. 건강은 실제로 웃음의 양에 달렸다는 것을 아는 사람은 거의 없다."-제임스 월쉬-

"웃음은 전염된다. 웃음은 감염된다. 이 둘은 당신의 건강에 좋다."

-윌리엄 프라이(스탠포드 의대 교수)-

"당신이 웃고 있는 한 위궤양은 악화되지 않는다."-패티우텐-

"우리는 행복하기 때문에 웃는 것이 아니고 웃기 때문에 행복하다." -윌리엄 제임스-

"나는 웃음의 능력을 보아 왔다. 웃음은 거의 참을 수 없는 슬픔을 참을 수 있는 어떤 것으로, 더 나아가 희망적인 것으로 바꾸어 줄 수 있다."-밥 호프-

"유머 감각이 없는 사람은 스프링이 없는 마차와 같다. 길 위의 모든 조약돌 마다 삐걱거리게 된다." -헨리 와드 비쳐-

모두 다 웃음의 소중성을 말하였습니다. 하나님은 인간에게 주신 얼굴의 근육을 통하여 나도 웃고 다른 이도 웃어서 즐겁게 살기를 바라십니다.

웃으시지요

웃을 일이 없어도 그저 웃어 봅시다. 힘차게 웃으며 하루를 시작해 보십시오. 활기찬 하루가 펼쳐집니다. 세수할 때 거울을 보고 미소를 지어 보세요. 거울 속의 사람도 나에게 미소를 보냅니다. 밥을 그냥 무표정하게 먹지 마세요. 웃으면서 먹고 나면 피가 되고 살이 됩니다.

모르는 사람에게도 미소를 보여 주세요. 마음이 열리고 기쁨이 넘치는 표정을 합니다. 웃으며 출근하고 웃으며 퇴근하세요. 그 안에 천국이 들어 있습니다. 만나는 사람마다 웃으며 대해 보세요. 인기인의 순서 1위가 됩니다. 꽃을 그냥 보지 마세요. 꽃처럼 웃으며 감상하십시오. 남을 웃겨 보십시오. 내가 있는 곳이 웃음 천국이 됩니다. 웃는 사진을 걸어 놓고 수시로 바라보세요. 웃음이 절로 납니다.

결혼식에서 떠들지 말고 즐겁게 웃어 주세요. 그것이 축하의 표시입니다. 신랑 신부는 식이 끝날 때까지 웃으세요. 새로운 출발이 기쁨으로 충만해집니다. 집에 들어올 때 웃으세요. 행복한 가정으로 꽃 피게 됩니다.

웃으면서 물건을 파세요. 하나 팔 것 두 개를 팔게 됩니다. 물건을 살 때 웃으면서 사세요. 서비스가 달라집니다. 돈을 빌릴 때 웃으면서 말하세요. 웃는 얼굴에 침 뱉지 못한다고 하지 않습니까? 옛날 웃었던 일을 회상하며 웃어 보세요. 웃음의 양이 배로 늘어납니다. 실수했던 일을 어쩌다가 한 번씩 떠 올려 보세요. 기쁨이 샘솟고 웃음이 절로 납니다. 웃기는 책을 그냥 읽지 마세요. 웃으면서 읽어 보아야 합니다.

웃기는 개그맨처럼 행동해 보세요. 어디서나 환영받습니다. 비디오를 보게 될 때 웃기는 것을 선택하세요. 웃음 전문가가 됩니다. 사도 바울이 항상 기뻐하라고 하였습니다. 우리의 삶이 기쁜 때만 있겠습니까? 어려운 때를 기쁨으로 승화시켜 웃어 보세요. 은혜의 생활을 하게 됩니다.

계속 웃어 보세요

화날 때 화내는 것은 누구나 하는 일입니다. 그렇게 화가 나도 웃으면 화가 복이 됩니다. 우울할 때 웃어 보세요. 우울증도 웃음 앞에서는 맥을 쓰지 못합니다. 힘들 때 웃어 보세요. 나도 모르는 사이 힘이 저절로 생겨납니다. 웃음 노트를 만들고 웃겼던 일, 웃었던 일을 기록해 놓으면 좋은 추억도 되고 웃음의 학습도 됩니다. 시간을 정해 놓고 웃어 보세요. 그리고 그런 시간을 점점 늘려 가면 좋을 것입니다. 오래간만에 만나는 사람을 죽은 부모 살아온 것같이 대해 보세요. 기쁨과 감사함이 충만해집니다. 가급적 속상하게 하는 뉴스를 보지 마세요. 그것은 웃음의 적입니다.

회의할 때 먼저 웃고 시작해 보세요. 아이디어가 샘솟듯 합니다. 오래 살려면 웃어야 합니다. 1분 웃으면 이틀을 더 산다고 합니다. 돈을 벌려면 웃으세요. 5분간 웃을 때 5백 달러 상당의 엔돌핀이 몸에서 생산됩니다.

예수님을 믿는 이들은 죽을 때도 웃으라는 것입니다. 천국의 문은 믿음의 소망을 가지고 웃는 이에게 열리게 됩니다. 하나님은 웃는 얼굴을 좋아하십니다. 베드로 전서 5:7절 말씀을 보면 "너의 염려를 주께 맡기라. 주님이 너의 염려를 돌보아 주시리라"고 하였습니다.

물론 현대를 살아가는데 어려운 일이 많은 것이 사실입니다. 그렇다고 내가 염려해서 해결되는 일은 거의 없습니다. 하나님을 믿고 하나님께 맡기고 웃으며 살아가세요. 하나님께서 맡아주십니다. 하나님께서 오직 인간에게만 웃음을 주셨다고 하지 않았습니까? 이 세상에서 인간 외에 웃을 수 있는 동물은 없습니다. 안 그렀습니까? 인간에게만 주신 이 웃음을 왜 활용하지 않으십니까? 먼저 미소 짓는 사람은 언제나 다른 사람을 리드하고 나가는 지혜가 옵니다. 하나님께서는 그러한 지혜를 주시기를 늘 기뻐하십니다.

웃는 신앙인

어떤 사람은 태어날 때부터 온순하게 태어나서 잘 웃으면서 살아가는 사람도 있고, 어떤 사람은 너무 불행한 환경에서 자랐기 때문에 자기 성격대로 자라지 못하고 어두운 모습으로 일생을 살아가는 사람도 있습니다.

우리는 어떻게 태어났든 그동안 어떻게 살아왔든 과거는 일단 지나간 세월이고 앞으로 남은 생애를 길든 짧든 하나님 뜻대로 살아야 합니다. 하나님께서 우리에게 원하시는 뜻이 무엇일까요? 성경은 데살 전 5:16-18에 분명히 이렇게 말하고 있습니다. "항상 기뻐하라 쉬지 말고 기도하라 범사에 감사하라 이는 그리스도 예수 안에서 너희를 향하신 하나님의 뜻이니라."

하나님께서는 우리 인생을 웃으며 살도록 창조하셨습니다. 항상 기쁘게 사는 것이 하나님의 뜻입니다. 하나님께서 인간을 창조하실 때 주신 감정 가운데 가장 많은 감정은 웃는 감정입니다. 눈물 흘리는 것도 잠깐이요, 분노하는 것도 잠깐입니다. 많은 시간을 웃도록 하신 창조의 신비를 에덴에서부터 볼 수 있습니다. 에덴이라는 말은 '기쁨' '즐거움', 즉 '웃음'이라는 뜻입니다. 그래서 에덴동산에 인간을 살게 하신 것은 웃으며 살라는 하나님의 뜻이 담겨 있는 것인데 결국 쫓겨난 것이지요.

웃으며 사는 곳이 천국입니다. 한 맺혀 탄식하며 사는 곳은 지옥입니다. 웃으며 사는 것이 사람마다 쉽지는 않습니다. 그러므로 노력을 해야 합니다. 물론 자연스럽게 웃어질 때도 있습니다. 그러나 우리 삶의 환경이 웃도록만 즐겁고 좋은 환경은 아닙니다. 그렇기 때문에 마음을 너그럽게 관용하고 사랑하므로 환경을 바꾸는 마음가짐이 매우 중요합니다. 하나님께서 기뻐하시고 소중히 보시는 웃음을 통하여 밝은 생활을 하며 사람들을 기쁘게 하며 살기 바랍니다.

성경과 웃음

성경에서 '웃음'이라는 단어가 제일 먼저 믿음의 조상 아브라함에게서 시작됩니다. 창세기 17:17절을 보면 "아브라함이 엎드리어 웃으며 심중에 이르되 백 세 된 사람이 어찌 자식을 낳을까, 사라는 구십 세니 어찌 생산하리요?" 라고 하였습니다. 아브라함이 '엎드려 웃었다'고 했습니다. 엎드려 웃었다는 것은 기쁨의 은혜로 웃음을 웃었다는 것입니다. 아브라함이 하나님의 은혜를 받고 엎드려서 웃음으로 경배했습니다.

우리가 하나님 앞에 예배할 때 울면서 예배할 수도 있고, 웃으면서 예배할 수도 있고 예배 때 감정의 표현을 자유롭게 할 수 있습니다. 그러나 '아브라함이 엎드려 웃었다' 이것이 최고의 예배의 모형이 아닌가? 생각합니다. 성경은 하나님을 웃으시는 하나님으로 표현하고 있습니다.

물론 하나님은 인격을 가지신 분이기 때문에 눈물도 있고, 분노도 있지만 하나님께서 웃으신다는 말씀이 시편에 계속 기록되고 있습니다. 시 2:4 "하늘에 계신 자가 웃으심이여", 시 59:8 "여호와여 주께서 저희를 웃으시리니" 하였습니다. 하나님의 웃음에는 깊은 비밀이 있는데 장차 아들을 보낼 약속을 하시면서 웃으십니다.

성경에서 예수님이 웃으셨다는 기록은 없습니다. 우셨다는 기록만 있습니다. 그러나 우리는 예수님의 눈물 속에서 웃음을 찾아야 합니다. 울기 위해서 우는 것이 아니었고 웃기 위해서 우는 것이었기 때문입니다. 사라도 '하나님이 나를 웃기시네.' 그럽니다. 남편도 하나님이 웃기시고 아내도 하나님이 웃기십니다. 그런데 그 웃음으로 끝나는 것이 아니라 많은 사람들이 아브라함과 사라 때문에 웃습니다.

웃음은 인간 누구에게나 필요한 것임을 의미해 줍니다. 우리는 아브라함과 사라를 웃기시고 우리도 웃는 것을 좋게 허락하신 하나님께 이 험한 세상을 좌절하거나 울지 말고 웃으면서 살아가기를 바랍니다.

웃음의 가치

사람이 살아가면서 지난 날 어려웠고 괴로웠던 일들로 속을 태웠던 사건들이 몇 년이 지난 후에 돌이켜 보면 어리석게 느껴지는 때가 있습니다. 세상의 모든 것은 다 지나가고 맙니다. 고통도 환난도 좌절도 실패도 적대감도 분노도 노여움도 불만도 다 지나갑니다.

그래서 많은 현인들은 다음과 같이 말하고 있습니다. "그대의 마음을 웃음과 기쁨으로 감싸라. 그러면 모든 해로움을 막아 주고 생명을 연장시켜 줄 것이다."-윌리엄 셰익스피어-/ "웃음은 마음의 치료제일 뿐만 아니라 몸의 미용제이다. 당신은 웃을 때 가장 아름답다."-칼 조세프 쿠쉘-/ 성경에는 웃음에 대한 표현은 많지 않으나 즐겁다든가 기쁘다는 표현은 많이 있습니다. 역대 상 16:31절에 "하늘은 기뻐하고 땅은 즐거워하며 열방 중에서는 이르기를 여호와께서 통치하신다 할지로다" 한 말씀이 있습니다.

사실 이 세상에서 하나님께서 통치해주시는 것만큼 힘이 되고 위로가 되는 일이 어디에 있겠습니까? 이사야 66:10에는 "예루살렘을 사랑하는 자여 다 그와 함께 기뻐하고 그와 함께 즐거워하라"고도 하였습니다. 예루살렘을 사랑한다는 말은 하나님의 임재를 나타내는 성전이 거기에 있기 때문에 그렇게 표현을 한 것입니다.

시편 89:15절에 "즐거운 소리를 아는 백성은 유복한 자라"했고 욥기 8:21에는 "웃음으로 네 입에, 즐거운 소리로 네 입술에 채우시리니"한 것을 보면 하나님께서는 웃는 사람에게 기쁨과 즐거움을 채워주시는 것을 알 수 있습니다. 잠언 3:15-17절에는 "지혜는 보석보다 더 귀하니 네가 갖고 싶어하는 것으로 오른손에는 장수가 있고 그 왼손에는 부귀와 영화가 있으니 그 길은 즐거운 길 즉 웃는 길이고, 그 모든 길에는 평화가 있다." 웃음의 가치를 알아야 합니다. 웃음 시리즈는 더 있습니다만 여기서 끝마칩니다.

심판

소중한 말

말은 누구에게나 너무도 중요합니다. 그러므로 말하는 법을 배워야 합니다. 말이란 의사소통을 위해 하는 것만은 아닙니다. 말을 한다는 것은 자기가 자신에게 말을 할 수 있고, 절대자인 하나님과도 대화할 수 있다는 것입니다. 해야 할 말과 해서는 안 될 말을 분간하는 방법을 깨우쳐야 합니다. 나의 입에서 나오는대로 뱉는 것은 공해입니다. 상대방을 즐겁고 기쁘게 해주는 말을 하고 힘이 생기도록 하는 말을 연습해보세요. 그것이 말 잘하는 법입니다.

말하는 습관 즉 짧은 말 한 마디가 긴 인생을 만듭니다. 무심코 들은 비난의 말 한마디가 잠 못 이루게 하고, 정 담아 들려주는 칭찬의 말 한 마디가 하루를 기쁘게 합니다. 부주의한 말 한 마디가 파괴의 씨가 되어 절망에 기름을 붓고, 사랑의 말 한 마디가 소망의 뿌리가 되어 열정에 불씨를 당깁니다. 진실한 말 한 마디가 불신의 어둠을 거두어 가고 위로의 말 한 마디가 상한 마음을 아물게 하며, 건전하지 못한 말 한 마디가 평생 후회하는 삶을 만들기도 합니다.

말 한 마디는 마음에서 태어나 마음에서 씨를 뿌리고 생활에서 열매를 맺습니다. 짧은 말 한 마디가 긴 인생을 만들고 말 한 마디에 마음은 웃기도 하고 울기도 하지만 그러나 긴 인생이 잘못한 말 한마디에 자기가 스스로 철조망에 갇혀서는 아니 됩니다. 부주의한 말은 싸움을 일으킬 수 있습니다. 잔인한 말은 인생을 파멸시킬 수도 있습니다. 시기적절한 말은 스트레스를 없앨 수 있습니다. 사랑스런 말은 마음의 상처를 치료하고 축복을 가져다줍니다.

말을 많이 하면 필요 없는 말이 나옵니다. 양 귀로 많이 들으며, 입은 세 번 생각하고 한 번 열어야 실수가 적습니다. 잠언 15:23절을 보면 "때에 맞은 말이 얼마나 아름다운가!" 한 것은 합당한 말은 값지다는 말입니다. 기도 많이 하고 말하는 습관을 가지면 하나님은 합당한 말을 하게 하십니다. 사람은 심판이 있는 것을 알고 하나님 심판대 앞에 가서 한 말을 토설한다는 것을 알며 살아야 후회가 없습니다.

일하면서 사는 사람

사람은 이 세상을 살면서 일을 하며 살아가도록 하나님께서 계획을 해놓으셨습니다. 그러므로 일하는 것은 당연한 것입니다. 데살로니가 후서 3:10 보면 "일하기 싫어하는 사람은 먹지도 말라"고 하였습니다. 일을 많이 하는 사람은 "일 안하고는 살 수 없나? 이제는 일하기가 싫어졌어!" 합니다. 또 직장을 못 얻은 사람들은 "놀고 있자니 지루

해서 못 살겠어, 무슨 일이든지 일을 해야 살지!" 다 자기 입장에서 말을 합니다.

우리가 일하는 것은 당연하므로 일하는 중에서 보람을 찾아야 합니다. 미국에 이민 온 우리들이 사실 한국에서 했던 일을 그대로 하는 사람들도 있지만, 대부분 한국에서 하던 일을 그대로 못하고 전혀 엉뚱한 일을 하는 사람들이 많지 않습니까? 요한복음 9장 4절을 보면 "때가 아직 낮이매… 밤이 오리니 그때는 아무도 일할 수 없느니라." 한 곳이 있습니다.

낮이 있으면 밤이 있듯이, 일하는 낮이 있으면 쉬는 밤도 옵니다. 12시간의 낮이 있고 밤이 있는 것처럼, 인생의 일생이라는 낮이 지나면 영원한 인생의 밤이 있어요. 영원한 인생의 밤이 오면 그때에는 아무 일도 하지 못하지요. 그러므로 일할 수 있는 낮 동안에 일하며 살아야 합니다.

"때가 아직 낮이매" 이 말씀은 우리에게 항상 기회가 오는 것이 아니라는 말씀입니다. 4절에 "나를 보내신 이의 일을 우리가 하여야 하리라"는 이 말은 하나님을 위해서 일을 하라는 말씀입니다. 우리는 하나님을 영화롭게 하기 위하여 태어난 인생임을 성서는 말씀하고 있습니다.

갈라디아서 6:7에 보면 하나님은 행한 대로 갚으시는 분임을 말하였습니다. 누구든지 인생의 종착역이 오기 전에 얼마를 더 사는지 모르지만 이 세상에 사는 동안 하나님이 맡겨주신 일을 하며 하나님의 영광을 위하여 살고 하나님의 심판에 이를 때에 하나님께로부터 주시는 영원한 상급을 받아야 합니다. 그러므로 언제나 사람은 하나님 앞에서 무서운 심판을 받는다는 것을 기억하면서 매일 매일 살아야 합니다.

인생의 겨울

자연계의 가을은 모든 식물들이 열매를 맺는 계절로 풍요로움을 느끼게 됩니다. 그리고 가을은 머지 않아서 매섭게 추운 겨울을 맞게 합니다. 그러나 인생의 가을은 그것과는 반대입니다. 인생의 가을은 쓸쓸함, 외로움, 정신적 공허, 그리고 허무라는 원치 않은 인생의 가을이 있는데 영적으로 잘 충전되지 않으면 인생의 겨울(심판)을 맞이하는데 어려움이 있음을 알아야 합니다.

하나님은 반드시 심은 대로 거두게 하시며 행한 대로 갚으시는 심판이 있음을 분명히 알면서 살라고 하였습니다. 성경에는 추수타작을 심판에 비유하신 경우가 있습니다. 마태복음 3:12절에 심판 주가 손에 키를 들고 타작마당을 정하게 하여 알곡은 천국 곡간에 모아드리고, 쭉정이는 꺼지지 않는 불(지옥)에 태우시리라고 경고하였습니다.

우리는 항상 나의 마지막을 생각하고 아무것도 숨길 수 없는 가장 공정한 심판 주 앞에 나서는 것을 예상하며 살아야 합니다. 그 분은 변명함으로 사정을 보아주실 분도 아니며, 다만 공의로서 사람을 심판하시는 분이십니다. 그날은 나의 모든 것을 드러내야 합니다. 이 땅의 모든 인생이 어느 날엔가 하나님의 엄숙한 저울 앞에서 달리게 될 것입니다. 이 심판의 저울은 속일 수 없는 저울입니다. 명예나 권력으로 적당히 넘어가는 저울이 아닙니다.

그러므로 인생의 여름이 지나면 추수의 가을이 온다는 것을 내다보는 예지를 가져야 합니다. 이 세대에 일어나는 일 즉 지진이나 천지재변 같은 재난을 보고 세상의 끝이 다가온 것을 알라는 말씀입니다. 인간은 누구든지 가을을 지나서 겨울이란 심판이 있음을 알고 인생의 심판을 예비하는 지혜로운 사람이 되어야 합니다.

시간의 소중성

시간이 중요하다는 생각은 누구나 다 알지만 실제 생활에 있어서는 시간을 소중하게 다루지 못하는 이들이 많은 것 같습니다. 독자 여러분은 시간을 잘 지키십니까? 내 이야기를 해서 미안한 마음도 있습니다만 나는 시간만은 아주 철저하게 지킵니다.

목회하던 교회에서 분명히 받을 수 있는 크레딧(신용)이 있다고 하면 시간 지키는 것이라고 생각됩니다. 시간을 너무 철저하게 지키려니까 손해나는 때도 많이 있습니다. 그러나 후회하지 않습니다. 시간을 어떻게 쓰고 얼마나 소중히 여기느냐? 에 따라서 인생의 행, 불행이 결정되고 우리의 성패가 좌우됩니다.

인생의 성공자는 시간을 최대한도로 활용하는 사람입니다. 반대로 인생의 패배자는 시간을 남용하고 허송하는 사람입니다. 인생의 황금시대가 늘 있는 것이 아닙니다. 그러므로 누구나 시간을 가벼이 여기는 사람은 무엇이든지 이루지 못하고 실패자의 반열에 서게 됩니다. 시간만은 아무도 되돌릴 수 없는 가장 큰 삶의 자본이 되기도 합니다.

인생은 돈과 물질을 저축하고 훗날을 위해 보람있게 쓰려고 합니다. 그러나 시간은 저축이 불가능합니다. 하나님께서는 인간에게 시간의 저축을 불가능하게 하셨습니다. 우리는 시간을 붙잡아 매둘 수는 없습니다. 하나님께서 시간을 부자나 가난한 자나 고르게 주셨습니다. 인간의 생사주권을 주장하시며 시간을 주시는 하나님께서는 사람이 하나님을 믿고 하나님이 원하시는 의롭고 바른 생활하기를 원하십니다.

우리의 남은 시간을 하나님 앞에서 값지게 살려면 말씀을 따라 잘 믿고 그 진리 안에서 영원한 나라를 바라보면서 시간을 투자하며 사는 것입니다. 독자 여러분은 주어진 시간에 하나님을 믿고 하나님이 기뻐하시는 일을 위하여 시간을 바치며 살다가 하나님 존전에서 심판을 받을 때에 어떤 판정이 나오리라고 생각하십니까? 어느 누구도 예수를 믿지 않고는 심판을 면할 길이 없습니다. 그러므로 예수를 잘 믿고 하나님 앞에 나갈 수 있어야 영원한 심판가운데서 구원받을 수 있습니다.

영원한 보상

이 세상에는 보상이라는 것이 있습니다. 보상이란 어떤 일로 일어난 손실을 갚아주는 것을 말합니다. 살다보면 어떤 일을 위하여 몸으로나 물질로 손해를 보는 일이 있습니다. 우리가 아는 대로 세상에는 악을 갚아주는 보상과 선한 일을 갚아주는 보상이 있습니다. 남의 물건을 강도질 하거나 사람을 죽이고 빼앗거나 악한 일을 한 사람을 잡아서 감옥에 가두고 그 정황에 따라 벌을 주는 것은 악에 대한 보상입니다.

몇 해 전에 로스엔젤리스의 한 타운에서 일어난 사건인데 은행에서 돈을 찾아가지고 지나가는 여인이 있었는데 괴한이 갑자기 그 여인을 찌르고 돈을 강탈해 달아났습니다. 그때 많은 사람들은 그것을 바라만 보았습니다. 그런데 그때 용감한 시민이 그를 추격하여 몸에 상처를 받으면서 결국 격투 끝에 그 범인을 잡았습니다. 시에서는 용감한 그에게 포상을 해주었다고 합니다. 아주 값지고 아름다운 보상이라고 할 수 있습니다.

그런데 이 세상에서 받는 것도 좋은 일이지만 사실은 하나님께로부터 받는 보상이 값지고 영원한 보상이며 가장 소중하다고 할 수 있습니다. 공의의 하나님은 사람들이 행한 일에 대하여 상을 주시는 분입니다. 로마서 6:23절에 "죄의 대가는 죽음이요, 하나님의 선물은 우리 주 예수 그리스도 안에서 누리는 영원한 생명입니다."라고 하였습니다.

죄는 반드시 그 대가를 받게 됩니다. 사실 우리는 다 죄인이므로 하나님께로부터는 형벌을 받을 수밖에 없는 존재들입니다. 그러한 인간들에게 하나님은 아들 예수 그리스도께서 십자가에서 모든 인간들의 죄를 대신하여 피 흘리게 해주셨습니다. 그러므로 누구든지 그 예수님을 내 생명의 구세주로 믿고 말씀대로 살아간다면 하나님이 내리시는 심판가운데서 영원한 보상을 받을 수 있습니다.

날마다 반성하며

John Locke은 "교육은 신사를 낳고, 독서는 좋은 일을 만들며, 반성은 사람을 만든다."고 했습니다. 반성없는 생활은 금수의 생활이라 할 수 있습니다. 인생은 생활을 반성할 줄 아는 이성을 가진 고등 동물입니다. 비록 우리가 우리의 기억을 모조리 보존하지는 못한다 할지라도 때때로 잘잘못을 돌이켜보는 일은 해야 하며, 적어도 하루에 한 번씩은 반성해야 합니다.

매일 아침에 우리의 의지를 모아 "무엇을 할 것인가?"를 결심하고 저녁에 지난 생활을 반성하며 "과연 하루 동안에 무엇을 행동했는지…" 자문해 보아야 합니다. 반성한다고 할 때 사람들은 자신이 향상되어지며 특히 신자는 하나님 앞에서 경건해지는 까닭에 이것은 회개 기도하는 첫 관문이 됩니다.

1840년 벨기에에서 출생한 Joseph Damien 신부는 Hawaii Molokai 섬의 문둥병자들의 참상의 소식을 들었습니다. 그는 거기에 들어가 복음을 전파하고 그 자신도 문둥병이 들고 일생을 그들과 마친 사람입니다. 그 Damien은 생활 가운데 그의 마음에 거리낀 것을 일기에 써놓았다가 그 해 마지막 가는 그믐날 일기를 들추며 잘못한 것을 반성하고 그 밤을 참회함으로 잠을 자지 못했다고 그의 일기를 통하여 전해집니다.

불완전한 인간이 완전무결한 말, 행동을 하기는 불가능하지 않습니까? 그러나 반성하는 생활을 통해서 고칠 것을 고쳐 나가는 것은 너무도 귀한 생활태도입니다.

비록 복잡한 세상에 살기는 하지만 특별히 믿는 이들은 하나님 앞에서 한 해를 마지막으로 보내면서 〈반성〉이라는 것이 반드시 있어야 합니다. 그 〈반성〉을 통해서 나의 부족을 시정하고 생활의 변화를 가져오며 보다 나은 내일의 발전과 향상을 기대하는 것은 정녕 미래를 내다보며 살아가는 인생들에게 주님이 원하시는 바입니다. 그러나 더 중요한 것은 이 세상에서 날마다 바로 반성하므로 하나님의 심판대 앞에서 영원한 상급을 받는 반열에 들어가기를 바랍니다.

장차 어디로 가나?

어느덧 캘린더가 마지막 12월의 한 장을 남기고 있어서 '이렇게 세월이 빠르게 지나가는구나!' 하는 생각을 하게 되었습니다. 사람은 누구든지 죽음을 향해갑니다. 그런데 많은 사람들은 덧없이 계속 가는데 유의하지 않습니다. 마치 기차를 처음 탄 아이들이 자기들이 탄 차와 함께 가건만 밖에 서있는 사람들이나 산과 들이 간다고 말합니다. 실상은 세월이 가는 것이 아니라 우리 자신이 가고 있는 것이지요.

사람들이 제 위치, 제 상황을 잘 모르는 채로 살아갑니다. 인생은 누구나 갑니다. 공동묘지를 향해갑니다. 알렉산더 대왕은 "내 땅은 점령한 이 방대한 나라가 아니라 내 죽어 묻힐 세 평의 땅 뿐이다."라고 했습니다. 죽음의 때가 오면 누구나 가는 것입니다. 늙지 않는 불로초를 구했다는 진시황이나, 나폴레옹, 징기스칸, 다 죽었습니다.

구약에 무드셀라는 969세를 살았으나 죽었습니다. 사람이 세상의 이치를 알만하거나, 형편이 펴져 살만하면 갑니다. 아무리 나이 많아도 죽음에 임박해서 당황하는 사람을 많이 봅니다. 로마서 14:10-12절에 "우리가 다 하나님의 심판대 앞에 서리라. 주께서 말씀합니다. 내가 살았노니 모든 무릎이 내게 끓을 것이요, 모든 혀가 하나님께 자백하리라 우리 각인이 자기 일을 하나님께 직고하리라"고 말씀하였습니다.

문제는 "장차 어디로 가는가?" 하는 것입니다. 우리는 어제도 갔고 오늘도 가고 내일도 갈 것입니다. 갈 곳은 두 곳뿐입니다. 천사들에게 받들려 가는 천국과 고통 중에 부르짖는 음부 즉 지옥인 것입니다. 나와 내 가족은 장차 어디로 가며 선한 이웃과 친구는 장차 어디로 갈까요? 그러므로 심판을 생각하며 살아야 합니다. 길이요 진리요 생명이 되시는 예수를 통하여 믿음으로 구원을 받아 영원토록 변치 않는 하나님의 준비한 나라에 가야 합니다.

심판을 아시나요?

사람들 중에는 심판을 두려워하는 이가 있는가 하면, 심판을 무시하거나 등한히 여기는 사람이 있습니다. 그런데 심판에 대해서는 듣기 싫어도 꼭 들어야 합니다. 어느 교회 목사님이 주일 아침 설교에서 심판에 대하여 아주 강하게 말했습니다. 이튿날 어느 여자 교인 한 사람이 목사님 집을 찾아와서 이렇게 말하더랍니다. "목사님. 어제 설교에서는 심판에 대하여 너무 솔직하게 말씀하셨어요. 우리 애들이 그 말씀을 들었습니다. 그렇지 않아도 교회에 잘 나오지 않으려 하는데 앞으로는 너무 그렇게 심판에 대해서는 말씀 안 하시면 좋겠어요."

이 충고를 듣고 있던 목사님이 일어나더니 약장에 가서 〈극약〉이라고 쓴 약병을 가지고 와서 그 교인에게 하는 말이 "자매님이 나에게 말하는 뜻을 잘 알겠어요. 자매님의 말은 이 약병에서 〈극약〉이라고 쓴 딱지를 바꾸라는 말이지요. 내가 이 독약이 든 병에서 〈극약〉이라고 쓴 딱지를 떼버리고 〈꿀〉이라고 써붙이면 좋겠어요? 그러면 얼마나 위험한가요? 자매님, 사람이 듣기 좋은 말로만 하면 더욱 영혼을 죽이게 됩니다."라고 말했답니다.

어떤 환자가 속병이 들어 의사가 진찰하고 처방약을 주면서 이 약이 매우 씁니다. 환자가 이 약은 써서 나는 안 먹겠다고 하면 어떻게 되겠습니까? 결국은 죽게 되겠지요. 의사는 환자에게 이 약이 비록 쓰지만 먹어야 한다고 권고합니다. 주님의 종들은 심판을 말하는 것이 다른 말하는 것보다 부담이 될지 몰라도 심판이 있다는 것을 항상 전해야 합니다. 누구든지 심판이 있다는 것을 알아야 합니다.

심판을 생각하며

하나님께서는 심판을 하실 때에 일곱 가지 원리로 하신다고 하였습니다. 첫째는 공의로, 둘째는 생명책에 기록된 대로, 셋째는 행위대로, 넷째는 하나님의 계획안에서, 다섯째는 말씀을 따라서, 여섯째는 공개적으로, 그리고 일곱째는 그리스도를 통하여 하신다고 하였습니다. 우리는 항상 나의 마지막을 생각하고 아무것도 숨길 수 없는 가장 공정한 심판 주 앞에 나서는 것을 예상하며 살아야 합니다.

그 분은 뇌물 같은 것으로 보아주실 분도 아니며, 다만 공의로써, 사람을 심판하시는 분이십니다. 그날에는 나의 모든 것을 드러내야 하는 날입니다. 이 땅에 모든 인생이 어느 날엔가 하나님 앞에서 심판의 저울로 달리게 됩니다. 히브리 9장에 "한번 죽는 것은 사람에게 정하신 것이요 그 후에는 심판이 있으리니…" 하였습니다. 이 심판의 저울은 속일 수 없는 저울입니다.

인생의 가을이 지나면 심판의 겨울이 온다는 것을 내다보는 지혜를 가져야 합니다. 무화과 잎이 나는 것을 보고 여름이 가까운 줄을 알라고 하였습니다. 이 세대에 일어나는 일 즉 지진이나 쓰나미 해일 같은 재난을 보고 세상의 끝이 다가온 것을 알라는 말씀입니다.

너희가 천기는 분별할 줄을 알면서 왜 시대는 분별을 못하느냐고 하였습니다. 바야흐로 시대는 종말을 고하는 때가 되었습니다. 종교계도 혼탁해져서 여기저기 거짓 그리스도가 많이 일어납니다. 마태복음 3:12절에 심판주가 손에 키를 들고 타작마당을 정하게 하여 알곡은 천국 곡간에 모아드리고, 쭉정이는 꺼지지 않는 지옥불에 태우시리라고 경고하였습니다. 이 모든 일을 남의 이야기 같이 듣다가 후일에 가슴치지 말고, 가상적인 말같이 듣다가 훗날에 후회를 하지 말고, 미루지도 말고, 분명히 명심하고 사시기 바랍니다.

심판을 내다보는 사람

현명한 사람이던지 어리석은 사람이던지 심판을 내다보며 살 줄 아는 지혜가 필요합니다. 성경 마태복음 16:3에 "너희가 천기는 분별할 줄을 알면서 왜 시대는 분별을 못하느냐?"고 하였습니다. 바야흐로 시대는 종말을 고하는 때가 되었습니다. 종교계도 혼탁해져서 여기저기 거짓 그리스도가 많이 일어납니다. 한국에 자칭 예수라는 이가 28명이나 된다고 합니다.

세계 각처에 발생하는 무서운 한재, 수재, 참사가 도처에 일어나는 현실을 보고 말세가 가까워 온 것을 아는 지혜가 필요합니다. 마태복음 24:32-33절을 보면 "무화과나무의 비유를 배우라 그 가지가 연하여지고 잎사귀를 내면 여름이 가까운 줄을 아나니 이와 같이 너희도 이 모든 일을 보거든 인자가 가까이 곧 문 앞에 이른 줄 알라" 마치 보이지 않는 모퉁이에서 기적소리가 나면 얼마 안 있어서 기차가 달려오는 것을 알듯이, 모든 일들을 보고 주님의 때가 가까워온 것을 알라는 말씀입니다.

하나님의 심판은 틀림없는 말이니 명심해서 들어야 합니다. 남의 이야기 같이 듣다가 후일에 가슴 치지 말고, 가상적인 말같이 알다가 훗날에 후회의 통곡을 하지 말고, 무작정 미루지 말고, 분명히 듣고 명심하고 잊지 말아야 합니다. 제발 인생의 심판에 때가 오는 것을 확실히 믿고 기다리며 살아야 합니다.

그러므로 현실에서 심판을 내다보는 눈을 가지고 주님의 간절한 부탁을 기억하여 인생의 승리자가 되십시오. 자연의 여러 가지 일어나는 변화 속에서도 하나님의 진리를 찾으며, 우리 각자의 심령이 영적으로 잘 성장하여서 항상 백절불굴하는 신앙으로 많은 생명을 구원의 길로 인도할 만큼 여력이 있어서 복음의 열매를 맺으면서 살아가는 것은 큰 축복입니다. 오늘 처음 이런 말을 들으시는 분도 천국을 꼭 믿으십시오. 그리고 심판이 또 있음을 분명히 믿어서 영생복락을 누리기 바랍니다.

심판은 어떤 것인가?

성경에는 심판에 대한 말씀을 여러 곳에 말씀하고 있습니다. 히브리 9:27절에 보면 “한 번 죽는 것은 사람에게 정하신 것이요 그 후에는 심판이 있으리니”하였습니다. 전도서 12:14절에는 “하나님은 모든 행위와 모든 은밀한 일을 선악 간에 심판하시리라”는 두려운 말씀이 있습니다. 고린도 후서 5:10절에는 “우리는 모두 그리스도의 심판대 앞에 나타나서 심판을 받아야 합니다. 각 사람은 육체에 머물러 있는 동안 자기가 행한 일에 따라 선한 일을 한 사람은 상을 받고 악한 일을 한 사람은 벌을 받게 될 것입니다.” 요한 계시록 20:12절에는 “또 내가 보니 죽은 자들이 무론 대소하고 그 보좌 앞에 섰는데 책들이 펴 있고 또 다른 책이 펴졌으니 곧 생명책이라 죽은 자들이 자기 행위를 따라 책들에 기록된 대로 심판을 받으니” 하였습니다.

그 밖에도 심판에 대한 말씀은 너무도 많이 있습니다. 우리가 학교의 과정을 보면 학교학생이 학기말이 되면 시험을 치루지 않습니까? 성적의 결과 즉 성적의 심판이라고 할 수 있습니다. 인생을 살아가면서 누구나 다 자기 생애에 대한 책이 쓰여지고 있습니다. 핍박속에서도 부활의 주님을 배반하지 않고 목숨을 바친 자들은 (계 3:5) 생명책에 그 이름이 기록되어 있습니다. 창세 이후로 (계 3:8) 생명책에 이름이 기록된 신실한 자들은 영원한 복을 유업으로 받게 될 것입니다. (계 21:27)

예수님의 말씀 가운데 농부들이 좋은 씨를 뿌리는 비유가 나옵니다. 그들이 잘 때에 원수들이 와서 가라지를 덧뿌렸습니다. 농부들은 곡식과 가라지도 함께 자라고 있는 것을 보고 가라지를 뽑으려고 하였지만 집주인이 가라지를 뽑다가 곡식까지 뽑을까 염려된다고 한 것처럼 이 세상에서 끔찍한 범인을 당장 처벌하지 않는 것도 추수할 때에 가라지는 불에 사르는 것과 같다고 하였습니다. 이것은 예수님이 비유로 마지막에 이런 심판이 있다는 것을 말해주고 있는 것이므로 심판의 두려움을 알아야 합니다.

심판은 과연 있는 것인가?

하나님의 심판은 과연 있는 것인가? 결론부터 말씀드리면 하나님의 심판은 분명히 있습니다. 예수 믿으라고 해도 비웃고, 농담으로 여기고, 예수 안 믿고, 죄를 계속 짓는 사람은 다 지옥으로 보냅니다. 하나님의 심판이 있는 줄 분명히 알면서 살아야 합니다. 지구촌의 아주 깊은 산골에 사는 사람, 아직 현대 문명을 접하지 못하고 전도자를 한 번도 만나지 못한 사람은 양심의 심판을 받습니다. 양심의 척도에 비춰서 심판을 받게 되는 것입니다.

그러나 몇 번이고 전도를 받았는데 안 믿는 사람은 양심의 심판을 받지 않습니다. 양심의 심판은 예수님 오시기 전의 사람들이나 오신 후에도 복음을 전혀 듣지 못한 사람들에게 해당되지, 복음을 한 번이라도 들은 사람에게는 해당되지 않습니다. 요한복음 15:22 "내가 와서 저희에게 말하지 아니하였더라면 그들에게는 죄가 없었으려니와 지금은 그들이(이미 다 들었기 때문에) 그 죄를 핑계할 수 없느니라."하였습니다.

미국은 한국과 다르지 않습니까? 부모가 어린아이를 방에 두고 문을 잠그고 장보러 간다든지 극장에 갔다가 발각되면 아이들을 뺏어가고 그 부모들은 감옥에 갑니다. 또 미국의 어떤 집에 연년생으로 한 살 먹은 아이와 두 살 먹은 아이가 있었는데, 어머니가 부엌에서 일하고 있는 동안 두 살 먹은 아이가 한 살 먹은 아이의 한 쪽 눈을 쿡 찔러서 그 눈이 장님이 되어버렸습니다.

이때 두 살 먹은 아이가 감옥에 안 가고 어머니가 감옥에 갑니다. 양심의 심판이 이런 것입니다. 복음을 알지 못하거나 알 수 있는 능력이 되지 않은 사람에게는 양심의 심판을 하게 되는 것입니다. 어떤 상황에서든 심판은 분명히 있는 것이므로 의심하지 말고 예수를 믿고 구원을 받아서 영생복락을 누리며 영원토록 하나님이 기뻐하시는 분들이 되시기를 소원합니다.

심판을 바로 알아야 합니다

심판은 불신자의 영벌만 위해서 있는 것이 아니라 잘 믿는 이들이 상을 받아야 하기 때문에 심판은 필요한 것입니다. 한국 사람들 가운데 미국에서 공을 세워 훈장을 받은 사람이 여럿 있습니다. 그러나 나쁜 짓을 한 사람은 감옥에 갔습니다. 세상도 그렇듯 우리가 하나님을 믿으면 구원을 받을 뿐만 아니라 예수 이름으로 선행을 많이 한 사람은 상을 받습니다. 어떤 사람은 그냥 가서 구원 받는 사람이 있고, 어떤 사람은 면류관을 받는 차이가 있습니다.

어떤 것에 대한 심판을 합니까? 심판에는 말의 심판, 마음의 심판, 행위의 심판 등이 있습니다. 말의 심판은 마태 12:36절에 "사람이 무슨 무익한 말을 하든지 심판 날에 이에 대하여 심문을 받으리니"라고 했습니다. 사람은 말에 책임을 져야 합니다. 우리는 녹음기에 내 말을 넣으면 한 마디도 다르지 않고 똑같은 것을 듣게 됩니다. 비유하자면 하나님의 녹음기속에 우리 각자의 한 말들이 다 들어가 있을 터이니 심판받을 때 우리는 두려워 놀라 기절할지도 모릅니다. 그러므로 말에 조심해야 합니다. 고로 시인은 "내입에 파수꾼을 세워 주세요."라고 하였습니다.

마음의 심판도 있습니다. 예수님은 가룟 유다의 마음을 아셨습니다. 초대교회 때에 아나니아와 삽비라가 재산을 팔아 절반을 숨긴 것을 성령께서 베드로로 하여금 그 마음을 알게 하셨으므로 그 부부는 차례로 즉사하였습니다.

그리고 행동의 심판입니다. 겔 7:8 "네 행위대로 너를 심판하여" 하였습니다. 하나님은 그 모든 행위대로 갚으십니다. 어떤 이는 세상 재판정에 가서 방청하면서 하나님의 심판을 실감하게 되었다고 합니다. 모든 것을 꿰뚫어 보시는 하나님은 최후의 심판을 통하여 모든 인류의 종결을 맺으십니다. 이 심판을 항상 기억하면서 소망가운데 사시기 바랍니다.

바람은 불어도

1판 1쇄 인쇄_2016년 01월 20일
1판 1쇄 발행_2016년 01월 30일

지은이_심관식
펴낸이_이종엽

펴낸곳_글모아 출판
등록_제324-2005-42호

공급처_(주)글로벌콘텐츠출판그룹
대표_홍정표 이사_양정섭 디자인_김미미 편집_송은주 기획·마케팅_노경민 경영지원_안선영
주소_서울특별시 강동구 천중로 196 정일빌딩 401호 전화_02-488-3280 팩스_02-488-3281
홈페이지_www.gcbook.co.kr

값 15,000원
ISBN 978-89-94626-39-0 03230